集人文社科之思 刊专业学术之声

集 刊 名：民族史文丛
主办单位：西北民族大学社会科学研究院
主　　编：才让　周松

COLLECTION OF ETHNIC HISTORY STUDIES

编辑委员会

主　编　才让　周松

编　　委（按姓氏笔画排序）
马　德　尹伟先　朱悦梅　杨富学　阿旺嘉措　陈庆英
宗　喀　赵学东　胡小鹏　敖特根　熊文彬

编辑部
俄琼卓玛　答小群　彭晓静

第2辑

集刊序列号：PIJ-2018-335
中国集刊网：www.jikan.com.cn
集刊投约稿平台：www.iedol.cn

民族史文丛

COLLECTION OF ETHNIC HISTORY STUDIES

第2辑

才让 周松 / 主编

社会科学文献出版社
SOCIAL SCIENCES ACADEMIC PRESS (CHINA)

目　　录

藏学研究

1　从法成的译经题记看其族属
　　才　让
13　吐蕃王朝时期的职官选用及标准
　　朱悦梅　王红娟
48　吐蕃宰相尚纥心儿敦煌西域事迹新探
　　马　德　万玛项杰

文献考释

69　"伊难主"初考
　　——以内亚史为中心
　　尹　磊
82　一件回鹘文文书考释
　　阿力木江·依明
94　回鹘文残卷所见摩尼教对蒙古民间故事的影响
　　乃日斯克　杨富学
115　明代庄浪兵备道考
　　——《庄浪汇纪》读书札记
　　朱婷婷
126　史源学视角下两汉时期条支国地望新考
　　——基于西汉"张骞出使报告"、东汉《西域诸国记》的历史考察
　　颜世明

社会文化研究

136 从借词看裕固族文化的多元性特征
　　　——以西部裕固语为中心
　　　杨富学　叶凯歌

156 陇中地区金花仙姑信仰相关宝卷初探
　　　答小群

172 甘肃回中山王母宫历史沿革考述
　　　——以碑刻资料为中心
　　　吴　通

北方民族史

184 和世㻋西行与察合台后裔拜答里家族
　　　〔日〕赤坂恒明/著　刘晨亮/译

212 Table of Contents & Abstracts

・藏学研究・

从法成的译经题记看其族属

才 让[*]

内容提要：作为"丝绸之路"文化传播史上耀眼的明星，翻译家法成的族属尚无确凿的证据，也引发学界争议。法成译经题记中的署名方式符合吐蕃译师的署名法，其头衔"佛教宗师""主校译师"等显示法成在吐蕃享有很高的社会地位。依据法成译经题记，法成应是吐蕃僧人，而非吐蕃占领区的唐朝僧人。

关键词：法成 主校译师 佛教宗师

"丝绸之路"上留下了许多文化大师的足迹，他们往往兼通数种语言，从事跨民族、跨区域的文化传播工作。在群星璀璨的"丝绸之路"文化传播史上，著名翻译家法成无疑是分外耀眼的一颗明星。法成与吐蕃的其他翻译家不同的是，他并非从事梵藏语翻译，而是从事汉藏语翻译，显然法成肩负着为吐蕃引进唐朝佛教的重任。在吐蕃王室的支持下，法成将《贤愚因缘经》、《入楞伽经》、《金光明最胜王经》和《解深密经释》（唐园测法师著）等重要汉文佛教经典翻译为藏文，成就卓著。法成

---

[*] 才让，西北民族大学铸牢中华民族共同体意识研究院院长、教授，主要研究方向为民族学、藏学。

的大部分译作收入藏文《大藏经》，流传后世。

陈寅恪曾在《大乘稻芊经随听疏跋》中高度评价法成的业绩①，认为法成在吐蕃佛教界的地位与玄奘在唐朝佛教界的地位相当，并感慨二人身后遭遇之不同，玄奘名声显赫，而法成却湮没无闻。但随着敦煌学发展，法成成为敦煌学界关注的重要人物之一，有关研究成果不断问世。日本（20世纪50~80年代）和中国（自20世纪80年代至今）的学者发表了一批与法成有关的学术成果，廓清了法成原本模糊的部分历史，其沟通汉藏佛教文化方面的贡献不断彰显。同时，因法成所留文化遗产极为丰富，不少领域尚未被学界所触及，法成的研究还有待深入的开掘。②

一　法成在河西活动的时间

至今在汉藏文文献中，没有发现任何法成的传记，甚至片言只语亦难得一见。在藏文的各种佛教史著作中，对吐蕃时期的一些著名译师均有长短不一、夹杂神话的传记或记述，而法成仅见于《布顿佛教史》《莲花遗教》《贤者喜宴》《松巴堪布佛教史》等所列译师名录中。法成的身世令人着迷，却又无从解答。

上山大峻依据P.2294《大乘四法经论及广释开决记》、P.2404《六门陀罗尼经广释》、S.1278《诸星母陀罗尼经》等敦煌文献中的题记，推

---

① 陈寅恪：《大乘稻芊经随听疏跋》，原刊清华国学研究院《国学论丛》1927年第1卷第2号；又收入《陈寅恪文集》之三《金明馆丛稿二编》，上海古籍出版社，1981，第254~255页。陈氏撰写此文之背景参见索心兰《寂寞千载之高僧法成》，《中华读书报》2013年5月1日，第15版，内引蒋维乔所撰《江味农居士传》，言江味农曾辑成《大乘稻芊经随听疏》一卷。

② 有关法成研究的学术史回顾，王百岁《唐代吐蕃高僧法成研究》一文对中日学界的相关研究成果有较为细致的梳理，并罗列了与法成相关的敦煌文献篇目；徐健《吐蕃高僧吴法成三题》一文对相关研究成果和观点做了简要的总结。参见王百岁《唐代吐蕃高僧法成研究》，载郑炳林等主编《丝绸之路民族古文字与文化学术讨论会文集》，三秦出版社，2007，第645~670页；徐健《吐蕃高僧吴法成三题》，《敦煌学辑刊》2017年第1期，第38~44页。

断并编排出833～859年法成在河西甘州、沙州等地的活动。① 上山大峻的研究得到学界认可，相关论文多有引用。此后，徐健依据P.2328《大乘稻芊经随听疏决》、《大乘百法随听手抄》的尾题，就法成在河西活动的年代提出了新说，该题记云："癸巳年正月八日起首说论，至二月十五日终毕记。又说律，从甲午年十二月八日起首，至乙未年正月卅日了，计五十二日。校前一十四日迟。"② 推断癸巳年是813年，甲午年是814年，乙未年是815年，从而得出法成最迟在813年就已到沙州的观点。又据BD6205（北479，海5）《佛说大乘稻芊经》尾题"癸卯年十月十日于永寿寺写"③，推断癸卯年为823年。关于法成的卒年有不同的说法，如860年、861年、862年、869年等。就此可知，法成在河西活动的时间长达近50年。④

法成生活的时代在吐蕃晚期，经历了吐蕃占领河西时期和归义军政权初期，终老河西。从法成的社会地位以及奉赞普之命译经看，吐蕃王廷对他是很熟悉的，法成可能常往返于吐蕃腹地和河西之间，其活动区域不限于河西一地。

二 法成与吴和尚的关系

敦煌学界考述了P.4640《吴和尚赞》、P.4660《大唐沙州译经三藏大德吴和尚邈真赞》、P.2913《大唐沙州敦煌译经三藏吴和尚邈真赞》等文献中的吴和尚（吴僧统）与法成的关系。例如，上山大峻认为吴和尚

---

① 参见上山大峻《敦煌佛教研究》第二章"大蕃国大德三藏法师法成之业绩"，该章最早以《大蕃国大德三藏法师沙门法成研究》为题刊于《东方学报》第38、39册。上山大峻『敦煌仏教の研究』、法藏館、1990、84－246頁；上山大峻「大蕃國大德三藏法師沙門法成の研究 上」、『東方學報』第38卷、1967；上山大峻「大蕃國大德三藏法師沙門法成の研究 下」、『東方學報』第39卷、1968。
② 徐健：《吐蕃高僧吴法成三题》，《敦煌学辑刊》2017年第1期，第39页。
③ 徐健：《吐蕃高僧吴法成三题》，《敦煌学辑刊》2017年第1期，第39页。
④ 立花孝全曾推断法成是印度人蕃传法的莲花戒之弟子，从其学习所著《大乘稻芊喻经广大疏》，并将莲花戒活动年代的下限定在790年，参见高山杉《陈寅恪的第一篇学术文章》，《读书》2002年第7期。法成即使在790年从莲花戒闻法，年龄至少为20岁，而法成卒于861年前后，按此推断，法成的寿命必在80岁以上。

即法成，而王尧先生曾持反对意见。马世长认为吴和尚即敦煌著名僧人洪辩，则法成与洪辩为同一人。① 敦煌出土的法成译《圣入楞伽宝经一切佛语心品广释》尾题中，译者之名作 'Go chos grub（吴法成），其姓氏作 'Go，不作 'Gos。而 'Go 字，在唐代往往音译汉字"吾""五""悟"等音。《唐蕃会盟碑》上的"金吾卫"三字，藏文译作 KIm 'go we'I，以 'go 对音"吾"。故 'Go chos grub 译为吴法成符合当时的汉藏语对音规律。目前，大多数研究者认为《吴和尚赞》中的"吴和尚"即指法成，但敦煌文献中名吴和尚者尚有他人，并非全是法成。② P. 4660《大唐沙州译经三藏大德吴和尚邈真赞》等所言"传译汉书""愿谈唯识"等，与法成的事迹非常吻合，而书写者恒安就是法成的弟子，有讲法笔记为证。毫无疑问，此处的吴和尚即吴法成。现也已发现"洪辩"的藏文写法，采用汉语音译，即 Hong ben。③

  法成的姓氏有三种写法。敦煌写本中法成译本的题记中除《楞伽经疏》外，均不加姓氏（详见下文）。《楞伽经疏》中，如上文所言，法成姓氏作 'Go。拉萨本《甘珠尔》所收《楞伽经》（德格版中注明译者不详）译者题记中，姓名作廓（'Gos）·法成；《楞伽经一切佛语心品》译经题记："奉圣赞普之旨，依照汉地法师圆晖注疏，由译师比丘廓（'Gos）·法成译并校订。"但较早期的《甘珠尔》版本，如永乐版《圣入楞伽宝经一切佛语心品》译经题记中，译者之名亦作 'Go chos grub；④《贤愚因缘经》译经题记中作"译师廓（'Gos）·法成从汉籍中翻译"。'Gos 又译作桂、管、郭等，与 'go 字音相近，故发生混淆，或早期的写法不统一导致的。《贤者喜宴》中法成的姓氏又作 mGos。因此，法成的姓氏前后有三种写法，即 'Go、'Gos 和 mGos，后期文献中最常见的写法是 'Gos。

---

① 相关研究成果参见王百岁《唐代吐蕃高僧法成研究》，载郑炳林等主编《丝绸之路民族古文字与文化学术讨论会集》，三秦出版社，2007，第 662~664 页。
② 马德：《吴和尚·吴和尚窟·吴家窟——〈腊八燃灯分配窟龛名数丛识之一〉》，《敦煌研究》1987 年第 3 期。
③ P. T. 999《为赞普赤祖德赞缮写〈无量寿经〉卷数册》中，有洪辩之名，藏文称为 "ban de Hong ben"（沙门洪辩）。P. T. 1203 中称为 "mKhan po Hong ben"（堪布洪辩）。
④ 《甘珠尔》第 49 卷，藏文对勘本，中国藏学出版社，2008，第 474 页注。

三　法成的族属

关于法成的族属有两种不同的观点，戴密微、马世长、上山大峻等人认为法成是唐朝人，理由之一是'go 为汉语吴姓的音译。吴其昱对上山大峻的说法提出了质疑，认为法成是吐蕃人。① 王尧认为吴和尚与法成不是同一人，主张法成是吐蕃人，而且属于吐蕃大姓'Gos，指出该家族的领地位于后藏的如拉（Ru lag）和叶如（g·Yas ru）。② 同时，王尧推测："法成成年以后辗转到了沙州……沙州已成为当时唐、蕃、回鹘和西域之间的交通要塞，经济、文化十分繁荣，不少藏族军队和居民在瓜、沙一带定居，跟当地原有的汉人、吐谷浑人、回鹘人在一块土地上生活。一批佛教学者也就到当时佛教文化中心之一的沙州来开展宗教、学术活动。"③《藏汉大辞典》词条"'Gos"下云："郭氏，古代西藏一氏族名，领地在今山南地区琼结县属钦阿一带，藏族译师郭·法成、郭·童祥皆出身于此地。"④ 嘎藏陀美据《贤者喜宴》中"钦阿、钦域是 mgos 和努氏之领地"的说法，指出虽不知法成出生地，但'Gos 氏的领地不仅在西藏后藏，山南琼结县一带亦有。⑤

《廓译师·宣尼贝传》中，言廓氏是吐蕃大臣廓干（'Gos rgan）之后裔，廓氏原籍在章参（'Bring mtshams），后迁徙各地，但未提及法成是其先祖。《莲花遗教》中言及吐蕃赤松德赞时期派遣 108 位僧人前往印度学习梵文，其中就有法成。这条记载受到今人的重视，或认为法成是 8 世纪末期的吐蕃人⑥；或提出虽然法成是不是赤松德赞时期的人难以确知，

---

① 吴其昱：《大蕃国大德三藏法师法成事迹考》，载牧田谛亮、福井文雅编集《讲座敦煌 7：敦煌与中国佛教》，大东出版社，1984。
② 红帽·曲扎益西：《廓译师·宣尼贝传》，民族出版社，2004，第 6 页。
③ 王尧：《藏族翻译家管·法成对民族文化交流的贡献》，原载《文物》1980 年第 7 期，又见王尧编著《王尧藏学文集》（卷五），中国藏学出版社，2012，第 4 页。王尧还提及札什伦布寺藏有法成像的说法（未见实物）。
④ 《藏汉大辞典》，民族出版社，1985，第 503 页。
⑤ 恰日·嘎藏陀美：《吐蕃时期的大译师廓法成身世新探》，《西藏研究》（藏文）2010 年第 1 期，第 107 页。
⑥ 旺多：《管·法成对汉藏佛经翻译的重大贡献》，《宗教学研究》2010 年第 2 期，第 135 页。

但从他被派遣至印度学法看，可以确定他是吐蕃人。① 但《莲花遗教》属于晚期的伏藏文献，所述吐蕃史夹杂神话和后世的想象，多不足信。

也有研究者从法成的藏文造诣来推断其族属，如言："从法成所翻译的密教经典可以看出，译经中有典型的吐蕃人用语习惯，且翻译格式、词语把握等方面都表明翻译者具有极高的藏语言、文字水平。"② 这一观点有一定的说服力，不过也不尽然，历史上精通他族语言的学者不少，如清代蒙古族藏传佛教学者在藏文的使用方面大多与藏族学者间并无明显的差别。法成藏汉二文水平之高下尚有待更深入的研究。

从法成的社会地位和译经署名看，笔者倾向于法成是吐蕃人的观点。吐蕃包括翻译家在内的许多名僧出身于贵族，吐蕃僧人也以贵族阶层为主。吐蕃的译经僧人在学习佛教文化等方面受到专门的培养，享受政府的供给和优厚待遇。法成出身大族廓氏（'Gos），最终成为译经僧，与其他吐蕃译师的成长经历大体相似，不过法成是专门培养的翻译汉文佛典的人才。吐蕃学习唐朝文化也是由来已久，早在松赞干布时期就已派贵族子弟到长安留学，学习各种知识。能翻译汉文佛典的也不止法成一人，如无分别、嘉措德（rGya mtsho sde，意译"海军"）等译师。③

从吐蕃时代译经题记看，有统一的译师署名方式，就此可区分译者的国属或族属。来自印度的译者一般署名"班智达某某""印度亲教师某某"（rGya gar gyi mkhan po, mkhan po，音译"堪布"，意译"亲教师"，即授戒的和尚，又指寺院的住持等。此处译为"法师"亦可）。例如，《八坛城经》译经题记云："印度亲教师孜纳米扎、达那释拉和主校译师沙门益西德翻译并校订，并用新厘定语修订而为定本。"④ 再如，《金光明最胜王经》（十卷二十九品）："印度班智达孜纳米扎、释兰扎菩提和主校

---

① 扎平：《敦煌古藏文文献中的佛教神话原型研究》（藏文），硕士学位论文，西北民族大学，2011，第6页。
② 党措：《吐蕃时期法成在敦煌的密典传译及其影响》，硕士学位论文，陕西师范大学，2006，第11页。
③ 《贤者喜宴》言，桑耶寺建立后，担任汉文翻译的译师有勃兰伽·列贡（Bran ka legs kong）、拉拢·鲁贡（lHa ling glu gong）、沃冠·卫贡（'Og gom dbus gong）、琼波·则则（Khyung po rtse rtse）等人，参见《贤者喜宴》，民族出版社，1986，第363页。
④ 《拉萨〈甘珠尔〉目录》，载《甘珠尔》第107卷，藏文对勘本，中国藏学出版社，2008，第764页。

译师沙门益西德翻译并校订,并用新厘定语修订而为定本。"① 参与翻译的来自泥婆罗或于阗的法师较少,但同样标明籍贯。《圆满回向轮经》由于阗法师译为汉文,后来又从汉文转译为藏文。译经题记中对初译者同样有说明,如:"《圆满回向轮经》,于阗比丘(Li'i dge slong)三藏法师释拉达磨(shI la d + ha rma)将印度法宝(译为汉文),从汉文(rGya'i dpe)本由沙门无分别译。"②

来自唐朝的译者一般称为"汉之亲教师某某"(rGya nag gi mkhan po)。例如,"《大涅槃经》……由汉之亲教师(mkhan po)王槃润(Wang phan zhun)和佛教大师(gzhi 'dzin)格卫罗追(善慧)、译师嘉措德(海军)翻译"。③ "《指鬘利益经》(汉译本名《央掘魔罗经》——译注)七卷,印度亲教师释迦查巴、译师沙门达磨达释拉、汉沙门顿阿阇梨(rGya'i ban + de Tong A tsA rya)等翻译。"④ "《大集地藏十轮经》,十卷八品,汉之亲教师和尚深(rGya'i mkhan po hw shang zab mo)等和译师沙门无分别译。"⑤ 以上译经题记中,对王槃润、顿阿阇梨、深之族属有明确说明,个别还直接称为"和尚"。

同样,对译自汉文的佛典均注明 rGya'i dpe(可译为"汉文著作"),或作 rGya nag gi dpe(汉人之著作),凡作者属于内地的,亦在名前注明 rGya'i,可译为"汉之"。而法成的译作署名中未见 rGya nag gi mkhan po 字样,法成如果是唐朝人必标明族属。卷丹柔贝热止(bCom ldan rigs pa'i ral gri)所编《佛教广弘庄严日光》第十一章"译自汉文、于阗文之经典"部分,首先罗列译自汉文的经目,之后,言:"此等是汉之译师(rGya'i lo

---

① 《拉萨〈甘珠尔〉目录》,载《甘珠尔》第107卷,藏文对勘本,中国藏学出版社,2008,第765页。
② 《拉萨〈甘珠尔〉目录》,载《甘珠尔》第107卷,藏文对勘本,中国藏学出版社,2008,第780页。
③ 《拉萨〈甘珠尔〉目录》,载《甘珠尔》第107卷,藏文对勘本,中国藏学出版社,2008,第747页;司徒·曲吉迥乃:《德格〈甘珠尔〉目录》,四川民族出版社,2013,第442~443页。
④ 《拉萨〈甘珠尔〉目录》,载《甘珠尔》第107卷,藏文对勘本,中国藏学出版社,2008,第734页。
⑤ 《拉萨〈甘珠尔〉目录》,载《甘珠尔》第107卷,藏文对勘本,中国藏学出版社,2008,第737页。

tsha ba）勃兰伽·列贡（Bran ka legs kong）、汉之主校（rGya'i zhu chen）沙门无分别（rNam par mi rtog pa）、廓·法成，及其他通达多种语言的译师翻译。"① 此处的 rGya'i 如何理解，是指译者的族属，还是指专门翻译汉文的译师？按前文所述，应指前者。但仅凭这条记载尚难断定勃兰伽·列贡和无分别的族属，因勃兰伽似是吐蕃姓氏，也有研究者考证是一位吐蕃译师。② 不管怎样，编者在廓·法成的名前未加 rGya'i，说明编者认定其为吐蕃人。

对于吐蕃本土的译师，译经题记中或加职衔，若无职衔，则直接称为"译师某某"或"译师沙门某某"，很少有注明族属者。通观法成的译经题记，包括敦煌文献中所存和藏文《大藏经》中所存，法成的译经署名均符合吐蕃译师署名的惯例。敦煌写本所见法成译经或集本题记如表1所示。

表1　敦煌写本所见法成译经或集本题记

序号	写本	题记
1	IOL Tib J. 219 号《楞伽经疏》	吐蕃译本尾题："圣入楞伽宝经一切佛语心品广释，唐朝法师圆晖造，完毕。奉吉祥天赞普之诏命，主校译师、比丘吴法成（'Go chos grub）从汉文本翻译并校订而为定本。"
2	IOL Tib J. 588.1《百字论》	吐蕃译本尾题："百字论，圣天所作，完毕。主校译师、沙门法成从汉文本（rGya'I dpe）翻译并校订而为定本。"
3	IOL Tib J. 588.2《百字论释》	吐蕃译本尾题："百字论释，完毕。主校译师、沙门法成从汉文本翻译并校订而为定本。"
4	IOL Tib J. 588.3《缘生三十颂释》	吐蕃译本尾题："缘生三十颂释，阿阇梨乌楞伽（Ur lang ka）造，完毕。主校译师、沙门法成从汉文本翻译并校订而为定本。"

---

① 《佛教广弘庄严日光》，藏哲蚌寺十明殿，由索南顿珠排版并内部印刷，2006，梵夹装，第150页，亦见 TBRC W00EGSI017426。
② 陆离：《敦煌文书 P. 3568〈普贤菩萨行愿王经〉译者吐蕃沙门无分别考》，《敦煌研究》2008年第2期，第49~53页。敦煌汉文佛经 P. 3568 号《普贤菩萨行愿王经》首题："大蕃国沙门无分别奉诏译"。

8

续表

序号	写本	题记
5	IOL Tib J. 213《圣说时非时经》（汉译本名《佛说非时经》）	吐蕃译本尾题："圣说时非时经，完毕。校订之堪布（mkhan po）和译师、佛教宗师、沙门法成从汉文本翻译并校订而为定本。"
6	IOL Tib J. 205《锡杖经》《执持锡杖普行轨则》	吐蕃译本尾题："此锡杖经及仪轨由主校译师、沙门法成从汉文本翻译并校订而为定本。"
7	IOL Tib J. 686《孟秋施物缘起要说》	吐蕃本尾题："比丘法成造。"
8	IOL Tib J. 687《业报要说》	吐蕃本尾题："比丘法成从诸经、律、论中汇集编撰。"
9	IOL Tib J. 625《八转声说颂》	吐蕃译本尾题："校订之堪布（mKhan po）和译师、沙门法成从汉文本翻译并校订而为定本。"
10	P. 4882《般若心经》	汉译本首题："大番国大德三藏法师沙门法成译。"
11	P. 3548《诸星母陀罗尼经》	汉译本首题："沙门法成于甘州修多寺译。"
12	P. 2073《萨婆多宗五事论》	汉译本首题："大番国大德三藏法师、沙门法成于甘州修多寺道场译。"尾题："丙寅年五月十五日于大番甘州张掖县译。"
13	P. 3950.1《菩萨律仪二十颂》	汉译本首题："赞多啰具名菩萨造，国大德三藏法师法成译。"
14	P. 3950.2《八转声颂》	汉译本首题："国大德三藏法师法成译。"
15	P. 2139《释迦牟尼如来像法灭尽之记》	汉译本首题："国大德三藏法师、沙门法成译。"
16	P. 2794《大乘四法经论及广释开决记》	汉文集录本首题："大蕃国大德三藏法师、沙门法成集。"尾题："癸丑年八月下旬九日，于沙州永康寺集毕记。"
17	P. 2284《大乘稻芊经随听疏》*	汉文集录本首题："沙门法成集。"

注：* 陈寅恪《大乘稻芊经随听疏跋》中认为此著不是法成的"集本"，发现一部分内容译自莲花戒的《大乘稻芊喻经广大疏》（见于《丹珠尔》），并进而提出"予因此来疑今日所见中文经论注疏凡号为法成所撰集者，实皆译自藏文"，参见《陈寅恪文集》之二《金明馆丛稿二编》，上海古籍出版社，1981，第255页。之后，日本学者芳村修基等亦提出类似的观点。要彻底搞清此类问题，需要对相关汉藏文献予以更为仔细和全面的对勘。

资料来源：1.《英藏敦煌西域藏文文献》第10册，待刊，此件IDP未刊布。2.《英国国家图书馆藏敦煌西域藏文文献》第5册，上海古籍出版社，2013，第87页，IOL TIB J 588号，IDP未刊布。3.《英国国家图书馆藏敦煌西域藏文文献》第5册，第107页。4.《英国国家图书馆藏敦煌西域藏文文献》第5册，第110页。5.《英国国家图书馆藏敦煌西域藏文文献》第7册，上海古籍出版社，2015，第234页。6.《英国国家图书馆藏敦煌西域藏文文献》第5册，第82页，亦见IDP刊布之图版。7.《英国国家图书馆藏敦煌西域藏文文献》第7册，第72页。8.《英国国家图书馆藏敦煌西域藏文文献》第7册，第207页。9. 東洋文庫チベット研究委員会編『スタイン蒐集チベット語文献解題目録』第7分冊、東洋文庫、1979、39頁。

表1所列译作或集本的署名中,看不出法成是唐朝人。尤其值得注意的是,以上所列藏文译本中,按吐蕃时期的传统没有加"大蕃"等说明族属等的文字。而汉译本中,又遵从汉译本署名的惯例,加了"大蕃国大德"等表明身份的文字。

对法成藏文译经题记中的称号"Zhus chen gyi lo tsA ba",上山大峻最先有所讨论,他认为"Zhus chen"意思是"大校阅",对应法成汉文题记中的"大蕃国大德"。实则"Zhus chen"与文献校勘有关,与汉文之"大德"难以对应。"Zhus chen"原本不是名词,而是动词。例如,藏译《华严经》题记云:"印度亲教师孜纳米扎、苏热扎菩提、译师沙门益西德等翻译,并由大译师毗卢遮那校订(Zhus chen),共三百四十一叶。"① 再如,《佛教广弘庄严日光》中,将未译完和未校订的经典归为一类,称为"Zhus chen ma byas pa"。② 因此,"Zhus chen"即对佛典译本的校对、校订,最终形成定本。"Zhus chen gyi lo tsA ba"加在译师名前,又成为一种专指或类似于职衔。受上山大峻译法的影响,国内多将"Zhus chen gyi lo tsA ba"译为"大校阅翻译师",也有译为"大校审翻译师"的。《藏汉大辞典》中译为"主校译师",并加释文:"在翻译工作中担任校审的主要译师。"③ 无论是敦煌文献,还是大藏经中保存的吐蕃译本的译经题记,凡称为"主校译师"者,均是吐蕃有名望的译师,如尚·益西德(智军)、噶哇·贝则、属卢·鲁伊坚赞、沙门贝吉隆波德等人。后弘期的一些著名译师亦沿用此称号,如大译师仁钦桑波等。④ 有些著名的文献编纂者被称为"Zhus chen"。足见这一称号在藏传佛教中的影响力。如何理解"Zhus chen gyi lo tsA ba"这个称号的含义呢?《佛教广弘庄严日光》中对"zhus chen"亦有解释,"由沙门益西德等翻译云云,之所以言'等',是因为佛典由诸多译师联合翻译,但译经题记上只写

---

① 《拉萨〈甘珠尔〉目录》,载《甘珠尔》第107卷,藏文对勘本,中国藏学出版社,2008,第714页。类似的用法见该书第731页。
② 《佛教广弘庄严日光》,藏哲蚌寺十明殿,由索南顿珠排版并内部印刷,2006,梵夹装,第174页。
③ 《藏汉大辞典》,民族出版社,1985,第2398页。
④ 《拉萨〈甘珠尔〉目录》,载《甘珠尔》第107卷,藏文对勘本,中国藏学出版社,2008,第711页。

翻译和校订的首要者之名，而不言'等'。所谓'主校之译师多位'，是指彼等善巧究竟，彼所作校订（Zhus chen），令人信服。或能将梵典用藏语读诵，或将藏文典籍用梵语读诵，均符合音律声调，拥有如此知识是极难的"。① 按此，吐蕃译经只署权威人物的名字，而凡称为"Zhu chen"者，均是通达梵藏文字者。就此，也可知何以益西德等人译经数量十分庞大。《贤者喜宴》中言吐蕃之译师分三类，最高级的称"主校译师"。

"Zhus chen gyi lo tsA ba"在"校订"和"译师"词义之间有表示属格的gyi，直译为"主校的译师"，似乎不太通顺。法成的译经题记中，尚有另外的表示方式，如《金光明最胜王经》题记中作"Zhus chen gyi mKan po dang lo tsA ba"②，可译为"校订的堪布和译师"。"mKan po"在这里当指一种职务，即负责佛经校勘事务者。如果"校订的堪布和译师"是全称，则"Zhus chen gyi lo tsA ba"是省称，即将gyi字后面的mKan po（堪布）省略了。若此推断无误，则"Zhus chen gyi lo tsA ba"较好理解，即校经负责人和翻译者。总之，法成名前的"Zhus chen gyi lo tsA ba"不是随意加上去的，定是得到政府认可或授权的，可以说是译师的荣耀。

法成名前所加"佛教宗师"（bCom ldan 'das kyi ring lugs）亦有特殊含义。上山大峻认为该词本意为"世尊之宗徒"（《藏汉大辞典》译为"宗师"，黄颢译为"佛教宗师"），等同于法成汉文署名中的"释门"，进而认为"ring lugs"（有体系、宗派、主义等义）相当于"都僧统"，则"bCom ldan 'das kyi ring lugs"可释为"释门之都僧统"。国内研究者同样认可了上山大峻的解释，将"bCom ldan 'das kyi ring lugs"比对为汉文的"都僧统"。佛教宗师见于《巴协》等文献记载，第一任佛教宗师是益西旺波，第二位是贝央。因此，"佛教宗师"是吐蕃最高的僧官名。都僧统这一职务出现于归义军时期，是归义军政权中地位最高的僧官。"佛教宗

---

① 《佛教广弘庄严日光》，藏哲蚌寺十明殿，由索南顿珠排版并内部印刷，2006，梵夹装，第105~106页。
② 《拉萨〈甘珠尔〉目录》，载《甘珠尔》第107卷，藏文对勘本，中国藏学出版社，2008，第765页。《观世音秘密宝库无碍如意轮心要陀罗尼》之译经题记亦作"Zhus chen gyi mKan po dang lo tsA ba"（上书第774页）。

师"和都僧统都是管理佛教事务的最高职位，但从字面含义来看，笔者更倾向于"佛教宗师"对应汉文的"大德"。①总之，法成名前加"佛教宗师"是其职衔，不是随意为之，亦能说明法成拥有吐蕃僧人中最高规格的称号，相当于吐蕃佛教界的领袖人物。

目前，所知有"主校译师""佛教宗师"之称者皆为吐蕃高僧，未见入吐蕃的印度佛教大师等有此类称号。故可知法成在吐蕃享有很高的社会地位，绝不是吐蕃占领区的唐朝僧人。总之，法成时代遗留的文献就能说明法成之族属。

另外，笔者发现《陀罗尼集》中有一篇《红铜喙陀罗尼》（Zangs mchu dmar po'i gzungs），其译经题记云："印度之亲教师杂那德瓦（Dz + nyA de ba），与吐蕃之沙门曲珠（chos grub，法成）、译师噶哇跋哈沃（ka ba b + ha bo），在加蔡（Bya tshal）翻译并校订。"②明确指出法成是吐蕃译师，但松巴堪布认为此属伪经，故译经题记不可信，是后人伪造的。不过，伪造者同样将法成视为吐蕃人。

此外，从法成的译著目录编排看，上山大峻首次将法成译著分为五大类，即由汉文译为藏文的经籍、由藏文译为汉文的经籍、藏文著述、汉文集成、讲义笔记。其中，依据上山大峻的研究，法成译著中汉译藏的有20种，译为汉文的有6部，藏文著述有2种，汉文集成类3种，以及法成讲授《瑜伽师地论》时弟子（智慧山、洪真、恒安等）所作记录，如《瑜伽师地论分门记》《瑜伽论手记》等。说明法成的译作和其他著作以藏文为主，而汉文中无个人著作，似乎也可说明法成藏文的熟练度可能高过汉文。

---

① 上山大峻『敦煌仏教の研究』、法藏館、1990、111頁。笔者对 bCom ldan 'das kyi ring lugs 亦有所述，认为相当于汉文之"国大德"，参见才让《菩提遗珠：敦煌藏文佛教文献的整理与解读》，上海古籍出版社，2016。吐蕃占领河西等地时，在各地设置僧统一职，管理佛教事务。敦煌藏文文献中，亦见担任 ring lugs 一职者。"僧统"可能是"ring lugs"之对译，或许 bCom ldan 'das kyi ring lugs 之地位高于地方上的 ring lugs。

② 《经咒经典海中众多心要、名号、陀罗尼汇集》（mDo sngags gsung rab rgya mtsho snying po mtshan gzungs mang bsdus），定日哇·曲吉坚赞（Ding ri ba Chos kyi rgyal mtshan）出资刻印，上下两卷，1949，简称拉萨版《陀罗尼集》。《红铜喙陀罗尼》在上卷224叶a至232叶a，该经首题经名作"圣铜喙压服一切暴恶类陀罗尼"（'Phags pa zangs kyi mchu dmar pos gdug pa'i phyogs thams cad gnod par byed pa zhes bya ba'i gzungs），与尾题经名不同。

吐蕃王朝时期的职官选用及标准[*]

朱悦梅　王红娟[**]

内容提要：吐蕃王朝在社会管理过程中，随着职官制度发展与职官体系日益成熟，相应根据自身的具体情况，创制了一套适应自身特点的管理措施与制度。吐蕃王朝初期的职官体系与部落制应没有严格的分野，即社会基层的管理者是部落首领，而重要的贵族部落首领才能成为赞普王廷中的重要阁僚，为赞普所倚重，成为大论人选。随着吐蕃王朝赞普对权力集中的要求，赞普在选用职官的过程中，有突破部落首领把持军事要务的要求，在职官选用上，以贤能勇武为选材标准。随着职官体系日益丰富，僧人、汉人亦成为职官选才对象。

关键词：吐蕃王朝　职官制度　职官管理

职官选用作为职官制度的基础和职官管理制度的重要内容，无疑也是吐蕃王朝时期重要的政治组织基础。松赞干布被认为是吐蕃历史上的

---

[*] 本文为国家社会科学基金项目"吐蕃王朝职官管理制度研究"（项目编号：09BZS039）、国家民委科研项目"唐代吐蕃历史军事地理研究"（项目编号：09XB07）的阶段性成果之一。

[**] 朱悦梅，西北民族大学历史文化学院教授，四川大学博士生导师，主要研究方向为历史地理学、藏族史；王红娟，西北民族大学研究处，主要研究方向为历史文化地理。

开明君主，善于学习并吸收其他民族的经验，还能兼顾吐蕃自身的具体情况，在构建吐蕃政权的同时，创制了一系列具有吐蕃本民族特色的措施和制度。在社会管理方面，划定"五大如"和"六十一东岱"的军事行政社会组织，保持了军事与行政相结合的特征；建立了管理和掌握上自中央下至部落的各级政权，择取各地的贤良之士，无论王族还是宦族出身均可入官，四尚一论、外相、内相皆可发挥所长；设置如本、东本等地方官吏，各持一方，力图法律严明，令行禁止，为维护政体的稳定发挥直接作用。各类职官的选用与任命、使用与管理背后都渗透着其运作方法及管理模式，即职官管理制度。

吐蕃王朝时期，为适应政制的运行，随着职官制度的产生、丰富与发展，相应的职官管理体系逐步建立。在吐蕃王朝时期，职官选用制度的形成有一个从朴素的任人唯贤选用模式到选官制度化的发展轨迹。

一　部落制度与官吏选用

职官管理制度是职官的行用和任用之后的管理方式，包括官吏的选才、任用、考绩奖惩、品秩俸禄及休假、退休等制度。

西藏古代"十二小邦"（རྒྱལ་ཕྲན་སིལ་མ་བཅུ་གཉིས།）时代已经建立了"王（རྗེ）－论波（大臣，བློན་པོ）"管理模式。社会关系决定社会组织结构的内容与性质。当时的社会关系，如文献所载，"诸小邦喜争战格杀，不计善恶，定罪之后遂即投入监牢"。[①] 可以推测，其时善恶之分并未成为社会管理的制度内容，而杀伐格斗的生存之道左右着小邦的管理模式，十二小邦又分裂为"四十小邦"（རྒྱལ་ཕྲན་བཞི་བཅུ།）。因此，"王－大臣"模式应当是朴素和简单的，以自然实用为准，即其时职官管理机制是不健全的。吐蕃王朝建立之后，职官管理制度逐步形成并渐趋完整。从墀松德赞普（755～797年在位）时期的职官选用方式可以看到，依旧带有一种部落制度下的选贤模式。《敦煌本吐蕃历史文书》P.T.1287《赞普传记》（八）载："内政

[①] 巴卧·祖拉陈瓦：《贤者喜宴——吐蕃史译注》，黄颢、周润年译注，中央民族大学出版社，2010，第5页。

修明，风俗淳正，人人忠贞而勤奋，不嫉妒，不作恶，忠贞英勇之士如选择眸子精细明察。忠贞英勇之士到处予以褒扬，分授官职牧守各地。"① 可以看出，在墀松德赞时期，职官管理制度仍然表现出粗放的部落制度特征，选人以忠勇为基本标准。

（一）从部落首领到地方长官

在吐蕃赞普时期，吐蕃各部都有自己的活动区域，并有了以地名冠名的称号：

> 据说，后来止贡赞普三子，从其父宝库中取出神牛犊一只，名杰乌汝嘎（ཅེ་འུ་ད་ག），此牛犊善于飞腾。止贡赞普三子骑飞牛逃往工布地区（ཀོང་པོ་ཡུལ）。长子霞墀做了工布王（ཀོང་པོ་རྗེ་ཤ），次子恰墀任波密主宰（སྤོ་བོའི་མང་བདག），幼子尼雅墀成为娘布之王（ཉང་པོ་རྗེ）。②

这时止贡赞普的三个儿子工布王、波密（王）、娘布王，均有自己的臣民、军队和随从。著名的"智勇谋臣七人"（འཕྲུལ་བློན་མཛངས་པའི་མི་བདུན），第一人如旭莱杰（རུ་ལས་སྐྱེས）即出现于布代贡杰[པོ་དེ་གུང་རྒྱལ，即止贡赞普次子恰墀（ཕ་བོའི་མང་བདག）]时期，可见吐蕃赞普时期以赞普为核心的社会组织形式已经初现，而合法化权力所要求的机构雏形亦当应运而生。

开始建立权威指一种合法化权力的基本表现形式是维持组织运行的必要手段，它使成员在组织内受到约束和限制，这也是组织管理制度形成的内在动力。

吐蕃王朝建立之初即划分了以"五如六十一东岱"为核心的地方区划制度。"如"（རུ），意为"翼"。"东岱"（སྟོང），又叫作"桂东岱"（རྒོད་ཀྱི་སྟོང），"桂"（རྒོད）即《贤者喜宴》所解释的"高等属民（འབངས་རབ་ཆོས）从事军

---

① 王尧、陈践译注《敦煌古藏文文献探索集》，上海古籍出版社，2008，汉译文第115页。
② 巴卧·祖拉陈瓦：《贤者喜宴——吐蕃史译注》，黄颢、周润年译注，中央民族大学出版社，2010，第9页。

务者之名称（དམག་གི་ལས་བྱེད་པའི་མིང་།）"①，直译作"武士"。《白史》中，"桂"为武士（བོ་གཉོད།）与平民（པལ་ཆེ།）。

表1　部落制下的职官体系

组织名称	意译	首领官衔称谓	《汉藏字书》译称	备注
堀岱（ཁྲི་སྡེ།）	万户	堀本（ཁྲི་དཔོན།）	"一万人将"	—
东岱（སྟོང་སྡེ།）	千部、千户、千户所	东本（སྟོང་དཔོན།）	部落使	—
小东岱（སྟོང་ཆུང་།）	—	—	抚千（སྟོང་ཆུང་།）	敦煌古藏文文书 P. T. 1087 中写作སྟོང་སྲན།
如（རུ།）	翼	军事长官（དམག་དཔོན།）	—	—
		副将（རུ་དམག་པ།）	—	—

部落制下的职官选用，可从《五部遗教·大臣遗教》所记载的吐蕃"五如"所属部落及首领名字②得到结论。

从表2中所列部落所属如及各如的长官、副将看，各如的首领均来自领属部落。可见，部落制体制下，部落首领制的形式在吐蕃王朝区划制管理中是地方选官的基础。由此可推测，各如内部的下层及基层选官亦当以部落制度下的家族领属关系为核心。

表2　千户及其所属贵族势力

如	方位	东岱名称	所属骨系（姓氏）	长官
伍如	上伍如	托岱（དོར་སྡེ།）	玛氏（རྨ།）和嘎瓦（ཀ་བ།）	长官（དམག་དཔོན།）：那囊干莫琼（སྣ་ནམ་གུན་མོ་ཆུང་།）副将（རུ་སྲས།）：嫩当松准杰（སྣོན་འདང་གསུམ་འཛིན་རྒྱལ།）
		岱仓（སྡེ་མཚམས།）		
		迥巴（ཅོམ་པ།）	觉热选举户（ཅོས་རོ།）	
		支仓（འཇི་མཚམས།）		
		叶惹小东岱（ཡེལ་རབ་སྟོང་ཆུང་།）	阐卡（བན་ཀ།）	

---

① 巴卧·祖拉陈瓦：《贤者喜宴——吐蕃史译注》，黄颢、周润年译注，中央民族大学出版社，2010，第34页。
② 《五部遗教·大臣遗教》（藏文），民族出版社，1986，第54~55页。

吐蕃王朝时期的职官选用及标准

续表

如	方位	东岱名称	所属骨系（姓氏）	长官
伍如	下伍如	秋仓 (ཕྱུགས་མཚམས།)	—	长官： 贝杰桑达囊 (སྦས་རྒྱལ་བཟང་སྟག་སྣང་།) 副将： 徐普空珍宗赞 (ཤུད་པུ་ཁོང་འཛིན་རྩོང་བཙན།)
		章仓 (འབྲང་མཚམས།)		
		吉堆 (སྐྱིད་སྟོད།)	贝氏 (པ་བ།)	
		吉麦 (སྐྱིད་སྨད།)		
		东侧侍卫队 (པར་ཕྱོགས་སྐུ་སྲུང་།)	—	
约如	上约如	青隆 (འཕྱིང་ལུང་།)	蔡邦氏 (ཚེ་སྤོང་།)	长官： 娘达桑尤甸 (མྱང་སྟག་བཟང་གུ་ཧུན།) 副将： 详玛兴兑琼 (ཞང་མ་བཞེས་སྟོང་ཆུང་།) (铜告身)
		塔波 (དགས་པོ།)		
		聂尼 (གཉིས།)	洛氏 (ཀློ།) 和 琛氏 (མཆིམས།)	
		洛惹小东岱 (ཀློ་རོ་བེའུ་སྟོང་།)		
		青隆	—	
	下约如	亚仓 (ཡར་མཚམས།)	那囊氏 (སྣ་ནམ།) 和 娘氏 (མྱང་།)	长官： 绯仁钦杰斯 (མཆིམས་རིན་ཆེན་རྒྱལ་གཟིགས།) 副将： 洛达丘犀斯 (ཀློགས་ཕྱི་གཟིགས།) (铜告身)
		玉邦 (གཡུ་འབངས།)		
		聂 (དགྱིག)	绯 (མཆིམས།)、 聂瓦 (སྙེ་བ།)	
		洛札 (ལྷོ་བྲག)		
		北侧侍卫队 (བྱང་ཕྱོགས་སྐུ་སྲུང་།)		
叶如	上叶如	东钦 (སྟོང་ཆེན།)	琼波氏 (ཁྱུང་པོ།)	长官： 杰瓦益西代珠麦波 (རྒྱལ་བ་ཡེ་ཤེས་དཔལ་མེ་པོ།) 琼波达桑娘兑 (ཁྱུང་པོ་སྟག་བཟང་ཉང་སྟོང་།) 副将： 巴曹措谢 (པ་ཚབ་མཚོ་བཞེས།)
		香钦 (གཤང་ཆེན།)		
		朗弥 (འདད་མེ།)	巴曹 (པ་ཚབ།)	
		颇噶 (ཕོ་དཀར།)		
		香小东岱 (གཤང་སྟོང་བེའུ།)	仁列恰 (རིན་སྨྱེ།)	
	下叶如	年噶 (གཉན་དཀར།)	郎巴 (ལངས་པ།)	长官： 桂犀年贝莫 (འགོས་ཁྲི་བཞེར་དཔལ་མོ།) 副将： 朗巴衮普 (ལངས་པ་མགོན་པུ།) (铜告身)
		章仓 (འབྲང་མཚམས།)		
		波惹 (བོ་རབ།)	桂氏 (མགོས།)	
		松岱 (གསུང་སྟེ།)		
		西侧侍卫队 (ནུབ་ཕྱོགས་སྐུ་སྲུང་།)		

17

续表

如	方位	东岱名称	所属骨系（姓氏）	长官
如拉	上如拉	芒噶尔（མང་གར།）	没卢氏（འབྲོ།）	长官： 没庐杰桑格（འབྲོ་རྒྱལ་བཟང་།） 副将： 囊达求如才（སྣང་གྲགས་མཆོག་རུ་རྩལ།） （铜告身）
		埠松（བྱི་སོ།）		
		仲巴（འབྲོང་པ།）	周氏（འབྲུ།）	
		拉孜（ཐང་རྩེ།）		
		措俄小东岱（མཚོ་སྔོ་སྟོང་བུ་ཆུང་།）	周氏	
	下如拉 （四东岱 是娘若 及支的 东岱）	娘若（ཉང་རོ།）	没卢氏（འབྲོ།）与 琼波氏（ཁྱུང་པོ།）	长官： 支杰多日埠略 （འབྲི་རྒྱལ་མདོ་རི།） 副将： 琼波布纳松（ཁྱུང་པོ་བུ་ན་སུང་།） （玉告身）
		埠塘（བྱི་ཐང་།）		
		康萨尔（ཁང་གསར།）	协盖与桂氏	
		开扎木（གད་འཛུམ།）	—	
		南侧侍卫队（ལྷོ་སྲུང་སྟོང་བུ་ཆུང་།）	—	
象雄	上象雄	俄久（ཨོ་ཇོ།）	位于吐蕃与朱固 （ཙོ་ཅུ།）交界之地	—
		芒玛（མང་མ།）		
		聂玛（གཉེ་མ།）		
		咱莫（དྲུ་མོ།）		
		帕噶小东岱（པ་ག་སྟོང་བུ་ཆུང་།）		
	下象雄	古格（གུ་གེ།）	位于吐蕃与苏毗 （སུམ་པ།）交界处	—
		久拉（ཅོག་ལ།）		
		吉藏（རྒྱི་གཙང་།）		
		雅藏（ཡར་གཙང་།）		
		基德小东岱（ཅི་དེ་སྟོང་བུ་ཆུང་།）		
苏毗		孜屯（རྩེ་མཐོན།）	—	
		勃屯（བོ་མཐོན།）	—	
		上桂仓（གོལ་ཚང་སྟོད།）	—	
		下桂仓（གོལ་ཚང་སྨད།）	—	
		上炯（འབྱོང་སྟོད།）	—	
		下炯（འབྱོང་སྨད།）	—	
		上支（ཇི་སྟོད།）	—	
		下支（ཇི་སྨད།）	—	
		卡若（ཁ་རོ།）	—	

续表

如	方位	东岱名称	所属骨系（姓氏）	长官
苏毗		卡桑（ཁ་བཟངས།）	—	
		那雪小东岱（གནགས་ཤོད་སྟོང་སྡེ།）	—	

因此，吐蕃王朝时期的地方选官与中央选官在形式上有很大差别，部落制因素在地方仍然是社会管理制度的基础。

从吐蕃王朝初期的"五如六十一东岱"及其部落所属关系可见，部落首领的任用带有部落制特征。而这种部落制的首领形成制度有利于部落内部的统治，却不利于赞普王权的集中。对于统一的中央集权来说，中央与地方当为直属关系，赞普王权的建立，首先要实现对所辖领土的统一管理，但部落制恰恰对之形成掣肘，难免造成地方部落对赞普王权的分权压力，因此形成中央与地方关系的行政管理是吐蕃王朝职官制度发展的方向。

吐蕃王朝初期，部落的体制不可能完全被中央与地方体制所取代，"五如六十一东岱"的划分在形式上构成中央与地方关系的基本形态，但在如、东岱的首领问题上，离不开"骨系"。这种部落制遗存的长期影响至赤德祖赞时期才开始发生变化。

首先，改变地方区划规模。敦煌古藏文文书 P.T.1288《大事纪年》726年条载：

> 冬，赞普驻于札玛牙帐，宣布岸本由八对减为四对（由十六员减为八员）之缩编制度。①

对区划规模的调整深刻地体现出赞普王权对地方权力的控制，强化了赞普的中央权力对地方管理的直接干预，进而取代地方部落集团对地方的直属关系。

---

① 王尧、陈践译注《敦煌古藏文文献探索集》，上海古籍出版社，2008，汉译文第95页。

其次，直接任命部落地方长官，以直接接手地方管理，强化赞普王权。文献中所见的最早直接任命地方部落长官发生于天宝十四年（755），P. T. 1288《大事纪年》载："任命悉东萨地区三个东岱千夫长之职。"①

构建中央与地方关系首先是赞普加强王权的需要，其次在职官选用过程中会刺激一套相匹配的选官制度形成。从文献断片中，可以找到一些吐蕃王朝时期选官制度的记载（详见下节）。

后来，随着吐蕃占领区域扩大，又设置了同乔汉户十一东岱[སུམ་པའི་རེ་བོང་རྒྱ་ཤར་བཅུ་གཅིག་གཤིས་]，或称"同乔九政权部"（མཐོང་ཁྱབ་དགུ་སྲིད་ད）]以及吐谷浑六东岱（འ་ཞའི་སྟོང་སྡེ་དྲུག）。② 这些部落是吐蕃本土以外的族群，亦被纳入吐蕃部落制管理体系。

（二）地方行政事务的管理体系及职官选用

吐蕃王朝时期的官吏选用多以贵族家族为核心资源，这种职官选用范围和模式与吐蕃王朝初期的社会组织制度及部落的地理分布有关。一方面，吐蕃王朝初期设置的边防戍守体系是吐蕃边境内部落地理分布的表现；另一方面，以部落为基础的军事防戍格局又反映了早期职官选用的基本形式。《贤者喜宴》载：

> 所谓"三勇部"（དཔའ་བའི་སྡེ་གསུམ），是在昌达巴山（རི་བྱང་སྟག）以上、门地四柴卡（མོན་དགུགས་ལ་བཞི）以下，由没卢氏、琼氏（ཁྱུང་）、噶尔氏（མགར）、努氏（སྣུབས）及年氏（གཉན）等所谓之"古、久等五部"（ཀུ་པོན་ཆོས་ལྔ་）在此为官（དཔོན་བྱས）……
>
> 所谓"中勇部"（བར་གྱི་དཔའ་བ），是在贝囊隆山（རི་པེ་ནམ་ཞིང）以上、恰贡（ཆ་གོང）及佩（པག）以下，由"十二贝佳部"（སྦས་རྒྱ་བཅུ་གཉིས）居此，并任纳雪（ནགས་ཤོད）之官……

---

① 王尧、陈践译注《敦煌古藏文文献探索集》，上海古籍出版社，2008，汉译文第99页。
② 巴卧·祖拉陈瓦：《贤者喜宴——吐蕃史译注》，黄颢、周润年译注，中央民族大学出版社，2010，第34、35页。

吐蕃王朝时期的职官选用及标准

所谓"下勇部"（མར་གྱི་དཔའ་སྡེ།）在玛朋木热（མ་འོལ་དྲི།）以下嘎塘陆茨（གཀྱང་གླེ་ཚ།）以上，由"同乔九政权部"及吐谷浑六东岱所据。①

这是吐蕃王朝初期根据部落所居住的地理位置相应形成的以"勇部"为建制的军事部落组织。这种军事建制的任官模式表现为从负责防戍的若干军事部落内部产生各级军事职官。就当时以"奴隶制部落联盟"为基础的社会管理与军事管理方式而言，其军事指挥系统亦当与部落组织形式相适应，即带有浓厚的部落制特征。

就吐蕃王朝的核心利益而言，卫戍区的划分以部落为核心，赞普王廷只划分区域，既有利于安置贵族部落，又充分突出了部落组织对王朝的拱卫作用。但从职官选用角度来看，则在规定由某几个姓氏的部落管控某一区域的同时，并未给出直接的职官任命，即由这些部落中的何人担任，是由族长担任，还是在部落内部按照德能推举，没有明确记录。可以推断，这是一种对部落联盟制管理模式的继承，部落制特征明显，因而中央集权制主导的选官任官制度尚不清晰。

尽管有关赞普王廷对部落内部的选官对象并无明确记载，但这恰恰说明在部落内部应当有传统的首领制度。而就赞普王廷而言，其对地方的掌控首先表现在对地方职官的选拔与任用上。吐蕃王朝建立之后，虽然部落制传统不可能立即肃清，但对地方管理直接干预还是要逐渐体现出来，《贤者喜宴》所记"七官"（མངོན་བདུན།）或可视为以赞普王权形式规定的地方设官的开始。"七官"的名称与职掌为：

域本（ཡུལ་དཔོན།）之职责是以法治理小地区；玛本（དམག་དཔོན།）之职责是克敌制胜；咸本（ཚོམས་དཔོན།）之职责是（为王）引路；安本（ཨན་དཔོན།）之职责对管理粮食金银者斥其罪责，遂即交由安本掌管；楚本（ཕྱུ་དཔོན།）管理母牦牛、犏牛及安营设帐等事；昌本（དང་དཔོན།）

---

① 巴卧·祖拉陈瓦：《贤者喜宴——吐蕃史译注》，黄颢、周润年译注，中央民族大学出版社，2010，第 35 页。

21

行使审判职责。①

此七官（实为六种）的设置，一方面，应当是赞普为巩固王权而直接干预地方管理的结果，以此来渗透和制衡地方部落的权力；另一方面，应当是吐蕃社会生产、生活内容丰富之后，从赞普王廷到地方，在管理过程中形成的部门化职官体系，分别涉及行政、军事、交通、税收、农牧业生产、司法等领域。因此，这种按管理门类的职官选用当与一定的基本技能有关系。

虽然有了"七官"的设置，但实际上吐蕃王朝初期的职官制度及相应的职官管理制度还不健全，职官体系的形成经过了较长的发展过程，具体的职官称谓是逐渐出现和使用的。文献中对吐蕃官宦体系的记载常常使用笼统的称谓，简单地称中央机构官员为"大臣"，称地方官员为"首领"。例如，桑耶寺建成后，君臣后妃均为之献歌，在赞普、诸王妃、诸贤者、诸大臣、诸将军一一献歌之后，接着献歌的是诸首领、诸勇士、诸贵妇、诸少女等。②

赤松德赞建桑耶寺、兴佛碑时，提出："为奉行（佛教和遵循佛教大法），除赞普父子及权臣（བཙན་པོ་ཡབ་སྲས་དང་སྣ་ཆེན་པོ་）之外，大臣以下所有首领（བློན་ཆེན་མན་ཆད་ནས་སྣ་ལ་གཏོགས་པ་）均持剑发誓（རལ་གྲི་བོ་བོར་རོ་），并建兴佛盟誓碑（ཆོས་གཙིགས་མཛད་པའི་གཙིགས་ཀྱི་རྡོ་རིང་བཙུགས།）。"③

汉文文献的记载亦如此。《册府元龟》有载："酋领百余人坐于坛下。坛上设一塌，高五六尺。使体掣逋读誓文……"④ 除此之外，两《唐书》中出现的吐蕃王朝时期的职官称谓也反映出，在吐蕃王朝前期，除"大论"外，官员常冠以"首领""酋领"等，而冠以具体职官名称则出现较晚。例如，《新唐书·吐蕃传》中出现"万人将""犹千牛官""戍将"

---

① 巴卧·祖拉陈瓦：《贤者喜宴——吐蕃史译注》，黄颢、周润年译注，中央民族大学出版社，2010，第35页。
② 巴卧·祖拉陈瓦：《贤者喜宴——吐蕃史译注》，黄颢、周润年译注，中央民族大学出版社，2010，第166页。
③ 巴卧·祖拉陈瓦：《贤者喜宴——吐蕃史译注》，黄颢、周润年译注，中央民族大学出版社，2010，第169页。
④ 《册府元龟》卷981《外臣部·盟誓》，中华书局，1962，第11532页。

等具名称谓是在玄宗开元十六年（728）之后，这之前所见则为"大首领葛苏""首领勃论赞"等；《旧唐书·吐蕃传》中，则在开元十七年（729）之后才出现"副使押衙将军"一职衔，这之前则以"大将""将"称呼吐蕃官，而对"大论"之类官员，以"大论"或"大臣"称之。

因此，部落制的选官方式依然存在于吐蕃王朝时期的地方管理模式当中，对吐蕃职官制度的形成产生了相对阻滞的作用。因此，在吐蕃职官管理层面，朴素、简便的部落首领产生方式占据主导。

二　吐蕃王朝时期对母舅势力的选用

据《王者遗训》载，在布代贡杰时，出现了"谋略舅臣"（བགས་ཀྱི་ཞང་བློན།）。[①] 舅臣当权是部落联盟背景下的重要结果之一。但从"八代王"与"五赞"（བཙན་ལྔ།）时期的母后与大臣关系看，似乎舅臣势力还没有真正出现。

（一）"五赞"时期的母舅势力

如表3所示，从后族与大臣的氏族名号可见，二者并无直接关系，而大臣中却有同一家族出身者，如吞米氏、努氏、噶尔氏等，这与"妇人无及政"的传统相吻合。因此，可以推测至少在这个时期大臣的选用当以才干为重。

表3　"五赞"时期的母亲与大臣

赞普	母亲	大臣
五赞	多日隆赞（དོ་རི་ལོང་བཙན།）	聂尊芒玛杰（ཉེ་བཙུན་མང་མ་རྗེ།）	吞米珍波杰（ཐོན་མི་འབྲིང་པོ་རྒྱལ།）
			努缅塔日（སྣུབས་སྨན་ཐང་དར།）
			兑达杰（སྟོང་བདར་རྗེ།）
	墀赞囊（ཁྲི་བཙན་ནམ།）	卧玛代萨墀尊强玛（ཨོ་མ་ལྡན་ས་ཁྲི་བཙུན་བྱང་མ།）	努尼雅托祖伦（སྣུབས་གཉགས་དོར་ཙོ་བློན།）
			贝墀松蒙桂（སྦས་ཁྲི་གསུམ་མོང་གུས།）

---

① 《五部遗教·王者遗训》（藏文），民族出版社，1986，第19页。

续表

	赞普	母亲	大臣
五赞	墀查崩赞 (བྲི་སྒོམ་བམ་བཙན)	缅萨墀嘎 (སྨན་ཟ་ཁྲི་དཀར)	噶尔查孜门 (མགར་ཁྲི་ཛོ་སྨུན) 吞米路芒支波 (ཐོན་མི་ཀླུ་མང་རྗེ་པོ)
	墀托杰托赞 (བྲི་ཐོག་རྗེ་ཐོག་བཙན)	缅松路丁 (སྨན་གསུང་ཀླུ་ལྡིང)	噶尔尼雅赞亭甫 (མགར་གཉའ་བཙན་སྟེང་པོ) 努杰托杰蒙赞 (གནུབས་རྗེ་ཐོག་རྗེ་སྨོན་བཙན)
	托托日年赞 (ཐོ་ཐོ་རི་གཉན་བཙན)	茹雍萨冬杰莫措 (རུ་ཡོང་ཟ་སྟོང་རྒྱལ་མོ་མཚོ)	—
	墀年松赞 (བྲི་གཉན་གཟུངས་བཙན)	娜萨芒嘎 (ནོ་ཟ་མང་དཀར)	贝囊谢拉赞 (སྤེ་སྣང་ཤེས་ར་བཙན) 噶尔墀真 (མགར་ཁྲི་འཛིན)
中丁	仲年代如 (འབྲོང་གཉན་ལྡེ་རུ)	没庐陵莫杜扬娴 (འབྲོ་ཟ་གླིང་ཡང་ཁན)	—
	达日年塞 (སྟག་རི་གཉན་གཟིགས)	—	
	囊日松赞 (གནམ་རི་གཟུངས་བཙན)	冬尊卓嘎 (སྟོང་བཙུན་འབྲོ་དཀར)	韦囊谢 (དབའ་སྣང་བཞེར) 祭邦纳那塞 (མཆིམས་བོན་གནག་སེར) 娘宗古 (མྱང་ཙོང་ག) 暖潘阿松 (མནོན་འཕན་ལྔ་གསུང)

尽管后族不参政，但后族的政治地位未被忽视。在吐蕃"五赞"时期及之前，就已经有"称舅父（ཞང）为'觉卧'（ཇོ）"①的说法。"觉卧"意为尊长或兄长。可见，舅族受到赞普家族尊重。尽管舅族备受尊重，但尚未构成职官体系的直接基础。

（二）吐蕃王朝时期的母舅势力及选用

吐蕃王朝初期，母舅势力似乎得到一定控制，但母舅作为吐蕃王朝时期的显贵一族，并没有一直隐藏不露，而是随着赞普王廷集权逐渐稳固，渐渐在王朝中充当了重要的力量。表4据《贤者喜宴》所列吐蕃王朝时期历任赞普及王妃与大臣的关系略显一二。

---

① 巴卧·祖拉陈瓦：《贤者喜宴——吐蕃史译注》，黄颢、周润年译注，中央民族大学出版社，2010，第13页。

表 4 吐蕃王朝时期历任赞普及王妃与大臣的关系

赞普	王妃	大论/大相	家族	备注
松赞干布	墀尊公主 (བལ་མོ་ཟ་གཞིག་ཁྲི་བཙུན།)	—	—	—
	文成公主 (རྒྱ་གཞིག་ཀོང་ཇོ།)	—	—	—
	香雄妃黎娣缅 (ཞང་ཞུང་བཟའ་ལི་ཐིག་དམན།)	—	—	—
	茹雍妃沼莫尊 (རུ་ཡོངས་བཟའ་རྒྱལ་མོ་བཙུན།)	—	—	—
	弥药妃 (མི་ཉག་བཟའ།)	—	—	—
	堆垅芒地尚论 (སྟོད་ལུངས་མོང་སམས་ཞོན།) 之女小妃芒妃墀江 (མོང་བཟའ་ཁྲི་ལྕམ།)	堆垅芒地尚论	堆垅地方的芒氏 (མོང་།)	—
		噶尔禄东赞 (མགར་སྟོང་བཙན་ཡུལ་ཟུང་།)	噶尔氏	—
		吞米桑布扎 (ཐོན་མི་སམྦྷོ་ཊ།)	吞米氏	—
恭日恭赞 (དགུང་སྲོང་དགུང་བཙན།)	吐谷浑妃蒙洁墀嘎 (འ་ཞའི་བཟའ་མོང་རྗེ་ཁྲི་དཀར།)	—	—	—
	—	娘·芒波杰祥囊 (མྱང་མང་པོ་རྗེ་ཞང་སྣང་།)	娘氏	—
	—	努·赞多日 (སྣུབས་བཙན་ཏོ་རེ།)	努氏	—
芒松芒赞 (སྲོང་མང་སོང་མང་བཙན།)	没卢氏墀隆 (འབྲོ་བཟའ་ཁྲི་ལོང་།)	—	没卢氏	—
		噶尔禄东赞 (མགར་སྟོང་བཙན་ཡུལ་ཟུང་།)	噶尔氏	—
	—	绛芒聂 (མཆིམས་མང་ཉེན།)	绛氏	—
	—	尚论查莫 (ཞང་བློན་ཁྲ་མོ།)	—	噶尔禄东赞死后的继任者
	—	噶尔·赞聂多布 (མགར་བཙན་སྙ་ལྡོམ་བུ།)	—	噶尔禄东赞死后的继任者，参见《敦煌吐蕃古藏文历史文书》，巴考本，第102页

25

续表

赞普	王妃	大论/大相	家族	备注
都松芒杰隆囊 (འདུས་སྲོང་མང་པོ་རྗེ་རླུང་ནམ་འཕྲུལ་གྱི་རྒྱལ་པོ)	绎妃赞蒙多 (མཆིམས་བཟའ་བཙན་མོ་ཏོག)	—	绎氏	
	—	噶尔·赞聂多布	噶尔氏	《贤者喜宴》中写作噶尔·尼雅赞德甫 (མགར་གཡའ་བཙན་ལྡེ་ཧྲུ),687年去世
	—	韦·达扎恭略 (དབའས་སྟག་ར་གོང་ལོད)	韦氏	—
	—	论钦陵赞婆 (བློན་ཁྲི་འབྲིང་བཙན་བོ)	噶尔氏	
赤德祖赞 (ཁྲི་ལྡེ་གཙུག་བརྟན)	南诏女埠尊 (འཇང་མོ་ལྕམ་ཁྲི་བཙུན)	—	—	
	那囊妃西丁 (སྣ་ནམ་བཟའ་མངེས་ཤི་སྟེང)	—	那囊氏	
	—	贝·杰桑东赞 (སྦས་སྐྱེས་བཟང་སྟོང་བཙན)	贝氏	
	—	绎·杰斯秀丁 (མཆིམས་སྐྱེས་ཀ་བཞི་སྟེང)	绎氏	
	—	没卢·邱桑俄玛 (འབྲོ་བཟང་བློན་མ)	没卢氏	
	—	末·东则布 (དབའས་སྟོང་རྩེ)	—	此二人见于《恩兰·达扎路恭碑》和P.T.1287《赞普传记》,二人因反叛被治罪
	—	朗·迈色 (ལང་མྱེས་ཟིགས)		
赤松德赞 (ཁྲི་སྲོང་ལྡེ་བརྩན)	—	桂氏大臣贝玛恭赞 (པད་གུང་བཙན)	桂氏	
	—	舅臣玛祥仲巴杰 (ཞང་བློན་མ་ཞང་རྒྱལ་པ་སྐྱེས)	那囊氏	
	—	恩兰·达扎路恭 (དབའ་ངན་ལམ་སྟག་ར་ཀླུ་ཁོང)	昂木氏	
	绎妃拉莫赞 (མཆིམས་བཟའ་ལྷ་མོ་བཙན)	—	绎氏	
	卡茜妃措洁 (མཁར་ཆེན་བཟའ་མཚོ་རྒྱལ)	—	—	

续表

赞普	王妃	大论/大相	家族	备注
赤松德赞 (ཁྲི་སྲོང་ལྡེ་བཙན།)	没卢氏墀洁莫赞 (འབྲོ་བཟའ་ཁྲི་མོ་བཙན།)	—	没卢氏	—
	蔡邦美多纯 (ཚེ་སྤོང་མེ་ཏོག་སྒྲོན།)	—	蔡邦氏	又译作"梅多准",穆尼赞普之生母
	波雍妃洁莫尊 (པོ་ཡོངས་བཟའ་རྒྱལ་མོ་བཙན།)	—	—	—
	—	九大尚论	贝氏、没卢氏、㻋氏、昌氏、那囊氏、久若氏、娘氏、努氏	
穆尼赞普 (མུ་ནེ་བཙན་པོ།)	茹雍妃多杰 (བཞུར་མོ་ཙུ་ཡོངས་བཟའ་མགོ་རྒྱལ།)	—	—	—
	—	武仁 (བློན་པོ་ཞང་དར་རིང་།)	那囊氏	又名祖谢(བཙན་པ།),据《雅隆觉卧佛教史》,武仁是舅臣那囊结擦拉囊,即《唐书》之尚结赞(ཞང་རྒྱལ་ཚོང་།)之子,又称"尚赞巴武仁"(ཞང་བཙན་པ་དར་རིང་།)
	—	舅臣杰擦拉囊 (ཞང་རྒྱལ་ཚ་ལྷ་སྣང་།)	—	—
墀德松赞 (ཁྲི་ལྡེ་སྲོང་བཙན།)	没卢氏墀穆莱 (དོ་མོ་འབྲོ་བཟའ་ཁྲི་མོ་ལེགས།)	大论尚没卢墀苏热莫莫夏 (བློན་ཆེན་པོ་འབྲོ་ཁྲི་གཟུ་རམ་ཤགས།)	没卢氏	—
	琛氏洁萨莱莫赞 (དོ་མོ་མཆིམས་རྒྱལ་བཟའ་ལེགས་མོ་བཙན།)	尚琛结赞热列斯 (ཞང་མཆིམས་རྒྱལ་བཙན་བཞེར་ལེགས་གཟིགས།)	琛氏	
		尚琛结拉热内夏 (ཞང་མཆིམས་རྒྱལ་ལྷ་བཞེར་ནེ་ཤགས།)		
	属卢氏赞洁 (དོ་མོ་འགོས་རོ་བཟའ་བཙན་རྒྱལ།)	—	属卢氏	—

续表

赞普	王妃	大论/大相	家族	备注
墀德松赞 (ཁྲི་ལྡེ་སྲོང་བཙན་)	—	韦论莽支拉略 (དབའ་བློན་མང་རྗེ་ལྷ་ལོད་)	—	—
	—	韦论绮心热多赞 (དབའ་བློན་ཁྲི་གཟུགས་ བཞེར་མདོ་བཙན་)	—	—
	—	朗论绮心儿贝拉 (ནང་བློན་ཁྲི་བཞེར་བྱེ་བླག་)	—	—
	—	大相巴芒杰达东 (བློན་པོ་མང་རྗེ་སྟག་)	—	敦煌文书写作 "དབའ་མང་རྗེ་ལྷ་ལོད་"
	—	大相昌结赞诺恭 (ལྕང་རྒྱལ་བཙན་ནོ་གོང་)	—	—
	—	大论尚墀苏热木夏 (ཞང་ཁྲི་ཟུར་རམ་ཤགས་)	—	—
	—	大论莽支拉略 (མང་རྗེ་ལྷ་ལོད་)	—	—
墀祖德赞 (ཁྲི་གཙུག་ལྡེ་བཙན་)	久萨贝吉昂翠 (ཅོག་བཟའ་དཔལ་གྱི་ང་ཚུལ་)	—	—	—
	—	阐卡贝云 (བཀའ་ཡི་བློན་པོ་དཔལ་ དབྱངས་)	—	—
	—	没卢墀松热木秀 (འབྲོ་ཁྲི་སུམ་རམ་ཤགས་ vbro)	—	—
	—	芝墀杰达纳 (འབྲི་ཁྲི་རྗེ་སྐྱེས་ནག་)	—	—
朗达玛 (གླང་དར་མ་)	大妃那囊萨 (སྣ་ནམ་བཟའ་)	—	那囊氏	—
	小妃蔡邦萨赞莫潘 (ཚེ་སྤོང་བཟའ་པ་བཙན་མོ་འཕན་)	—	—	—
	韦达纳坚 (དབའ་སྟག་སྣ་ཅན་)	—	—	—

注：表中名称以《贤者喜宴》为准，其他出处在备注中写明。

从表 4 所见，在吐蕃王朝各期，都有妻舅族在朝担任高级官员。

在复杂的贵族部落间制衡关系中，婚姻关系对维护赞普王权的有效性发挥了作用，因此，后族有机会走上政治前台。墀德祖赞时期，就有明确的"舅臣"一族活跃在政治舞台上。"其时,所有舅臣忙于歌舞,因此(有人)对此表示不悦……'如果我是真正的赞普,那么诸舅臣就当立即发誓。'"① 可见,舅臣从受到尊重到专权有着时代特征与背景。特别到墀德祖赞朝,贵戚玛祥独擅其权,到墀松德赞时,仍不能摆脱舅臣玛祥的独断。② 这迫使墀松德赞通过兴佛运动扭转王权的颓势。然而,兴佛抑本,又引发了更加激烈的争权夺利。

由于舅族特殊的政治地位,其家族理所当然地成为吐蕃王朝官僚体系的重要提供者,不仅直接干预吐蕃王朝职官制度的演变,亦对吐蕃王朝职官管理制度产生了潜移默化的影响。

(三)"三尚一论"的选用

"三尚一论"(ཞང་གསུམ་བློན་བཅས)见于《贤者喜宴》,被指为松赞干布时期负责"掌管中央集会会址"(དབུས་ཀྱི་འདུན་ས)③。"三尚"(ཞང་གསུམ)即"三尚论"。"尚"意为"舅","尚论"(ཞང་བློན)即"舅臣",指同吐蕃王室通婚的臣子。《资治通鉴考异》引《补国史》云:"但王族则曰论,宦族则曰尚。"④ 此外,敦煌古藏文写卷 P. T. 1217 中还出现了"大尚论"(ཞང་བློན་ཆེན་པོ)一名。

"尚论"为学术界最早展开热烈讨论的术语。著名美籍德裔学者劳费尔早在 1914 年就指出,吐蕃政治组织与中原相同,Žaṅ Lon(尚论)与中文"尚书"相当,Žaṅ 为"尚"之音译,又可作部族名,而 Lon 则为"大臣"之意译。⑤ 20 世纪 40 年代,韩儒林先生在《吐蕃之王族和宦族》一

---

① 巴卧·祖拉陈瓦《贤者喜宴——吐蕃史译注》,黄颢、周润年译注,中央民族大学出版社,2010,第 111 页。
② 详见巴卧·祖拉陈瓦《贤者喜宴——吐蕃史译注》,黄颢、周润年译注,中央民族大学出版社,2010,第 126~127 页。
③ 巴卧·祖拉陈瓦:《贤者喜宴——吐蕃史译注》,黄颢、周润年译注,中央民族大学出版社,2010,第 31 页。
④ 《资治通鉴考异》卷 21,四部丛刊本,第 148 页。
⑤ Berthold Laufer, "Bird Divination among the Tibetans (Notes on Document Pelliot No 3530, with a Study of Tibetan Phonology of the Ninth Century)", *T'oung Pao*, Vol. 15, 1914, pp. 1 - 110.

文中指出，"尚"在唐代吐蕃为宦族之通称，纠正了劳费尔有关吐蕃的"Žaṅ"即汉文"尚"之音译的说法。韩儒林先生认为正好相反，汉文的"尚"为藏文"Žaṅ"的对音，而"论"［(b) lon］为王族之通称；尚和论表示吐蕃统治阶级的两大宗族，而非表示其地域或姓氏，"尚论"［Žaṅ (b) lon］用来统称王族和宦族或者作为政府的别名，故"尚论掣逋突瞿"为王宦两族或政府之九长官。① 1950年，意大利藏学家图齐在其著名的《吐蕃的王陵》中提出，"尚"在单独使用时指王妃的家族，在墀德松赞时期有琛氏、那囊氏、蔡邦氏、没卢氏四大冠"尚"字的家族。② 黎吉生在《拉萨的古代遗迹》中指出，"尚"还被给予四大姓氏的后裔。③ 黎吉生在《早期吐蕃记录中有姓名与冠衔》中同意图齐的观点，认为"尚"是某个时期赞普母亲家族成员的象征，在早期记录中突出指琛氏、那囊氏、蔡邦氏、没卢氏四个家族。④ 乌瑞则认为自松赞干布之后，"尚"只给予赞普母亲的没卢氏、那囊氏、琛氏、蔡邦氏四个家族。⑤ 山口瑞凤在《唐蕃间的姻亲关系》中提出，dbon与zhang是外孙与外祖父的关系，因此，"尚"应当是母舅与岳父，而不是外祖父。⑥ 英国学者道特森在《尚——吐蕃王室的母舅与姻亲家庭》中提出，"尚"是吐蕃王朝时期与赞普王室有姻亲关系的亲属称谓，如母舅、岳父或嫁出者，借给某位生养了吐蕃赞普的女性的贵族氏族成员，并且这种称谓至少可以延续到其后四代。⑦

---

① 韩儒林：《吐蕃之王族和宦族》，载韩儒林《穹庐集——元史及西北民族史研究》，河北教育出版社，2000，第449~456页。

② Giuseppe Tuccci, *The Tombs of the Tibetan Kings*, Serie Orientale Roma 1, Roma, 1950.

③ Huge E. Richardson, *Ancient Historical Edicts at Lhasa and the Mu Tsung/Khri Gtsug Lde Brtsan Treaty of A. D. 821 – 822 from the Inscription at Lhasa*, London, 1952.

④ Huge E. Richardson, "Names and Titles in Early Tibetan Records", *Bulletin of Tibetology*, Vol. IV, Namgyal Institute of Tibetology, Ganktok/Sikkim, 1967, pp. 5 – 20.

⑤ Géza Uray, "Review of thd Life of Bu Ston Rin Po Che, with the Tibetan Text of the Bu Ston Rnam Thar by D. S. Ruegg", *Acta Orientalia Academiae Scientiarum Hungaricae*, Vol. 20, No. 3, 1967, pp. 382 – 385.

⑥ Yamaguchi Zuiho, "Matrimonial Relationship between the T'u-fan and the T'ang Dynasties (Part Ⅰ)", *Memoirs of the Research Department of the Toyo Bunko*, No. 27, 1970, pp. 144 – 166.

⑦ Brandon Dotson, "A Note on Zhang: Maternal Relatives of the Tibetan Royal Line and Marriage into the Royal Family", *Journal Asiatique*, Vol. 292, No. 1 – 2, 2004, pp. 75 – 99.

在这之后，对吐蕃职官做综合研究的热潮开始出现。陈楠的《吐蕃的"尚"与"论"》在韩儒林先生的基础上做进一步论证，认为"尚"与"论"是吐蕃社会代表贵族身份的两大称号，构成了吐蕃社会的贵族阶层；能称为"尚"的家族是固定的，是历来与王室联姻的没卢氏、琛氏、那囊氏、蔡邦氏四大家族；"论"指四大尚族以外的其他贵族，有来自王族的人，亦有来自与悉补野家族结盟并一起开创吐蕃基业的元老家族。[1] 山口瑞凤认为吐蕃王朝受东女国影响，建立了由外戚组成的"尚论"，作为王朝的统治机制。[2] 匈牙利学者乌瑞[3]、丹麦学者哈尔[4]等认为"三尚一论"是吐蕃王朝特别在墀松德赞时期的主要政治体系。林冠群的《唐代吐蕃的相制》提出，吐蕃的宰相由原来辅助部落长统治部落民的官员 Blon po 演变而来，吐蕃王朝建立后，其职权扩大，故冠以"大"，称"blon chen"或"blon chen po"，由赞普任命，任期不定，不世袭；赞普是统一的象征，宰相才是政府的领袖，负政治上的一切实际责任；赞普王室不满大权旁落，设置宰相群，形成委员制；而多相制下赞普意志独大，王室心仪佛教，于是又以佛僧为相，最终破坏了传统社会伦理，导致王朝崩溃。[5] 后来，林冠群的《吐蕃"尚"、"论"与"尚论"考释》又提出，吐蕃王朝为区别出任官员的贵族身份，采用"zhang"（尚）与"lun"（论）加以界定，前者为吐蕃王室外戚中特定的四氏族，后者则为吐蕃本土贵族之出仕者。藏文文献中"尚"与"论"是吐蕃官僚集团的共称，但不包括吐蕃本土的氏族以及出家僧侣入朝为官者；二衔称的使

---

[1] 陈楠：《吐蕃的"尚"与"论"》，载陈楠《藏史丛考》，民族出版社，1998，第 162~166 页。

[2] Yamaguchi Zuiho, "The Establishment and Significance of the Zhang lon System of Rule by Maternal Relatives during the Tu-fan Dynasty", *Memoirs of the Research Department of the Toyo Bunko*, No. 50, 1992, pp. 57 – 61.

[3] Géza Uray, "The Narrative of Legislation and Organization of the Mkhas-pa'I dga'-ston: The Origins of the Traditions Concerning Sron-brcan Sgam-po as First Legislator and Organizer of Tibet", *Acta Orientalia Academiae Scientiarum Hungaricae*, Vol. 26, No. 1, 1972, pp. 11 – 68;〔匈〕乌瑞：《〈贤者喜宴〉分析研究》，王青山译，中央民族大学藏族研究所编《国外藏族研究译文集》第一集，1982。

[4] Eric Haarh, *The Yar lung Dynasty*, København, 1969.

[5] 林冠群：《唐代吐蕃的相制》，载林冠群《唐代吐蕃史论集》，中国藏学出版社，2007，第 165~202 页。

用是吐蕃王室争取各地方势力以巩固社会基础的措施，也是控制官僚群体的手段。①

与部落制、帝制政权一样，吐蕃王朝时期也不可避免地保留着亲属任职的职官模式。而舅族当政达到极致的直接表现就是赤松德赞时期"九大尚论"的形成。如前文所述，"九大尚论"权力集中，必然带来对赞普权力的分散，久而久之，又滋生了后妃干政的弊端。而后妃家族当权扩大了当权者（统治者）任意执法的空间，也是职官管理制度不完善的体现。

三　吐蕃社会其他阶层的选用

（一）对贵族阶层的选用

如前所述，吐蕃王朝是在部落联盟基础之上兼并青藏高原各部而建立的统一王朝，原来的部落首领在新王朝中成为贵族阶层，有的部落与赞普王室建立了姻亲关系。除舅臣王族外，这些新贵阶层亦是把持国家机构及各级管理机构的主力，是吐蕃王朝最主要职官体系的核心成员。这种情形在古藏文文献中有所反映。

《恩兰·达札路恭纪功碑》载有赤松德赞敕授达札路恭的盟誓诏书：

> 赞普后世每一代之间，诏令"大公"之子孙后代中一人充任内府官员家臣以上职司（ཁབ་འབངས་ནང་བྲན།），并可常侍于赞普驻牧之地。"大公"之子孙后代果有任官府职司（རྗེ་བོ།）之能力者，必按其能力任命之，且予以褒扬……"大公"之子孙繁衍，均授"尚论长史"（བཞད་ལོགས་ཡི་གེ་པ།）权衔，统三百军丁之职务。而禁卫军"彭域东本"（འབངས་འབྱོར་སྟོང་དཔོན།）之职，永不授予他人，论达札路恭之远祖"悉腊"之子孙凡具有能力者，公正临民者，授以"禁卫军彭域东本"，永为

---

① 林冠群：《吐蕃"尚"、"论"与"尚论"考释——吐蕃的社会身份分类与官僚集团的衔称》，《中央民族大学学报》2012年第6期，第68~81页。

世职。①

从这段文字中可以看出，对于功勋大臣，除了要保证其家族必须有一名充任内府官员家臣以上的职位者之外，对于其他有任职能力者，也必须按照其能力进行任命。这是贵族中功勋阶层专享的待遇，并且以盟誓方式贯彻落实。而这段文字似乎反映出另一种情形，即对于普通部族和平民来说，即使具有一定的能力，亦未必有机会获得相应职位。

值得注意的一点是，对于像达札路恭这样的功勋大臣，其子孙入仕也是有所限制的，即必须"有能力"，这从一个侧面说明，官员选用标准应当是严格的，不论具体执行是不是真的那么严格，仅从这段文字记录来看，还是具备公平原则的。

（二）僧人入官的选用条件

从文献记载看，早在赞普时期就有宗教人员被选为职官，如本教师可充当上师，之后有了"却论"（ཆོས་བློན）一职，其意为"执法大臣"或"信教大臣"。"吐蕃七个聪慧少年"之一的吞米桑布扎赴天竺学习诗词、文字、音韵，并携大乘佛典返回吐蕃，创制吐蕃文字，撰写了《声明学》（བརྡ་སྤྲོད་ཀྱི་བསྟན་བཅོས）、《藏文三十颂及相转论》（སུམ་རྟགས）等，成为吐蕃堪布译师（མཁན་པོ་ལོ་ཙཱ）之首。② 他的众多头衔之中有"却论"一职，黄润年先生认为其地位在大论（བློན་ཆེན）之上。③ 此论点确切地讲，应当放在吐蕃王朝中期之后更合适，至少在松赞干布时期似乎还不能将"却论"一职与"大论"相提并论，因为这个时期的佛教僧人尚未直接参与赞普王朝的军国大事，甚至在噶尔禄东赞及其之后几任大相任职期间也没有僧职表现的机会。

对宗教人士的选用当以宗教智慧与才干为依据，这从对僧人的才能

---

① 王尧编著《吐蕃金石录》，文物出版社，1982，第83页。
② 巴卧·祖拉陈瓦：《贤者喜宴——吐蕃史译注》，黄颢、周润年译注，中央民族大学出版社，2010，第28页。
③ 巴卧·祖拉陈瓦：《贤者喜宴——吐蕃史译注》，黄颢、周润年译注，中央民族大学出版社，2010，第41页，注释11。

认知上可以看出。《贤者喜宴》所载松赞干布遗训的预言中有云：

> 朗达时代和下分裂期，出现一位菩萨之化身，教法火星从多康燃起，从此僧人、寺院大发展，亦有诸多菩提勇识，对吾之逻娑的佛像，多有供品和侍奉，各方建有佛殿护持，践行圣者之行为。卫藏十人之教法，从此魔鬼幻化多……此乃中宏期僧部衰微之情况。此时在西方降生一位鸟脸比丘（བྱ་ཡི་གདོང་བཅན），具有菩提勇识之智慧，称其为热达那帕扎（ཧན་པ་དུ），对其多加供奉颂扬，侍佛礼仪多有加。名为译师仁钦桑波（རིན་ཆེན་བཟང་པོ），此时有位光泽王，具有智慧菩提心。名为天喇嘛叔侄，彼等系为菩提五明学者，严守三戒学问通达，德行高妙善知者，迎请通达三学知识者，勤于供奉多敬礼，赞颂其吉祥圆满，其将教法大为弘扬。名为阿底峡及其弟子，系殊胜比丘教法之领袖，对其尊敬及信奉，随行弟子有三百人，对其供养与伺奉。名为加麦桑吉翁顿（རྒྱ་མཁས་སངས་རྒྱས་དགེ་བཤེས），培养多名具有菩提心的顿巴（བཏོན་པ）弟子，出现有许多名理论学家。①

可以看出，提高宗教人物社会地位成为这一类人参与国家政务的基础。吐蕃王朝中后期，赞普亲自任命僧人为官的情形不绝于书。墀松德赞时期，有巴兰拉（བ་ལཧ་ལཧ）地方的赛囊（གསལ་སྣང），从汉族和尚处获得修行之经教，常常修习。"迨后，为求得佛典，当去天竺及泥婆罗，于是遂禀明墀松德赞王，王心中想到：此赛囊对佛法虔诚，想来他决心前往天竺及泥婆罗，那么就让我任其为芒域（མང་ཡུལ）之卡论（མཁའ་བློན）吧！"② "卡论"一职的名称在《西藏王臣记》中写作"康本"（ཁང་བློན），法尊法师将"མང་ཡུལ་གྱི་བློན"译作"芒宇守"。③墀松德赞继位后，又因其"贡献了令人独爱的这种佛法"，而"赐予他在雍仲告身之上又加赐大金

---

① 巴卧·祖拉陈瓦：《贤者喜宴——吐蕃史译注》，黄颢、周润年译注，中央民族大学出版社，2010，第85页。
② 巴卧·祖拉陈瓦：《贤者喜宴——吐蕃史译注》，黄颢、周润年译注，中央民族大学出版社，2010，第123页。
③ 释法尊：《西藏前弘期佛教》，载释法尊《法尊法师佛学论文集》，中国佛教文化研究所，1990，第37页。

告身"①，使其更加显贵。从身份地位提高到参与国家政务是佛教僧人进入仕途的基本途径。

赤德松赞时，规定"赞普子孙从幼年起直到掌政止，均需从比丘中为其委任善知识（དགེ་བཤེས་ལས་དགེ་བའི་བཤེས་གཉེན་བསྐོས）），使之学习佛法并尽量铭记在心。整个吐蕃亦应打开学习和奉行佛法之门，永远不得关闭吐蕃上自贵胄下至属民通入解脱之门，使众善信得入解脱。其间之能者可长期委任为世尊之宗师（བཅོམ་ལྡན་འདས་ཀྱི་རིང་ལུགས）。世尊之宗师要出自寺院，应听从一切诏令，同时掌管寺院事务，并委任其担任善知识"②。赤德松赞朝，除了已经正式由高僧大德任钵阐布同平章事（བན་དེ་བཀའ་ཆེན་པོ་ལ་གཏོགས་པ），即班第勃阑伽云丹（བན་དེ་དཔལ་གྱི་ཡོན་ཏན）和班第娘丁增（བན་དེ་མྱང་ཏིང་འཛིན），贵胄子弟的教育也开始由僧人负责。这里还强调了一点，即"世尊之宗师"必须出自寺院，还要听从一切诏令。

（三）对汉族官员的选用

在吐蕃王朝时期，还有部分非吐蕃人被选用为官，而且受到重用。他们在吐蕃的活动对吐蕃王朝的社会管理及发展起到一定作用，并被载入古藏文典籍。

据载，嫁给赤德祖赞赞普的金城公主与吐蕃那囊妃争夺赤松德赞王子，"当王子周岁举行开步宴会之际，赤德祖赞王坐于中间金座之上，那囊氏家族人等排列于右，诸汉地大臣（རྒྱའི་བློན་པོ）列于左"③。可见，在吐蕃赤德祖赞朝就已经有汉族有才识者在吐蕃王廷中任职。

赤德祖赞在位期间推行佛教，任命汉族巴德武（ཡོན་བ་འབའ་དེ）为使者，携带礼品前往天竺。之后，又派桑希（སང་ཤི）等四人作为求取汉地经典之使者。有一段桑希与唐朝皇帝的对话，表明了桑希的汉人身份：

---

① 事见巴卧·祖拉陈瓦《贤者喜宴——吐蕃史译注》，黄颢、周润年译注，中央民族大学出版社，2010，第125页。
② 巴卧·祖拉陈瓦：《贤者喜宴——吐蕃史译注》，黄颢、周润年译注，中央民族大学出版社，2010，第245页。这段文字在《噶琼寺碑》中亦有所载。
③ 巴卧·祖拉陈瓦：《贤者喜宴——吐蕃史译注》，黄颢、周润年译注，中央民族大学出版社，2010，第119页。

因（使者）是奉命被派往内地者，故与皇帝相见后便献上赞普的箱箧。于是唐皇言道："你若是汉人德武（ᠨᠣᠮ）之子，可否在这里担任我的舅臣（ᠵᠠᠩ）？"使者对此想到："若居此，今生有幸，但为了得到高尚之佛法，就当将佛所示之藏书献至赞普之手，为此当设法行之。所以，应禀明（于王）。"于是启奏道："今赐我居住此地，其恩至大。但因吐蕃赞普之行令严峻，若以此事杀死我父，则捣我心矣！故而让我返回吐蕃与父商议，然后设法来做属民。"①

桑希因为是汉人德武之子，唐朝皇帝希望他留在中原。墀德祖赞晚年继续同汉地保持密切关系，其间，曾派使者向唐朝皇帝求取汉地佛经千余部；吐蕃僧人第一次朝拜了五台山，赞普所派使节亦受到唐朝皇帝及汉地僧人盛情款待。这种以宗教文化为契机的汉藏友好关系在墀德祖赞与墀松德赞两代赞普时期表现尤为突出。值得一提的是，当时有桑希、巴德武、贾珠嘎堪等汉人在吐蕃担任官职，并受到特别重用，获得了吐蕃赞普的高度赞扬和宠信。这一方面与唐蕃文化交流密切有关系，另一方面与他们自身的文化素质不无关系。

墀松德赞继位赞普后，身处佛本斗争的政治旋涡中，在以桂氏为代表的藏人贵族势力和汉人桑希等人的多方协助下，排除了敌对势力，巩固了赞普王权。这既显示出墀松德赞的政治才能与气魄，也表明汉藏关系在当时吐蕃上层的积极作用。《莲花生传》评价，他们"在汉藏两地架起了佛法的桥梁"。②而桑希亦因"有大臣的谋略，遂又赐其名曰'聪明的汉地少年'"，并"在颇罗弥雍仲告身之上又加赐小金告身"。③这样从社会地位上巩固了其尊贵的待遇。

---

① 巴卧·祖拉陈瓦：《贤者喜宴——吐蕃史译注》，黄颢、周润年译注，中央民族大学出版社，2010，第120页。
② 益西措嘉：《莲花生传》，丹增拉巴译，青海人民出版社，2018。
③ 巴卧·祖拉陈瓦：《贤者喜宴——吐蕃史译注》，黄颢、周润年译注，中央民族大学出版社，2010，第124、125页。

（四）贵族妇女为官

墀松德赞推行佛教，建立桑耶寺之后，从天竺、汉地迎请和尚讲经、译经，常常给予这些精通佛法者丰厚的赏赐，"凡一切能者翻译了所规定的天竺经典，其所有一切生活物资均由高级机构（ག་ཆེན་པོ།）提供。在格如林（གེ་རུ་གླིང་།）设置厨房，为三百名僧人提供十三种膳食，负责此项事务的官员（ལས་དགེ།）是王妃绛秋洁（བྱོ་པོ་བྱང་ཆུབ་རྗེ།）"。①

选用妇女担任官员的例子并不多见，从这一例亦可看出，妇女所任之职是膳食服务类工作，并不参与国家政务。但这种选用方式表明吐蕃王朝时期的选官制度是非常灵活的，满足了职能所需的人事要求。

四　职官选用的标准

古藏文典籍中多有"智勇谋臣"之类的记载，特别是在吐蕃赞普时期和吐蕃王朝初期，"智勇谋臣"在吐蕃的社会管理中起到重要作用，这说明以智勇为选才标准是吐蕃王朝建立之初职官制度的起点。

（一）智勇贤明者为臣

智勇贤明早在吐蕃赞普时期就为选官之首要考虑。在《敦煌本吐蕃历史文书》P.T.1287《赞普传记》（二）中，赞普岱处保南木雄（ཏེ་སྲུ་བོ་གནམ་གཞུང་།）在位时期及其后世，历代大相任职者都有这样的才干（见表5）。②

表5　历代大相任职者

大相名氏	才干与事迹
东当杰（སྟོང་དང་རྒྱས།）	贤明英勇，忠贞不贰

---

① 巴卧·祖拉陈瓦：《贤者喜宴——吐蕃史译注》，黄颢、周润年译注，中央民族大学出版社，2010，第170页。
② 王尧、陈践译注《敦煌古藏文文献探索集》，上海古籍出版社，2008，汉译文第103～104页。

37

续表

大相名氏	才干与事迹
埃·多吉杰 (དེགས་དང་རྒྱུ་རྗེ་)	英勇贤明
麴·拉俄高噶 (ཁུ་ནུ་བོ་མཆོག་གར་)	对敌英勇，知人察微，目光敏锐
洛·塘真牙登 (ལྟོ་ཐང་འབྲིང་ཡ་སྟེང་)	能御外敌，外政修明
埃·塘雍塘杰 (དེགས་ཐང་ཡོང་ཐང་རྗེ་)	英勇贤明
努·孟多日邦赞 (གནུབས་སྨོན་རྡོ་རྗེ་སྤུང་བཙན་)	知人察微，目光敏锐
吞米·中子甲赞努 (མཐོན་མི་འབྱུང་པོ་རྒྱལ་བཙན་གནུབས་)	异常阴险，对其亲妹吞米·萨牙登 (མཚོ་བྱི་ཟ་ཡར་སྟེང་) 亦挟毒以进，妹饮剧毒遂为赞努所害
那囊·真道杰 (སྣ་ནམ་འབྲིང་དོག་རྗེ་)	
努·赤多日通保 (གནུབས་ཁྲི་རྡོ་རྗེ་མཐོང་པོ་)	
努·赤道杰祖伦 (གནུབས་ཁྲི་དོག་རྗེ་གཙུག་ལོན་)	以上诸大相均有机变，持重刚直，可以信赖，贤明亦为前所未有也。此等人物，往昔古代未曾出现，亦为后来者之楷模也
努·年多日恩囊 (གནུབས་མཉེས་རྡོ་རྗེ་ངན་གཟུང་)	
许布·杰多日阿米 (ཤུད་པུ་རྒྱལ་རྡོ་རྗེ་ཨ་མི་)	
蒙·赤多日芒策布 (མོང་ཁྲི་རྡོ་རྗེ་མང་ཆབ་ཀྱིས་)	其贤明之事迹如下：曾征服并剿灭藏蕃之小王马尔门 (མར་མུན་)。当其玩弄阴谋时，心想，最近将有一使者自远方来，作速准备对答使者之答词。当其不依恃任何准备即可作答之时，使者毕至，遂不需刑牲备礼，盖此前已有所作为矣，此其大概也
噶尔·赤扎孜门 (མགར་ཁྲི་བཛྲ་མགོན་)	贤明、果断、刚直。有三宾客结伴而行，彼能知第一人所想何事，第二人所想何情，第三人所想何情。后，问诸三友人，真耶伪耶，此三人心中所思，口中所言竟与赤扎孜门所言一一应验。其贤明如此
娘·莽布支尚囊 (མགར་མང་བཞེར་ཟླ་གཟུངས་)	王子赤松赞在位之时，娘·莽布支尚囊受命收抚苏毗诸部，归于治下。娘·莽布支尚囊以智谋使人、马均不受损伤而征抚敌部，征其税赋，有如种羊领群之方法，以舌剑唇枪抚服庶民百姓如同对本部民户，其贤明如此

续表

大相名氏	才干与事迹
噶尔·芒相松囊 (མགར་མང་ཞམ་སུམ་སྣང་)	与麹·赤聂古松二人备利剑通暗号。昔日，赞普没卢·年之时，吞米·中子甲赞努为大相，心怀逆二，噶尔·芒相松囊因备利剑通暗语均有所闻，乃擒之，治其罪焉。由芒相松囊亲自行刑，杀之，割其首级，抓在手中，塞入怀兜，行五六步，其尸体方才扑倒
琼保·邦色苏孜 (ཁྱུང་པོ་སྤུང་སད་ཟུ་ཙེ་)	聪俊之才，能同时听三笔账，或断四桩诉讼案件。与每人弈棋，当一局中其对手将败北时，即帮助对手，令其取胜。一次，有群鸽自天上飞过，彼点数之，一、二、三、四、五、六。追鸽飞返时，复数之，缺其一，乃曰："抑或为鹰隼所噬乎？速往观之！"众人往视，果见一鸽为鹰所噬。如邦色苏孜之敏明，计谋深远，识人聪俊，于众人之中能如彼者，不可复得也
噶尔·赞聂多布 (མགར་བཙན་སྙ་ལྡོམ་བུ)	聪俊有如良骏

部落制时代，首领一般由部落会议推选产生，推选条件一般是有能力、有威望、有勇谋，而能力和威望的象征就是贤明勇敢。这种选拔贤能的模式既朴素又简洁，为后世所继承。

吐蕃王朝早期对职官的选用制度并无明确成规，但在吐蕃历史上做出重要贡献的贤者被纳入"智勇谋臣"之列，名垂史册。最早的相关记载是"智勇谋臣七人"（见表6）。

表6 有关"智勇谋臣七人"的记载

名字	时代	《贤者喜宴》	《雅隆尊者教法史》	《汉藏史集》
旭莱杰	止贡赞普至布代贡杰时期	烧木为炭；炼矿石而为金、银、铜、铁；钻木为孔，制作犁及牛轭；开垦土地，引溪水灌溉；犁地耦耕；垦草原平滩而为田亩；于不能渡过的河上建造桥梁；由耕种而得谷物即始于此时	出任"工务官"(ལས་ཚན)一职*	驯养黄牛、牦牛、山羊、绵羊，将草打成捆，夏天的草冬天喂用，草地耕成农田，在山上设立了守卫。在此之前，吐蕃没有草籽和庄稼

39

续表

名字	时代	《贤者喜宴》	《雅隆尊者教法史》	《汉藏史集》
拉甫果嘎（ལྷ་བུ་མགོ་དཀར།）	布代贡杰之子，"六地列"第一列埃肖列（མེ་ཤོར་ལེགས།）	将双牛（དོར།）一日所耕土地面积作为计算耕地面积单位；将"突"（ཐུན།）作为计算畜单位；引溪头流水而成灌田沟渠；在低处种植水田	旭莱杰之子，《雅隆尊者教法史》记此父子二贤臣："以堆为计牛之数；开渠引水；开垦草地；以炭冶炼矿石，得银、铜、铁；河上架桥"	乃麹氏（ཉོ།）之子……将牲畜之朵（དོར།）和农田之推（ཐུན།）组合起来，在湖上打开一个缺口，将水渐次导入水渠，将山溪水蓄积在池塘中，让黑夜的水引至白天用。在此之前，吐蕃的农田在雨水下播种
堁托囊尊蒙（ཁྲོ་དོར་སྣང་བཙན་མཚོན།）之子堁托日南察（ཆོས་ཀྱི་བཞིན་དོར་སྣང་ཚོས།）	达日年塞（སྟག་རི་གཉན་གཟིགས།）时期	制造升、斗及秤，以量谷物及酥油。因而形成了"双方按照意愿进行交易的商业"	—	以木炭熔炼矿石，获取金、银、铜、铁。在木头上钻孔，制成犁耙和轭具，将犏牛、黄牛结成对，所在平地皆得耕种。在此之前，吐蕃没有谷物和金属
大臣吞弥阿奴（མཚོན་མི་ཨ་ནུ།）之子吞弥桑布札	松赞干布时期	屯米遍及天竺……屯米模仿纳卡热（ན་ག་ར།）及迦什弥罗（ཁ་ཆེ།）等文字，在玛荣宫（སྨྱུག་མའི་གུར།）内创制字形，依照神字连察体（ལན་ཚ།）作楷体字，以瓦都龙字（དབུ་མེད་ལུང་།）作草书……又著有《声明学》、《藏文三十颂论及相转论》	—	为有情众生之利益，历尽千辛万苦，创造了30个字母、藏文屈伸音符，将下加字和连字符连接成词，以分句线区分句子、述说正题。在此之前，吐蕃没有诵读和文字
赤桑雅顿（ཁྲི་བཟང་ཡབ་ལྷག།）	赤德祖赞时期	—	—	以秤和藏升计量收支，用藏合（སྲང་།）和勺（ཞོ།）一起计量食物，做双方欢喜的买卖，交换双方一致的工作。在此之前，吐蕃没有藏升、秤和买卖

吐蕃王朝时期的职官选用及标准

续表

名字	时代	《贤者喜宴》	《雅隆尊者教法史》	《汉藏史集》
桂氏之墀桑叶甫拉（འགོས་ཀྱི་ཁྲི་བཟང་ཡབ་ལྷག）	墀松德赞时期	厘定法律。确定了赔偿医疗费及赔偿命价的标准（གསོ་བཅད་སྟོང་ཆད）；减少后世大臣的差事（ཕྱི་རབས་བློན་པོ་གྱི་ཁུར་ཆུང་བ）	—	山居全徙至河谷平地，田边岗上建起农舍，平地得到开垦且以水浇灌。在此之前，于山上之石头上建造堡垒、家宅
大臣聂氏（གཉེར）之子达赞东斯（སྟག་ཙན་དོན་གཤེགས，《汉藏史集》作སྟག་ཙན་དོན་གཤེགས）	墀松德赞时期	令每户属民饲养马一匹、犏牛一头、母黄牛一头、公黄牛一头等。并将夏季青草在冬季使其干燥（དབྱར་རྩི་དགུན་དུ་བསྐམས）	—	四方之禁卫（千户）恭敬承侍赞普，豪奴千户（བོད་ཀྱི་གཡོག）抵抗哨卡（མཚམས）之敌人，内部之纠纷依法实行命价赔偿（སྟོང་ཆད）。在此之前，吐蕃没有命价赔偿

注：＊有译作"监工"者，参见释迦仁钦德《雅隆尊者教法史》，汤池安译，西藏人民出版社，2002，第27页。

资料来源：巴卧·祖拉陈瓦：《贤者喜宴——吐蕃史译注》，黄颢、周润年译注，中央民族大学出版社，2010；释迦仁钦德：《雅隆尊者教法史》，汤池安译，西藏人民出版社，2002；达仓宗巴·班觉桑布：《汉藏史集——贤者喜乐赡部洲明鉴》，陈庆英译，西藏人民出版社，1986。

除《贤者喜宴》《雅隆尊者教法史》《汉藏史集》之外，《奈巴班智达教法史》亦有相关记载，但有所出入。关于吐蕃七贤臣的历史事迹，学界已有研究[1]，这里不以其历史事迹为讨论对象。但从他们的历史事迹可以发现，以智勇为选官标准是从部落制时期部落首领以能者任之的社会组织方式传承而来，即聪明才智是选用权力执掌者的基本要素。

除了上述"智勇谋臣"外，赤松德赞时期形成的"九大尚论"亦以勇武著称，勇武标志如表7所示。

---

[1] 参见沈卫荣《吐蕃七贤臣事迹考述》，《中国藏学》1995年第1期，第29～43页。

表7　勇武之人及其标志

名字	勇武之标志
贝·囊热拉赞（སྦས་སྣང་བཞེར་ལྷ་བཙན།）	穿虎皮袍、饰以碧玉之文字告身及大雍仲之文字告身（ཕྱག་ཤངས་ཡིག་ཚང་གཡུང་དྲུང་ཆེན་པོ།）以及珍宝、黄色宝石文字告身（དཀར་མཛོད་ཡིག་གེའ།）等
没卢氏埤松热霞（འབྲོ་ཁྲི་སུམ་རྒྱལ།）	穿白狮皮袍
尚琳杰斯秀亭（ཞང་རྒྱལ་སྒྲ་གཞོན་ནུ་གཡུང་།）	有千万（匹）绸缎及九万奴隶
昌·尤瓦贾热来期（ཤང་ཡུ་ཝ་རྒྱ་ལྷ་ལམ་པ།）	金字告身
那囊·埤松尼雅桑（སྣ་ནམ་ཁྲི་སུམ་རྗེ།）	佛法之经师（ཆོས་ཀྱི་སློབ་དཔོན།）
久若·达赞斯坚（ཅོག་རོ་སྟག་བཙན་གཞོན་ནུ།）	卫戍地哨所
久若·空赞（ཅོག་རོ་ཁོང་བཙན།）	占有九百九十（户）属民
娘·霞卧切（མྱང་ཞ་འོག་ཆེ།）	有（镶着）一箭长的绿松宝石之冠
努·贝波切（སྣུབས་སྦས་དཔོན་ཆེ།）	有九个高大的银斗

资料来源：巴卧·祖拉陈瓦：《贤者喜宴——吐蕃史译注》，黄颢、周润年译注，中央民族大学出版社，2010，第200～201页。

《贤者喜宴》记载："上述诸尚论均各有勇武之标志，其告身分别是金、玉之文字告身，或各（饰以）珍宝。彼等行事均各有成就"。[①] 表7所列9人拥有的各种标志，除久若·达赞斯坚外，其他几人涉及财富、属民、珍宝等，拥有丰富的财产被视为勇武，应当是因为部落间的财富积累与掠夺以勇武为条件。因此，诸大尚论的"勇武"成为担任高级官僚的基本条件，他们也是吐蕃王朝中央机构的权力核心。智勇为吐蕃人崇尚的标准，亦为选官的重要考量内容。

（二）学识标准

《贤者喜宴》中记载，大臣中有"冠有学者名号之人"：

> 外道智者们说："和尚不知法，但略知表相。外道有见识，故可证觉。所谓这些是我等见解。"此等观点系无稽之言，彼等不知悉有

[①] 巴卧·祖拉陈瓦：《贤者喜宴——吐蕃史译注》，黄颢、周润年译注，中央民族大学出版社，2010，第201页。

犹如大海般的大乘之法，大臣中诸多冠有学者名号之人，对其大加肯定。①

"大臣中诸多冠有学者名号之人"当指学者，虽然学者占官员比例无从得知，但学者是为官的条件之一。

吐蕃时期的学者或许多与佛教知识有关，学者这个群体出现时，与成就者、断执者等相提并论。例如，"这样（有些人）空谈佛法，不承认因果，为了得到此生之拥戴而装腔作势，装模作样地扮成学者、成就者和断执者，佛法之秘密要义让嘎饶旺秋（དགའ་རབ་དབང་ཕྱུག）等制服，无有密宗根器之人随意修改僧伽和上师之密法，假装僧人奉行斜法等，预言今天出现的这一切"。② 学者作为智者阶层，与统治阶级有着天然的密切关系。

由于吐蕃王朝时期学者的考核标准、确认标志并没有相应的记载和说明，具体哪位学者出任哪一级别的官员也无材料可资说明，这里只能存疑，不做详论。但不论是不是学者，具有基本学识是选官的必要条件，这是可以肯定的。在桑耶寺建成典礼上，献上颂歌的除赞普、王妃外，还有一干大臣（见表8）。

表8 桑耶寺建成典礼上献颂歌者

职衔	姓名	所献颂歌
僧侣	堪布菩提萨埵	《善静修次第》
	阿阇黎莲花生	《制服神魔》
贤者	贝若咱纳（བེ་རོ་ཙ་ན）	《韵歌回荡》
	努班纳喀宁波（སྣུབས་ནམ་མཁའ་སྙིང་པོ）	《鹏翔于空》
	恩兰杰哇秋央（ངན་ལམ་རྒྱལ་བ་མཆོག་དབྱངས）	《马项明王傲歌》
	久若贝吉桑波（ཅོག་རོ་དཔལ་གྱི་བཟང་པོ）	《九幸福吉祥歌》

---

① 巴卧·祖拉陈瓦：《贤者喜宴——吐蕃史译注》，黄颢、周润年译注，中央民族大学出版社，2010，第122页。
② 巴卧·祖拉陈瓦：《贤者喜宴——吐蕃史译注》，黄颢、周润年译注，中央民族大学出版社，2010，第86页。

续表

职衔	姓名	所献颂歌
执法大臣（ཆོས་ཁྲིམས་ཆེན་པོ།）	桂干（འགོས་གནག）	《洁白的挺拔之树》
	墀桑雅甫拉（ཁྲི་བཟང་ཡབ་ལྷ།）	《慧书幻化之钥》
	雄甫贝吉僧格（ཤུང་བུ་དཔལ་གྱི་སེང་གེ）	《小螺长玉》
将军（དམག་དཔོན།）	拉桑路贝（ལྷ་བཟང་ཀླུ་དཔལ）	《大小胡麻》
	娘又祥波墀杰（ཉང་བཟང་ཞང་པོ་ཁྲི་རྗེ）	《狮子大滚》
	贝吉甸桑贝莱（དཔལ་གྱི་བཙན་བཟང་དཔལ་ལེགས།）	《六十八愿》
	噶尔吉琼波彤促（མགར་གྱི་ཁྱུང་པོ་སྟོང་ཚུགས།）	《鹫鹰翱翔》
	琛吉多杰芝琼（མཆིམས་ཀྱི་རྡོ་རྗེ་སྤྲེ་ཆུང་）	《琛氏敬供歌》
	那囊杰擦拉囊（སྣ་ནམ་རྗེ་ཚབ་ལ་སྣང་）	《上等白芷树》
	墀真拉约库隆（ཁྲི་འབྲིང་ལྷ་ཡོན་ཁུ་ལུང）	《上中下三持藏》
	尼雅墀桑扬敦（གཉགས་ཀྱི་ཁྲི་བཟང་ཡང་སྟོན།）	《明光遍布》
	恩兰·达扎路恭	《六面铁猴》
诸首领	—	《珍贵的黄金花》
诸勇士	—	《虎山九叠》
诸贵妇	—	《花蔓》
诸少女	—	《多光的村市》

资料来源：巴卧·祖拉陈瓦：《贤者喜宴——吐蕃史译注》，黄颢、周润年译注，中央民族大学出版社，2010，第166页。

这里能颂歌的官员和才子佳人无疑都是有学识的，其中不乏"诸勇士"，说明通常条件下学识是选官的基本条件之一。

（三）武官的选用标准

囊日伦赞（དགུང་རི་སློན་མཚམས།）时期，有达保地方（དྭགས་པོ།）已编氓之民户谋叛，赞普与诸大论商议降服达保王，决定选派一名将军。P. T. 1287《赞普传记》对此过程做了生动的记录：

有名为参哥米钦（ཤང་གོ་མི་ཆེན།）者，自告奋勇，应声而起，曰："不才堪充此任？"琼保·邦色（ཁྱུང་པོ་སྤུང་སད།）曰："尔往昔曾充任此将军之职乎？若谓聪明俊哲之士有如毛锥，置于皮囊之中，尔出任悉囊

44

纰巴一职,已经多年,吾未闻有人赞尔能胜此任者。尔实不堪当此大任也,尚喋喋不休者,何也?此事诚属荼毒百姓庶民之事也。"米钦曰:"众人未曾称美于不才,信然!往昔,吾(有如毛锥)未处于皮囊之中以露锋芒者,亦信然也,设若往昔,吾处于皮囊之中别说锋刃外露,连锥柄以下早已出露于外矣,遑论锋刃?!故于今日吾能有所启请,乃往昔未处皮囊中以外露也,正为今日有所启请也。"①

参哥米钦时任悉囊纰一职,当属"聪明俊哲"之类,但因"未闻有人赞尔能胜此任者"而被琼保·邦色所否决,这里"胜此任"的此任当为将军之职,即琼保·邦色不认为参哥米钦能担任将军一职,故将之排除在可选用人才之外。这说明当时对高级武职的选用是有一定标准的,这套标准应当不同于行政管理者的选拔条件。据此可推断,与行政官员的"聪明俊哲"相对应,武职官员应当是有军事谋略的"英勇好汉"。这可以从其收抚达保全境后的赞美称颂辞中略见一二:

> 参哥米钦者,征达保森堡寨,
> 以长矛一刺,获得全部牧场。
> 曲岩松赞独自一人,成出类拔萃之英勇好汉,
> 一日之中,能杀达布百人!②

"英勇好汉""长矛一刺"是武将的特点,因而成为武将选用的直接标准。

由于征战对军事指挥有着特殊的要求,而随着吐蕃赞普加强王权的需求,武官从部落制的首领兼领而向专职官员过渡是一个必然的过程。而武职拥有不同于行政管理的特性,有具备自身特点的选拔模式。而武职的选拔和任用当较行政管理的选拔更为重要,因为吐蕃王朝的社会基础是继承部落制,其首领的威望首先是以勇武为标准的。

---

① 王尧、陈践译注《敦煌古藏文文献探索集》,上海古籍出版社,2008,汉译文第108页。
② 王尧、陈践译注《敦煌古藏文文献探索集》,上海古籍出版社,2008,汉译文第108~109页。

（四）其他技能

在吐蕃职官体系当中，除贤能、勇武之外，拥有特殊技能者亦在职官选择对象之列，如"大力士"。在吐蕃迎娶文成公主的队伍中，就有专职的"四力士"① 作为护卫。

《贤者喜宴》载，文成公主嫁给松赞干布，去往藏地时，"将释迦牟尼佛像置于车上，由大力士拉嘎（སྟུ་དགའ།）及鲁嘎（ཀླུ་དགའ།）牵引。文成公主骑一白骡，由达杰芒波结（དར་རྒྱལ་མང་པོ་རྗེ།）引导，随行者尚有贵族少女十六名，勇武力士百人及九十九位吐蕃大臣等起程前往吐蕃"。② 由此可知，在吐蕃大臣行列中，有大力士担任相关职责；在出使队伍中，亦有相当数量的力士随行，并成为重要人员而名载史册。

都松芒布杰时期，"出现大臣属民七力士（རྒྱལ་པོ་ཆེ་ཡི་བློན་འབངས་མི་བདུན།），即俄仁拉纳波（ཟོག་རིང་ལ་དགའ་པོ།）能举大象；鄂凌康（ཟོག་གླིང་ཁམས།）能举起愤怒的大牦牛；嫩杰赞（གཉོན་རྒྱལ་མཚན།）能用箭射断鹞鹰之腰；贝桂东赞（སྤས་གོང་མདོངས་ཚན།）每次射箭均达三个视程距离；桂雅琼（མགོལ་གཡག་ཆུང་།）以沙装满鹿腔，并举至头顶上旋转；久若仲肖（ཅོག་རོ་འབྲོང་གཤོག）能拽回乱奔之野牦牛；嫩·墀顿龙金（གཉོན་ཁྲི་བདུན་གླང་ཆེན།）能将悬附于深堑之骏马拖上来"。③

关于七力士，《西藏王统记》④、《拉达克王系》⑤ 中亦有相同记载，只是在《拉达克王系》中的力士名称有所差别，分别是ཞི་བདུད་འགྲིན།、གས་ཤེང་དཀར་པོ།、ཨ་མཚོ་གོང་ཚན།、ཟོག་རོ་གླུ་པོ།、འབྲོག་ལྡུག་བཅན།、འགྲོག་ལུགས་ཆུང་།，力士的技能亦有所不同，如阿桂持赞（ཨ་འགོག་གོང་བཅན།）能抓住狮子的颈毛、桂雅琼所举之鹿腔装满了黄金等。

从这些内容可知，大力士在当时是重要角色，因此在选择官员的时

---

① 索南坚赞：《西藏王统记》，刘立千译，民族出版社，2000，第74页。
② 巴卧·祖拉陈瓦：《贤者喜宴——吐蕃史译注》，黄颢、周润年译注，中央民族大学出版社，2010，第60页。
③ 巴卧·祖拉陈瓦：《贤者喜宴——吐蕃史译注》，黄颢、周润年译注，中央民族大学出版社，2010，第110页。
④ 索南坚赞：《西藏王统记》，刘立千译，民族出版社，2000，第114页。
⑤ 弗朗克藏本《拉达克王统记》，手抄本。

候，成为"大臣属民"（རྒྱལ་པོའམ་ཆེན་ཡི་བྲན།）。

结　语

从吐蕃王朝初期制定的告身之制及其"上三法、下三法、三行法及三不行法"（སྟོད་གསུམ་མདབད་གསུམ་མི་མདབད་གསུམ།）①，目的均为"别贵贱"，而并未与职官等级联系在一起。例如，上三法为"对贤良正直者以（社会）地位褒之，对克敌之勇士褒以虎（皮），对于报恩及聪敏者以告身褒之"。是故，吐蕃王朝初期的职官体系与部落制应没有严格的分野，即社会基层的管理者是部落首领，而重要的贵族部落首领才能成为赞普王廷中的重要阁僚，为赞普所倚重，成为大论人选。

随着吐蕃王朝赞普对权力集中的要求加强，赞普在选用职官的过程中，有突破部落首领把持军事要务的要求，在职官选用上，产生了朴素的贤能勇武的选材标准。随着职官体系日益丰富，职官选用依然保持着早期任人唯能、任人唯贤的灵活风格，而僧人、汉人亦成为职官选才对象。另外，妇女在不参政的情况下，亦可担任特定的职务，是吐蕃职官选用的一个特色。

---

① 《五部遗教·大臣遗教》，民族出版社，1986，第11页。

吐蕃宰相尚绮心儿敦煌西域事迹新探*

马　德　万玛项杰**

内容提要：吐蕃国相尚绮心儿是吐蕃攻占敦煌和西域大片领土以及长期率兵与唐朝作战的主要将领，为敦煌和西域的社会、经济发展及东西方交流做出一定贡献。而敦煌作为佛教圣地成为他的精神寄托。年长以后，尚绮心儿本人在敦煌时有吐蕃高僧和官贵专门为他举办相关法会，率兵东征时有专使在敦煌为其举办檀那大会。尚绮心儿在敦煌的佛事活动影响了敦煌佛教和社会的发展，对当地社会产生深远影响。

关键词：尚绮心儿　敦煌　佛教　佛事活动

引　言

尚绮心儿（zhang khri sum rje，汉文又作"尚起心儿""尚绮律心儿"

---

* 本文为国家社会科学基金重大项目"《敦煌本吐蕃历史文书》相关民族、人物事件研究及分年分类辑注·《大事记年研究文献分年辑注》"（项目批准号：17ZDA212）的研究成果。

** 马德，敦煌研究院研究馆员，兰州大学历史文化学院博士研究生导师，长期从事敦煌历史文化研究；万玛项杰，西北民族大学博士研究生，敦煌研究院敦煌文献研究所馆员，主要从事敦煌吐蕃文化研究。

"尚乞心儿""尚绮心儿"等）是活跃于8~9世纪的吐蕃名臣名将，官居"尚书令公、兼统六军甲兵霸国都元帅（或曰天下兵马都元帅），赐大瑟瑟告身"，率兵征战，先后攻占了唐朝河陇大片疆域，也为汉藏民族团结进步做出贡献。关于他一生的事迹，传世汉文史籍如新旧唐书、《资治通鉴》、《册府元龟》等，以及传世的藏文史料中都有零星记载。相对而言，敦煌出土的汉文、藏文文献的记载比较丰富。但总体上，与尚纥心儿一生的事迹相比，这些记载还是严重不足。法国著名汉学家戴密微先生在其名著《吐蕃僧诤记》中对尚纥心儿的事迹做过研究，特别是他根据敦煌写本P.2765V《尚纥心儿圣光寺功德颂》的描述，详细考证了尚纥心儿的先祖以及尚纥心儿在敦煌的事迹。[①] 1993年邵文实发表《尚乞心儿事迹考》，较为全面和系统地梳理了史籍及敦煌文献中有关尚纥心儿的资料，对其在敦煌的各项活动、离开敦煌的时间等提出了自己的看法，并对其卒年做了推测。[②] 杨铭先生也有关于尚纥心儿的专论。[③] 2011年，马德据新刊布的敦煌遗书羽077号抄写的《本阐晡（钵阐布）为宰相就灵龛祈愿文》（拟）、《某判官为国相尚纥心儿祈愿文》（拟）和《赞普启愿文》（拟）等珍贵文献对尚纥心儿做了补充研究。[④] 2015年，万玛项杰的《吐蕃高相上乞心儿达囊研究》在前人的基础上，补充了新发现的藏文史料，对尚纥心儿做了系统研究。[⑤] 2017年，万玛项杰的《上乞心儿与吐蕃时期几座寺庙的关系》一文探讨了尚纥心儿在西藏和吐蕃统治区域兴建寺庙的过程与目的。[⑥]

综合以上研究可知，尚纥心儿于777年率兵攻进敦煌并代守，不久又率军四处征战；817年唐蕃战事稍缓后二进敦煌，819年又重新挂帅东

---

① 参见〔法〕戴密微《吐蕃僧诤记》，耿昇译，甘肃人民出版社，1984，第383~401页。
② 邵文实：《尚乞心儿事迹考》，《敦煌学辑刊》1993年第2期，第16~23页。
③ 杨铭：《吐蕃宰相尚绮心儿事迹》，载杨铭《吐蕃统治敦煌与吐蕃文书研究》，中国藏学出版社，2008，第95~106页。
④ 马德：《吐蕃国相尚纥心儿事迹补述——以敦煌本羽77号为中心》，《敦煌研究》2011年第4期。
⑤ 万玛项杰：《吐蕃高相上乞心儿达囊研究》（藏文），硕士学位论文，青海民族大学，2015。
⑥ 万玛项杰：《上乞心儿与吐蕃时期几座寺庙的关系》（藏文），《青海民族大学学报》2017年第3期。

征；822～823年主持吐蕃、回鹘和南诏三方缔约；823年唐蕃长庆会盟后又经河州回到敦煌，在敦煌建圣光寺；831年前后，因家族权力斗争被杀①，享年80有余。②

这里需要补充的是，在藏文文献中，称为"尚纥心儿"的宰相则有7位，如尚纥心儿琼（ཞང་ཁྲི་སུམ་རྗེ།）、尚纥心儿臧悉（ཞང་ཁྲི་སུམ་རྗེ་བཟང་།）、尚纥心儿德赞（ཞང་ཁྲི་སུམ་བཙན།）、尚纥心儿芒吾（ཞང་ཁྲི་སུམ་མང་པོ།）、尚纥心儿巴拉（ཞང་ཁྲི་སུམ་རྗེ།）、尚纥心儿华旦（ཞང་ཁྲི་སུམ་དཔལ་ལྡན།）、尚纥心儿达囊（ཞང་ཁྲི་སུམ་སྟག་སྣང་།）等。本文论述的"尚纥心儿"为"尚纥心儿达囊"（ཞང་ཁྲི་སུམ་སྟག་སྣང་།），该称谓在各个时期的藏文史料中也有不同的写法（见表1）。

表1 藏文文献中"尚纥心儿"的不同写法

文献名称	藏文	拉丁文	时代	作者
P. T. 16 + IO. 751	ཞང་ཁྲི་སུམ་རྗེ།	Zhang khi sum rje	吐蕃时期	佚名
P. T. 1287	འབྲོ་ཁྲི་སུམ་རྗེ་སྟག་སྣང་།	Vbrokhri sum rje stag snang	吐蕃时期	佚名
唐蕃会盟碑	བློན་ཁྲི་སུམ་རྗེ།	BlonkgrI sum rje	吐蕃时期	佚名
《弟吴宗教源流》	ཅབྲོང་ཁྲིག་སུན་རྗེ་སྟག་སྣང་།	cbrongkhrigsunrje stag snang	12世纪	弟吴贤者
	འབྲོ་རྗེ་ཁྲི་སུམ་རྗེར་སྟགས་སྣང་།	vbrojekhrigsumrjertagssnang		
《五部遗教》	ཁྲོམ་སུམ་རྗེས་རིགས་སྣང་།	Khromsumrjesrigsnang	13世纪	欧坚朗巴
《佛教教义入门》	ཞང་ཁྲིག་སུམ་རྗེ་སྟག་སྙ།	Zhang khrigsumrje stag sny	13世纪	萨迦索南孜摩
《萨迦班智达·贡噶坚赞文集》	ཟང་ཁྲིག་བུམ་རྗེ་སྟག་སྙ།	Zgangkhricbumrje stag sny	14世纪	萨迦班智达
《汉藏史集》	ཁྲི་སུམ་རྗེར་སྟག་ (སྟགའ) སྣ། འབྲིག་ཁྲིར་རྗེར་སྟག་སྣ།	Khri sum rjertag (stga) sna Vbrikhrirjer stag sna	15世纪	班觉桑布
《太阳王系》	འབྲོ་ཁྲིག་སུམ་རྗེ་སྟག་རྣམས།	Vbrokhrigsumrje stag rnams	15世纪	智巴坚参华桑吾

一 敦煌文献所记尚纥心儿事迹

无论是藏文史籍还是汉文史籍，对尚纥心儿这位重要的历史人物均无专门的系统记述。相比之下，敦煌遗书的相关资料较为丰富，主要有

---

① 参见万玛项杰《吐蕃高相上乞心儿达囊研究》（藏文），硕士学位论文，青海民族大学，2015。
② 参见马德《吐蕃国相尚纥心儿事迹补述——以敦煌本羽77号为中心》，《敦煌研究》2011年第4期。

吐蕃宰相尚绮心儿敦煌西域事迹新探

敦煌写本 P. 2765V《尚绮心儿圣光寺功德颂》、羽 77 号①诸佛事祈愿文（详后）和其他零星的佛事活动文书。《尚绮心儿圣光寺功德颂》中追述了尚绮心儿先祖的事迹：

> 曾皇祖敕宰辅赐大告身，讳（原文阙），烊水长流，既济臣于舟楫；盘宰鼎贵，住重于盐梅。乘轩畏夏日之威，变瑝间春前之喘。皇祖父尚已立藏，敕时（侍）中大瑟瑟告身，讳，弼承霸业，世禄良家，居（以下涂去）朝诤处理之能，出战任辕轮之重，敕曰相国。先门尚赞磨，副尚书令、瑟瑟告身，讳；寔豫樟笴干，处宇宙长材，横沧海鲸鳞，吸江淮不测，跨秦右地方，外不敌骁果，救邻国艰虞，起义兵而济及。②

从以上记载可知，尚绮心儿的祖父尚已立藏曾担任吐蕃相国。父亲尚赞磨是吐蕃与唐朝战争的主帅之一，有关 763 年吐蕃攻入唐朝首都长安和此后的战事记载中都有尚赞磨的名字出现。敦煌文书 P. 2555、P. 5037《为肃州刺史刘臣璧答南蕃书》就是 862 年唐朝肃州刺史刘臣璧写给尚赞磨的，其中称"上（尚）赞摩为蕃王重臣，秉东道数节"。③此时，尚赞磨已经负责吐蕃东道军政事务。尚绮心儿随父东征西讨，为其出谋划策，则在情理之中。史籍记载，763 年十月，吐蕃退出长安后，兵分两路，一路继续围攻长安并在秦陇一带长期与唐军交战；另一路则挥师西进，攻取河西及西域，764 年占凉州，766 年占甘、肃二州，767 年吐蕃攻下瓜州。768 年，尚赞磨代替年事已高的大将尚悉结，出任东面节度使。④

羽 77 号写本正面一共有 6 件文书，其中保存较完整的与尚绮心儿相关的文书有 3 件，即第 2 件《本阐晡（钵阐布）为宰相就灵龛祈愿文》

---

① 武田科学振兴财团·杏雨书屋编『敦煌秘笈：影片册 1』、武田科学振兴财团、2009。
② P. 2765V 录文参见马德《吐蕃国相尚绮心儿事迹补述——以敦煌本羽 77 号为中心》，《敦煌研究》2011 年第 4 期。
③ 参见邓小楠《为肃州刺史刘臣璧答南蕃书校释》，载北京大学中国中古史研究中心编《敦煌吐鲁番文献研究论集》，中华书局，1982，第 597 页。
④ 有关尚赞磨的事迹，详见才让《吐蕃史稿》，甘肃人民出版社，2007，第 138～150 页。

（拟）残卷、第3件《某判官为国相尚纥心儿祈愿文》（拟）、第4件为《赞普启愿文》（拟）残文。《某判官为国相尚纥心儿祈愿文》是目前所见对尚纥心儿事迹较全面的描述：

> 我国相尚乞心儿，名山讬孕，神岳降临，天假雄才，宿资挺秀。幼而有异居然，怀鉴物之心；长而不群逸矣，负凌霜之节。①

《本阐晡为宰相就灵龛祈愿文》亦有相同描写：

> （宰相）天生灵骨，地禀精奇，怀乾坤之量，秉……

关于尚纥心儿的成长过程，《某判官为国相尚纥心儿祈愿文》有云：

> 所以依垂仙台，德重台座。屡陈忠略，四海由是肃清；频郊深谋，三边于焉净。滴薰风于庶品，劲节蒙恩；沐甘露于群生，有缘者霑泽。是以罢扇庙棠（堂）之神笔，乘风御而入朝，挺三军尽勒于海偶，驾四马车而直进，遂得龙颜亲诏，倍（陪）明王出入九重。

这里主要讲尚纥心儿为官伊始，直到赞普受到重用，成为赞普的股肱之臣。当然，这一切都是尚纥心儿受赞普之命进攻敦煌之前的事。

关于尚纥心儿率吐蕃军队开始进攻敦煌的时间，学界有多种说法，本文倾向于唐大历二年（767）。② 而唐史中记载的尚纥心儿最晚活动时间为长庆三年（823），此时他应已年逾古稀；进攻敦煌之始则为尚纥心儿20岁左右。那么此前尚纥心儿的"屡陈忠略""频郊深谋"等，应该是他随父祖东征西讨时之所为。

---

① 羽77号文书录文参见马德《吐蕃国相尚纥心儿事迹补述——以敦煌本羽77号为中心》，《敦煌研究》2011年第4期。
② 参见马德《沙州陷蕃年代再探》，《敦煌研究》1985年第3期。

二　对敦煌的 11 年攻占与短期代管

在吐蕃军队进攻敦煌之前，没有关于赞普赤松德赞亲自领兵的记载。推测赞普可能在吐蕃军队占领瓜州的大历二年进入军中[①]，并召尚绮心儿到身边。赞普赤松德赞当时也只有 25 岁，与尚绮心儿应该是同龄人，加之尚绮心儿天赋奇才，在跟随赞普左右之前已有军事方面的突出业绩，自然会得到重用。赞普派尚绮心儿率军进攻敦煌，派其父尚赞磨东返秦陇，作为吐蕃主帅继续与唐作战。进攻敦煌是尚绮心儿首次单独率兵作战，赞普"徙帐南山"，亲自坐镇指挥，即《新唐书·吐蕃传》记载："始，沙州刺史周鼎为唐固守。赞普徙帐南山，使尚绮心儿攻之。"

吐蕃进攻敦煌之战打得非常艰难，前后历 11 年，《新唐书·吐蕃传》记载：

> （阎朝）自领州事。城守者八年，出缯一端募麦一斗，应者甚众，朝喜曰："民且有食，可以死守也。"又二岁，粮械皆竭，登城而呼曰："苟毋徙他境，请以城降。"绮心儿许诺，于是出降，自攻城至是凡十一年。赞普以绮心儿代守。

这里特别指出"苟毋徙他境，请以城降"和"绮心儿许诺"。可以看出，赞普给了尚绮心儿独立处置军政大事的权力，尚绮心儿对敦煌网开一面。《某判官为国相尚绮心儿祈愿文》对此也给予充分的肯定和热情的颂扬：

> 三危孤城赖犁礼，竭力而【无辞】悦纳，尽忠而两贺，惟友离异邑，恒里赏赐功高；决凝棱怜，以□济□万乘明直闻。所以帝心偏副，千户犁（黎）庶，所冀（冀）得四天书，重加相印。令一州□品，得万代无名；舒日之光，照复盆之下。我相公乃体扶明运，

[①] 参见马德《吐蕃占领敦煌前后沙州史事系年》，《敦煌学》第 19 辑，1992，第 74 页。

道合天心，类升贵受之荣，再［就出］育边［仁人］黎庶。云山无雁，去来万乘咸康；道露（路）遥长，寐梦常恒清吉。

从唐书记载看，吐蕃占领敦煌后，尚纥心儿一度受赞普之命代领敦煌，除此之外尚未发现尚纥心儿管理敦煌的记载。① 敦煌汉文文书 S.1438 和藏文文书 Fr.80 记录了一位任职 7 年的吐蕃沙州节儿因汉人反抗被迫自杀，此事发生于 786 年②，上推 7 年即 779 年。也就是说，779～786 年，为吐蕃守敦煌的是那位自杀的沙州节儿。这证明尚纥心儿至少在 779 年已经离开敦煌，他代领沙州仅是 777～779 年的事。

三　治理与经营丝绸之路

尚纥心儿从敦煌率军西征东伐，进一步为吐蕃拓展疆域，即《某判官为国相尚纥心儿祈愿文》所谓"因言塞表广阔，疆长小群"。《本阐晡为宰相就灵凫祈愿文》对此有较详细的叙述：

……塞，座筹谋而决胜，敛袘（狨）来投；振德星于四禺（隅），八方……获千代之基而津济，百寮（僚）政王侯之盛业……伏惟公位列崇班，品居雄职，仁慈天授，忠略神资，佐明主以守边，仰精节而净疆境。

《尚纥心儿圣光寺功德颂》中也有相同描写：

伏惟令公，地侧昆仑，应瑶台粹气；河源哇水，辅千载澄波。统六军以长征，广十道而开辟。北举挽枪，扫狼山一阵；西高太白，

---

① 戴密微指出，敦煌藏文文书 P.t.996 记载了尚纥心儿在敦煌盛宴款待一位汉族僧人并赠其厚礼之事，被认为是尚纥心儿代领沙州期间所为，但 P.t.996 所记"尚纥心儿芒吾"与本文所论之"尚纥心儿达囊"并非同一人，参见〔法〕戴密微《吐蕃僧诤记》，耿昇译，甘肃人民出版社，1984，第 387 页。
② 参见马德《吐蕃占领敦煌初期的几个问题》，《敦煌研究》1987 年第 1 期。

破九姓胡军。狳犹祛边，逐贤王遁窜；单于帐下，擒射雕贵人。

尚纥心儿在攻占敦煌后不久便率兵继续西征。他先是用进攻沙州的方法包围伊州数年，唐朝守将袁光廷在弹尽粮绝后杀妻、子并自焚，伊州城陷是在781年之前；①继而征服了敦煌以西的回纥、沙陀等，并先后于787年和790年占领唐北庭和安西，西域和中亚的大片疆土纳入吐蕃的统治范围。②但汉文、藏文史籍对吐蕃用兵西域的主将均不见记载，推测可能就是尚纥心儿。《本阐晡为宰相就灵龛祈愿文》所谓"佐明主以守边，仰精节而净疆境"，应该是指尚纥心儿为吐蕃扩展西域的大片疆土，并进行有效的管辖和治理，其时当在8、9世纪之交的20年间。809年前后，尚纥心儿升任宰相，并赴东道吐蕃与唐朝的接壤处，负责吐蕃国政治理和与唐朝的军政交往。由于这一带地处古代中原通往西方的交通要道，是东西方经济、文化交流的必经之地，而尚纥心儿在很长一段时间内则是治理这一地域的最高官员。据藏文文献记载：

凯八（八个商口），四大商口，即没庐氏上乞心儿达囊打通并掌管东方丝绸之商口，桂·赤丁哇玛打通并掌管南方大米、果类之商口，没庐氏穷桑袄玛打通并掌管西方染料、紫梗之商口，琼保邦党打通并掌管北方盐、犏牛之商口，四大商口中有四个小商口，共八个商口，吐蕃人参与经商，故名"凯八"。③

敦煌藏文文献 P.t.1287《赤德祖赞传》记载：

吐蕃攻占后将全部接收，上层仕人因之得到许多财宝，属民黔首也普遍获得上好唐娟（丝绸）。④

---

① 见于《新唐书·忠义传》及《资治通鉴》卷27建中元年六月、七月条记载，参见马德《敦煌陷蕃年代再探》，《敦煌研究》1985年第5期，第104页。
② 参见才让《吐蕃史稿》，甘肃人民出版社，2007，第157~160页。
③ 弟吴贤者：《弟吴宗教源流》，西藏藏文古籍出版社，2010，第127页。
④ 参见黄布凡、马德《敦煌藏文吐蕃史文献译注》，甘肃教育出版社，2000，第282页（藏文）、第285页（汉文），译文有改动。

敦煌藏文《敦煌大事纪年》记载：

> 以唐廷丝绸贡品分赐四方"东本"以上（之官员）。季冬，唐王薨，新王立，以向（蕃地）供奉丝绸和土地等为不宜而毁约。尚结息与尚息东赞等越凤林铁桥，率大军攻克临洮军、成州、河州等众多唐廷城堡。①

吐蕃时期，丝绸是唐蕃物质交流中的大宗。尚纥心儿打通了丝绸商口，并亲自管理经营，这对唐蕃文化交流、经济发展等起到了推动作用，也带动了高原"丝绸之路"的发展兴盛。

779年离开敦煌后，尚纥心儿领军攻占了西域的大片疆域，还不断地进攻唐朝边境；至少到810年前后，他已经出任吐蕃宰相和东道节度②；816年他率兵攻打回鹘。在30多年的军旅生涯中，尚纥心儿奔波于西域、中亚、河陇的广大土地上，自然会多次经过敦煌。但战事频繁，戎马倥偬，没有留下相关的记载。

四 以敦煌佛事为精神依托

815～817年，尚纥心儿先后在廓、甘、肃等州盖印度僧，致力于发展河陇地区的佛教事业。大约在817年，他回到敦煌，频繁开展佛事活动，这一次他在敦煌滞留了较长时间，敦煌文书多有记载。当然由于位高权重，尚纥心儿实际上成为敦煌的最高统治者。相关文书都强调了宰相治理下敦煌的安定和繁荣的社会景象，如《本阐晡为宰相就灵龛祈愿文》记载：

---

① 参见黄布凡、马德《敦煌藏文吐蕃史文献译注》，甘肃教育出版社，2000，第37页（藏文）、第57页（汉文），译文有改动。
② 参见〔法〕戴密微《吐蕃僧诤记》，耿昇译，甘肃人民出版社，1984，第330、335页；邵文实《尚乞心儿事迹考》，《敦煌学辑刊》1993年第2期，第18页；邵文实《敦煌边塞文学》，甘肃教育出版社，2007，第274～275页。

故使誉传四海，咸侠（挟）三军，征旗不张，寇盗潜迹。由是退公务、启福门，正宝马以西垂，就灵龛而祈福祐。[善甲之解，意想慈云，廗兵之余，心忻法雨。]亦乃习君臣之胜道，表忠效之良谋。所以抽奉禄而助建崇修，咸（减）家储而祈福祐；大披甘露，广布其乘，召法众于二州，种津梁于万劫。

这里也表明，尚纥心儿率军东征西讨的战争时期已经结束，吐蕃占领的广大地区相对安定，特别是敦煌这一方"善国神乡"让饱受战争颠簸的尚纥心儿得到安宁，为他开展佛事活动创造了良好的环境和条件。同时，年近古稀的他也产生了退出军政事务的意向，即《本阐晡为宰相就灵龛祈愿文》中涂去的"善甲之解，意想慈云，廗兵之余，心忻法雨"。但这样的日子并没有持续多久，819 年尚纥心儿又以"东军国相"身份，奉赞普之命率兵围攻唐之盐州，822 年又参与唐蕃会盟。

即使尚纥心儿再次离开敦煌，但敦煌似乎成为尚纥心儿的精神寄托，不时有僧人和官吏在敦煌为他举办法会。敦煌文书 P.2613V2《都督公为国相令设檀那大会祈愿文》（拟）就是众多吐蕃官贵以他的名义在敦煌举行佛事活动的记事，其中有云：

厥今檀那大会者，有专使某公罗尼力其在兹焉。我都督公既承示决，君不皇安，遂命右司搩曰成建。所愿上资圣寿，爰及百寮；次盖城池，福霑黎庶，摩诃般若……

厥今此会者，即有斋主公以荣通贵里，若列宿卫北晨，任重股肱，将凿空而镇西城。奉为东军国相令公崇资福祐之所施设。伏为令公，天降英灵，地资秀气，股肱王室，匡护邦家；知及济川，威临方岳，忧劳士庶，弘化人伦；四序因而靡褰，八节赖之合律。次则都督公，奉为令公画像写经之所施设。其像也：顶开毫相，光显眉间，足蹈千轮，凶提万字。都者则无明诲杰，礼者烦恼山崩。其菩萨也：四弘得备，十地功圆，顿超缘觉之乘，此布如来之座。其写经也：贯花妙典，写贝叶之灵文；渐顿之教，必陈半满之言，咸具使受持。次戴佛师佛母之深功,书写弘宣法云法雨之润益。今既(即)能士,赴备胜愿,咸享大建檀那,用申廻向。然以金河路上,飞泽云奔;王塞途中,忽承龙令。龙兴之精,舍启鹿苑之思恭;怒己奉公,中勤效上。所为当朝相国保愿功德之嘉会也。

伏惟国相公,功成调鼎,智及济川;长承圣主之恩,永处台阶之重;德四门而来方贡,辅政九重;顺律吕以理阴阳,百官纪庆。延万岁寿,应千年宗子;密若荆林,德芳以建树。

次则有河州节度,握明条而安雨道,怀机密而谋四方,抹马河西,横行清海,兵雄陇上,守地平原;教武剑气横开,蒐间则陈云朝令;座筹帷幄,决胜斯期;战士(事)成功,金戈永息。于是巍巍宝塔,愿灭千殃;赫赫鱼灯,福清万劫;诜诜释子,振金锡而来仪,济济衣冠,暮番食而入会。是时也,总斯歹妙,最上福田,先用庄严:惟愿寿海弥固,[福]山崇高,常为明言之福(腹)心,永作巨川之舟楫。①

这份文献透露了尚绮心儿本人并不在敦煌的一些信息,有两点值得注意。一是为其设檀那大会的"专使都督",为国相尚绮心儿画像和写经。从行文看,这位"专使都督"罗尼力其应该是时任沙州(敦煌)都督,又充当尚绮心儿的专使。他在敦煌为"东军国相"尚绮心儿修建府第,设檀那大会。而举办檀那大会时,"东军国相"尚绮心儿因东边的军政事务缠身,没有亲自到场,所以才以画像代之。故专使举办檀那大会的时间应该是在819年尚绮心儿率兵东征至822年长庆会盟之间。

819年尚绮心儿离开敦煌后,仍然不忘佛事活动,由专使在敦煌设立檀那大会,是为自己重返敦煌做准备。作为战场上的主帅,自然是杀人无算,所以他要找到一个好的归宿。无论是地点还是事项,敦煌正是他最好的选择。实际上他早已做了这样的选择,817年重返敦煌时,沿途

---

① P.2613V2《都督公为国相令设檀那大会祈愿文》,录文据法国国家图书馆网 Pelliot chinois 2613 彩色图片,http://gallica.bnf。

"盖印度僧"①，到敦煌后又时常举行佛事活动，就是以敦煌和佛教事业为归宿。但因为担任国相，身负重任，他的佛事活动大多也是为其军事、政治活动服务的。他一直对吐蕃的政治、军事活动保持关注，所以一旦有需要，他不顾年迈，再度披挂上阵。上引文书所言"然以金河路上，飞泽云奔；王塞途中，忽承龙令。龙兴之精，舍启鹿苑之思恭；怒已奉公，中勤效上"，即指此事。

从上引文书看，这次檀那大会的规模也远比尚纥心儿第二次刚回到敦煌时本阐晡为他举办的"灵凫法会"②大得多，而与后来他为西征将士祈福以及判官、赞普专使等为他东征壮行的各类法会规模应该相去不远。画像和写经是敦煌地区僧俗佛教信仰活动的主要内容之一，除了石窟营造，窟外的绘画活动也很普遍。这里提到的绘画内容有菩萨和"令公"，可能是一幅绢画，分上、下两部分内容，上部为菩萨，下部为令公之"真容"。这也是敦煌绢画的一般内容布局。此文书则提供了这方面的早期信息。

《都督公为国相令设檀那大会祈愿文》（拟）所记史事的特殊之处在于，尚纥心儿及尚乞悉加等人还没有回到敦煌，尚纥心儿派专使在敦煌举行的檀那大会。一边打仗一边乞求和平，说明东面的战事已经结束。尚纥心儿这次可能没有回到敦煌，而是参与即将举行的长庆会盟。但他似乎已经做了回敦煌度过余生的准备，所以指派专人，一方面为天下太平和自己平安祈祷，另一方面在敦煌修建府第，做终老于此的打算。

同时，敦煌文书P.2974《为宰相病患开道场文》（拟），记为"宰相尚腊藏嘘律钵微疾缠躬、保愿崇福之嘉会"的主持者亦是"专使等"。而这份文书的后面，即"为东军宰相令公尚乞心儿台阶益峻、神寿无疆之所为"：

厥今严雁塔，饰鸡园；笙歌竞奏［而］啾喈，法曲争陈而槽璨

---

① 敦煌文书 P.5579，参见邵文实《尚乞心儿事迹考》，《敦煌学辑刊》1993年第2期，第17~18页。
② 参见马德《吐蕃国相尚纥心儿事迹补述——以敦煌本羽77号为中心》，《敦煌研究》2011年第4期。

者，其谁兴之？则我圣神赞普道阐八方，恩加四海；光临日月，德合乾坤。颁令普天，建斯福会者，则为东军（宰）相令公尚乞心儿台阶益峻、神寿无疆之所为也。伏惟令［公］尚乞心儿，位佐万机，功高三（杰）；应星辰之秀气，含岳续（渎）之奇精；居八座以宣威，处仙台而立制。故得入文出武，俗富时康；君圣臣忠，荣邦国宠。然为安边镇塞，必（藉）猛（缦）师；列土分疆，宁元（无）士马？所以凑天兵于战地，顿旗鼓以（于）（征）场。袖（抽）宝剑则百揍雄心，［云云］。①

从上文中可以看出，这个时候的尚纥心儿还是"东军宰相"并加"令公"尊号，本人依然不在敦煌。这时候住在敦煌地区的吐蕃宰相应该是尚腊藏嘘律钵（zhang lha bzang klu dpal），此人与P.T.16 + IO.75② 中的尚腊藏（zhang lha bzang）为同一人，《贤者喜宴》《红史》等藏文史料中有相关事迹记载。而敦煌都督作为"专使"，仍然在敦煌这块佛教圣地为这些达官权贵举办法事。不过，可能是考虑到吐蕃在敦煌的这块佛教阵地是尚纥心儿开辟的，加之他位高权重，使命在身，因此不忘为其带上一笔，对尚纥心儿大加褒颂。

敦煌文书S.6315V等祈愿文大概也是这个时期在敦煌举行的佛事活动文书，其中写道：

又将功德，奉福庄严东军宰相大论：盐梅大鼎，舟楫巨川，泉石先以贞，其心松［竹］篁；然后方其寿，使两国还好，重圆舅甥，四方艾安，保无征战。③

这是在敦煌对身担重任又远在东线率军作战的尚纥心儿的祈愿，盼望唐蕃战事平息，四方安宁。又敦煌文书P.2915也提及："又持胜福，

---

① 录文参见黄征、吴伟编校《敦煌愿文集》，岳麓书社，1995，第678～679页。
② 录文参见高瑞《吐蕃古藏文文献诠释》，甘肃民族出版社，2001，第238～260页。
③ 录文参见杨富学、李吉和辑校《敦煌汉文吐蕃史料辑校》第1辑，甘肃人民出版社，1999，第185页。

此用庄严：将相大论，盐梅大鼎，舟楫巨川，泉石先以贞，其心松竹篁；然后方其受（寿），使两国和好，重圆舅生（甥），四方艾安，保无征〔战〕。"① 一方面，驰骋疆场，杀戮无数；另一方面，又安排专人在佛教胜境举办法会祈求和平与安宁，这才是尚纥心儿此时的真实心态。

前引敦煌文书P.2613V2专门提到一位吐蕃将领，即率兵横扫河西的河州节度使。敦煌遗书P.3770为敦煌高僧悟真文辑，第一篇即为新接任宰相的尚结力比"台阶益寿、荣位新传及合家愿保平安"之福会所撰发愿文，其中提到"何（河）州节度尚乞悉加"。悟真活动于吐蕃后期和张氏归义军时期，写这份文书时尚纥心儿已死，尚结力比新继任。说明尚纥心儿晚年在敦煌时，敦煌也曾会集一大批吐蕃军政高官。悟真文辑中还提到宰相论赞没热、瓜州节度论纥颊热渴支以及沙州敦煌的节儿、都督等。P.2613V2文书中特别提到的河州节度使应该就是尚乞悉加。据杨铭先生研究，河州节度是吐蕃东境五大节度的驻跸之地。尚纥心儿在统率东军时可能也常驻河州，所以有在长庆会盟之后在河州会见唐使刘元鼎之事。吐蕃贵族官吏家族不是很多，这个河州节度尚乞悉加可能是尚纥心儿家族成员之一，长期跟随尚纥心儿左右，与尚纥心儿一同领兵作战。"握明条而安雨道，怀机密而谋四方，抹马河西，横行清海，兵雄陇上，守地平原"实际上讲的是尚乞悉加统治整个吐蕃东境五道节度之事。尚乞悉加也是尚纥心儿的得力助手，或有可能是尚纥心儿的儿子。虽然尚乞悉加也在河州，但与尚纥心儿一起，得到在敦煌专使（都督）的特别关注。

另外，P.2613V2文书特别提到几位吐蕃大员在敦煌时"战士（事）成功，金戈永息"的安定局面。这是戎马倥偬、驰骋沙场的吐蕃将帅的共同心声，特别是在敦煌这块"善国神乡"做法事，这种心情更为强烈。吐蕃时代的敦煌佛事活动文书保存较多，大多也表达这一心愿。

五 河州三方缔约

元和十四年（819），尚纥心儿等率兵围攻盐州，此时他已官拜尚书

---

① 录文参见邵文实《敦煌边塞文学研究》，甘肃教育出版社，2007，第274页。

令并离开敦煌。长庆二年（822），尚纥心儿参加唐蕃长庆会盟，根据立于长庆三年的《唐蕃会盟碑》记载，其时他已是"天下兵马都元帅同平章事"①，而位极人臣。823 年，尚纥心儿在河州会见出访吐蕃后回程的唐使刘元鼎。②

敦煌藏文文献 P. T. 16 + IOL. Tib. J. 751《岱噶玉园会盟寺愿文》记载："奉敕建立寺庙的地址，选定于岱噶玉园的和平川上。此为三个大国两年一轮的会盟处，在此曾奠定了伟大基业。"③ 这里讲述的是吐蕃建立寺庙、发愿等宗教活动，也提到尚纥心儿主持了吐蕃与回鹘、南诏三方和盟。对于"三国"的理解，学界分歧较大，藏族学者岗措先生指出藏文中的"rgya drug"指回鹘。④ 到长庆初年，回鹘、南诏和吐蕃在经过了上百年的战争消耗后，几乎同时走向衰弱。这也是在唐蕃长庆会盟的同时，吐蕃还能与回鹘、南诏缔结和约的根本原因。因此，我们认为，应将吐蕃与回鹘、南诏的会盟称为"三方缔约"，以区别于唐蕃会盟。

关于三方缔约的时间，《萨迦文集》记载："大论尚绮心儿达囊等攻下回鹘，阳水虎年（822）与回鹘和盟，阴水兔年（823）与南诏和盟。"⑤ 很显然，三国缔约的时间与唐蕃长庆会盟为同时期。《唐蕃会盟碑》碑文虽然没有提及三国会盟事件，但碑文记载："四境君王，来盟来亨"，这里能够窥见，吐蕃当时不只与唐朝一方结盟，与四方邻国亦有过和盟的历史，三国缔约也包括在内。

关于这次三方缔约的地点，藏文史籍记载为同一处，即《岱噶玉园会盟寺愿文》所谓"德噶玉采"（de ga gyu tshal）。国内外学者对"德噶玉采"的位置做过很多考证。例如，托马斯认为"德噶玉采"位于赤岭⑥，卡普斯坦认为"德噶玉采"位于安西榆林窟⑦，山口瑞凤推测"德

---

① 参见才让《吐蕃史稿》，甘肃人民出版社，2007，第 208 页。
② 参见邵文实《尚乞心儿事迹考》，《敦煌学辑刊》1993 年第 2 期，第 18 页。
③ 高瑞：《吐蕃古藏文文献诠释》（藏文），甘肃民族出版社，2001，第 238 页。
④ 岗措：《赞普世袭研究》，甘肃民族出版社，2017，第 195 页。
⑤ 《萨迦班智达文集》（藏文，第一卷），西藏藏文古籍出版社，1992，第 674 页。
⑥ 〔英〕F. W. 托马斯：《敦煌西域古藏文社会历史文献》，刘忠、杨铭译注，民族出版社，2003。
⑦ 《De-ga g. yu-tshal（榆林窟）之会盟寺的比定与图像》，载霍巍、李永宪主编《西藏考古与艺术国际学术讨论会论文集》，四川人民出版社，2004，第 98 页。

噶玉采"位于敦煌附近①，杨铭、黄维忠等学者对此也提出过不同的观点②。

根据《白居易致吐蕃当局书》记载，唐蕃长庆会盟事宜，最初以尚纥心儿为首负责。但是，823年，在拉萨建碑，刻盟文及与盟人名于其上以记其事的时候，尚纥心儿可能去了"德噶玉采"，主持吐蕃与回鹘、南诏缔约事宜而不在现场，至少说明尚纥心儿没有回拉萨。这就是后来《唐蕃会盟碑》碑文上尚纥心儿的名字没有列在第一位的原因。那么823年尚纥心儿在河州会见从拉萨归来的唐使刘元鼎，可知当时他在河州，加之前述敦煌文献 P.2613V2 记在敦煌法会中专门为他和河州节度祈愿，说明河州是尚纥心儿在东边的常驻地，与敦煌的佛事活动有一种遥相呼应的关系。因此我们认为，藏文史籍"德噶玉采"有可能在河州。而且，从地理位置上看，河州处于当时吐蕃与南诏、回鹘三方的中间地带，应该是最适中的选择。

六　晚年建敦煌圣光寺

唐蕃长庆会盟和吐蕃、南诏、回鹘三方缔约之后，尚纥心儿第三次回到敦煌，继续从事佛教活动。《尚纥心儿圣光寺功德颂》记其在敦煌建造圣光寺时，官居"敕尚书令公兼统六军甲兵霸国都元帅赐大瑟瑟告身"，则说明敦煌圣光寺建造于长庆会盟之后。又据敦煌寺院相关文书记载，圣光寺在826年时就出现在敦煌诸大寺院的名单里。③ 据此，我们有理由推测，圣光寺的建造应该在825年前后。根据藏文史籍记载："上乞心儿达囊建扎玛瓜曲拉康（brag dmarbkav chu），以清除用兵舅舅汉之地罪过。"④ "上乞心（儿）达囊建朗赤泽（glingkhrirtse），以清除引兵舅舅

---

① 〔日〕山口瑞凤：《吐蕃统治的敦煌》，高然译，载《国外藏学研究译文集》第1辑，西藏人民出版社，1985，第53页。
② 杨铭：《吐蕃统治敦煌与吐蕃文书研究》，中国藏学出版社，2008，第137页；黄维忠：《德噶玉采会盟寺（de ga g‧yu tshal gtsigs kyi gtsug lag khang）考——再论该寺非榆林窟》，《敦煌研究》2009年第3期。
③ 参见马德《敦煌文书〈诸寺付经历〉刍议》，《敦煌学辑刊》1999年第1期。
④ 弟吴贤者：《弟吴宗教源流》（藏文），西藏藏文古籍出版社，2010，第128页。

汉之地罪过。"① 敦煌圣光寺的建造也应该是尚纥心儿对唐朝赎罪的愿望和行为之一。

尚纥心儿第三次在敦煌的活动，除了敦煌遗书 P.2765V 记载他在敦煌建圣光寺之外，其他方面不见记载，包括在他自己创建的圣光寺也没留下只言片字。推测可能因为年事已高，减少了参加各类活动的频率或者仍然忙于军政事务。然而，仅就《尚纥心儿圣光寺功德颂》残文，可以看出尚纥心儿辉煌的一生，以及他背后显赫的家族权势和几代的经营。尚纥心儿家族成为当时吐蕃统治者集团中最强势的家族之一，也因此埋下了遭遇灭顶之灾的伏笔。

七　丧身于家族间权力斗争

据《青史》记述，藏传佛教史上被人尊称为"大师"（blachen）的后弘期下弘法始祖喇钦·贡巴饶赛（blachendgongs pa rabgsal）是尚纥心儿转世：

> 没庐儿达囊上乞心的大臣，他曾做敬信佛法的国王的臣僚，辛亥年他年届三十五岁，发下宏愿而逝世，次年壬子年生于宗喀邓康地方中，成年后在地方首长温萨·伦·绛伯（文殊吉祥）座前得传授念诵经教。中间在有名仁青多杰（宝金刚）系亲见本尊观音的大德前发菩提心；并于吉·嘉尾珠多（佛顶鬘）座前听讲《中论》和《量释论》；及于朗·噶丹绛秋（喜足菩提）师前听受瑜伽法要。而其思想如松所说："为除轮回所有苦，解脱甘露灭苦根，教法十方宏昌故，最初我应求出家。"于是由章·饶色（极明）为作新教师，药师和玛师为作轨范而出家受戒，起名格哇色。②

---

① 奈巴班智达·智巴木兰罗珠：《奈巴佛教史——古谭花鬘》（藏文），西藏藏文古籍出版社，2011，第29页。
② 郭·循努白：《青史》，四川民族出版社，1985，第44页。

此事说明尚绮心儿在生前对藏传佛教的发展做出重大贡献，关于尚绮心儿卒于831年（辛亥年）的推测也应成立。但从尚绮心儿活动的文献记载来看，《青史》记享年35岁则明显有误。①

黄维忠先生推测尚绮心儿832年死于敦煌②，时间与《青史》所记差别不大。尚绮心儿实际上最终被宰相韦杰朵日达纳（dbas rgyal to re stag snang）杀死，但地点是不是敦煌有待进一步查证。

《弟吴宗教源流》记载："钵禅布与大论尚绮心儿等被杀。"③ 钵禅布去丹（bran ka dpal kyi yon tan）和大论尚绮心儿是赞普赤松德赞的左膀右臂，在唐蕃会盟碑上排在第1位和第2位，他们差不多也是在同一时期死于韦杰朵日达纳之手。

《奈巴佛教史——古谭花鬘》记载："韦杰朵日达纳阴谋陷害大论钵禅布贝吉云丹和王妃属卢氏贝吉昂楚。"④ 韦杰朵日达纳污蔑钵禅布与王妃有染，导致赞普与钵禅布关系恶化，最后钵阐布被杀，王妃死于放逐途中。而出身于吐蕃没卢氏的尚绮心儿，其家族世袭相论，韦杰朵日达纳想顺利谋害他并不是一件容易之事，这背后无疑酝酿了很多政治计划。

敦煌藏文 P. T. 1287《吐蕃大论世袭》记载："之后为没卢尚绮心儿达囊担任。之后为韦杰朵日达纳担任。"⑤ 韦杰朵日达纳接替尚绮心儿担任大论职位，说明韦杰朵日达纳逐杀尚绮心儿是为了争权夺利。当然，这场矛盾激化的根源，还有对待藏传佛教态度的因素在内。

《汉藏史籍》记载："热巴巾旺之兄朗达玛，生于阴水羊年。他39岁之时，热巴巾被弑，由他即位执政。前两年中，他按国王的规矩行事，到阴水猪年，朗达玛心中为邪魔所据，又被喜爱邪魔的大伦韦杰朵日达纳等人操纵。"⑥《青史》记载："没庐儿达囊上乞心的大臣，他曾做敬信

---

① 才旦夏茸教授即依此说："铁猪年（891），吐蕃大论尚绮心儿达囊去世，享年35岁。"参见才旦夏茸《藏族历史年鉴》，青海民族出版社，1982，第147页。
② 黄维忠：《8～9世纪藏文发愿文研究——以敦煌藏文发愿文为中心》，民族出版社，2007，第119页。
③ 弟吴贤者：《弟吴宗教源流》（藏文），西藏藏文古籍出版社，2010，第346页。
④ 奈巴班智达·智巴木兰罗珠：《奈巴佛教史——古谭花鬘》（藏文），西藏藏文古籍出版社，2011，第8页。
⑤ 高瑞：《吐蕃古藏文文献诠释》（藏文），甘肃民族出版社，2001，第32页。
⑥ 华觉桑博：《汉藏史集》（藏文），四川民族出版社，1985，第207页。

佛法的国王的臣僚。"① 以上记载表明，尚纥心儿是一位虔诚的佛教信徒，大力扶持佛教事业，兴建寺院，广招僧侣，支持藏传佛教的发展。而韦杰朵日达纳崇信苯教，敌视佛教。在吐蕃历史上，宗教矛盾与斗争频繁，吐蕃政权内部就因为没卢氏和韦氏两大家族之间信仰不同而发生了前所未有的内讧。

《西藏王统记》记载：

> 令出家沙门或作屠夫，或改服还俗，或强使狩猎，苟不从者，则受诛戮。其毁坏寺宇，始自拉萨，命将二觉阿像，投于水中。尔时诸乐佛大臣，共相计议，将佛像藏于各像宝座之下。弥勒法轮像，以布包裹，藏于卧塘湖边。恶臣等尚拟将寺内泥像，悉投于水。以绳缚金刚手像颈，于刹那顷，系绳之人，呕血而亡，乃不敢继毁佛殿，事即中止。仅封闭拉萨与桑耶寺院之门，其余小寺，捣毁殆尽。所存经典，或投于水，或付之火，或如伏藏而埋之。②

韦杰朵日达纳杀尚纥心儿后，接着实行了一系列灭佛活动。传统观念认为，吐蕃分裂主要是朗达玛赞普灭佛导致的，但在吐蕃时期的文献资料中，看不到他对佛教的任何不良影响。P. T. 134、P. T. 840 文书等记载了朗达玛赞普在位期间信仰佛法、举行佛事活动。③ 实际上，朗达玛赞普只是傀儡，内部斗争、灭佛活动都由大论韦杰朵日达纳在背后操控。也就是说，吐蕃历史上所谓的朗达玛灭佛，完全是大论韦杰朵日达纳所为。

尚纥心儿被杀后，引发了没卢氏家族和韦氏家族长达一个世纪的仇恨。《新唐书》记载，会昌三年，"恐热自号宰相，以兵二十万击婢婢"。有学者考证，尚婢婢为尚纥心儿的弟弟。④ 两大家族的混战使整个河西、

---

① 郭·循努白：《青史》，四川民族出版社，1985，第44页。
② 萨迦·索南坚赞：《西藏王统记》，刘立千译注，民族出版社，2000，第141页。
③ 扎西当知：《从敦煌古藏文史料看吐蕃王朝灭亡的根源》，《青海社会科学》2019年第4期，此文对P. T. 134、P. T. 840等敦煌古藏文文献做了专门研究。
④ 参见岗措《吐蕃王朝灭亡与湛韦两位大臣的矛盾斗争》，《青海民族大学学报》（藏文版）2013年第4期。

陇右都卷入其中。《弟吴宗教源流》记载：

> 尚纥心儿被杀后，阻断了吐蕃的财源，切断了西方甘露流水，从此没有印度班智达来吐蕃，抛弃了东方的三十条金道，切断了与唐朝的贸易之门；与北方霍尔交战，挑起战争；与南方的门地联姻，开启了黑熊、豹之门，把众生安置在逆道上。①

总之，尚纥心儿和韦杰朵日达纳之间的争权是吐蕃最大的两个家族的斗争，加之尚纥心儿被杀后，其主管的经济贸易顿然中断，这一系列遭遇最终成为吐蕃王朝陷入分裂的主要因素。

余论：敦煌吐蕃佛教的影响

在吐蕃历史中，敦煌曾一度成为吐蕃的文化中心。② 而吐蕃文化的主体即佛教文化，佛教文化的具体内容主要是唐代密教，即吐蕃佛教的前弘期。而对于吐蕃前弘期佛教的记载，目前所见最丰富的文献即敦煌文献。除了佛教典籍之外，对佛教活动的记载最为突出的就是尚纥心儿等一干官吏和僧侣的敦煌法会。吐蕃治理敦煌后期，佛教法会活动盛行，推动了佛教的全面社会化，佛教成为敦煌社会中不可缺少的精神生活。在吐蕃敦煌佛教的发展中，尚纥心儿功不可没。包括他在敦煌停留期间频繁举行佛事活动，不在敦煌的时候也有专人在敦煌为他举办法会，是佛教（汉密，吐蕃的前弘期佛教）在敦煌传播和发展的盛期，对推进敦煌佛教的社会化发挥过重要作用。

吐蕃结束对敦煌的统治之后，佛教的传播与流行仍然传承了吐蕃时期的形式和内容，各类佛教活动已经渗透到从上层统治者到普通民众的社会生活之中，特别是法会活动十分频繁。佛教不仅是一种信仰，也成

---

① 弟吴贤者：《弟吴宗教源流》（藏文），西藏藏文古籍出版社，2010，第181页。
② 马德：《论敦煌在吐蕃历史发展中的地位》，载敦煌研究院编《敦煌吐蕃文化学术研讨会论文集》，甘肃民族出版社，2009。

为敦煌社会不可缺少的精神文化生活，使敦煌在此后数百年间均以"善国神乡"著称。

不仅如此，当时的敦煌佛教在吐蕃管辖区域内的各民族之间广泛传播。虽然经历了千余年的朝代更迭与改天换地，但在一些偏远地区仍然保存了吐蕃佛教遗址。例如，当时与吐蕃有兄弟之称并多次结盟的南诏地区，同样盛行唐密即吐蕃前弘期佛教，通过历代的口传心授，有些内容和形式一直保存到现在。[①] 这些都与尚纥心儿当年在敦煌的作为有千丝万缕的联系。尚纥心儿在敦煌推行的一系列佛教发展举措，对佛教文化及社会稳定和发展做出重要贡献。

---

① 参见马德、段鹏《敦煌行城与剑川太子会及其历史传承关系初探》，《敦煌研究》2014年第5期。

• 文献考释 •

"伊难主"初考
——以内亚史为中心*

尹 磊**

内容提要：本文对汉文史料中的"伊难主"或"伊难珠"这一源自古突厥语的译名进行初步研究。主要根据与之相关的"亦纳勒"这一名称的含义、指涉人群，在欧亚草原的历史背景中"伊难主"的含义及其扮演的角色，唐、五代、宋、元汉文典籍中的同源词以及见于胡、汉文献中"伊难主"的有关用例，得出"伊难主"指在血缘关系上作为可汗母族成员或可汗的异父弟，被视为可汗亲信而享有某种特权的人这一结论。同时，探讨"伊难主"在草原政治中的地位以及在中央欧亚东、西部不同环境下的发展演进过程。

关键词：伊难主 草原政权 回鹘称号

关于突厥、回鹘等中世草原政权所采用的官号，韩儒林、林幹等前

---

* 本文在收集资料和撰写过程中先后得到王丁老师及文欣、童岭、魏曙光诸位学兄的帮助，谨致感谢！
** 尹磊，南京中国科举博物馆副馆长、文博馆员，主要从事西域史、敦煌文献及丝绸之路知识传播研究。

辈学者已多有讨论，对于其中大部分词语，语文学家也给予了相当关注。唯独"伊难主"一词自王国维先生在《九姓回鹘可汗碑跋》一文中对证石刻史料与传世文献，与新旧唐书所记之"伊难珠"勘同以来①，几乎未见专门讨论②。从汉文史料记载来看，"伊难主"一名，在唐、五代史料中时常可见，在出土文献中亦频繁出现；在相关伊斯兰史料中也有零星记载。那么，在草原政治中，与可汗家族关系密切的"伊难主"究竟是些什么人？

本文不拟分析"伊难主"这一汉译名从唐代到元代产生诸多异体的原因，也不聚焦突厥语方言差异导致的词语音变等语言学问题，特别是关于这一名称在元代诸异名的"审音勘同"③。本文的目的在于，根据与"伊难主"相关的史料，对拥有"伊难主"这一称号/身份的人群在草原政治中居于怎样的地位、扮演了怎样的角色以及其在欧亚世界的演进过程等进行初步的研究。

一 "亦纳勒"释名

日本学者佐口透在《骑马民族史：正史北狄传》中对《旧唐书·回纥传》"回鹘请和亲使伊难珠还藩"条所做笺注称伊难珠为"人名"，并将其拉丁字母转写复原为 Ïnanču。④ 但佐口透的注释似有不确，据笔者观

---

① 王国维：《观堂集林》卷二十，中华书局，2004。
② 学界对此已有讨论，如伊朗学大家米诺尔斯基进行过专题研究，但其主要目的是讨论塞尔柱人历史中的 Ināl，与本文所讨论主题不甚相关，参见 Vladimir Minorsky, *Äinallu/Inallu*, Rocznik Orientalistyczny Vol. XVII, 1953, pp. 1 – 11, 后收入 Vladimir Minorsky, *Medieval Iran and Its Neighbours*, London, 1982。
③ 何启龙：《审音与勘同：〈世界征服者史〉Ghayïr ïnalčuq 与〈元史〉哈只儿只兰秃的再研究》，载刘迎胜主编《元史及民族与边疆研究集刊》第 20 辑，上海古籍出版社，2008，第 67~81 页。
④ 佐口透『騎馬民族史：正史北狄伝 2』、平凡社、1972。余大均汉译文中将转写误植为 "Inanu"，参见〔日〕佐口透《旧唐书·回纥传注》，余大钧译，载《北方民族史与蒙古史译文集》，云南人民出版社，2003，第 164 页。日本学者笠井幸代收集了伊难如、伊难朱、伊难主和伊难珠这四种唐代史料中所见的相关汉文转写，并认为它们都是 Ïnanč（u）的音译，参见 Kasai Yukiyo, "The Chinese Phonetic Transcriptions of Old Turkish Words in the Chinese Sources from 6th – 9th Century, Focused on the Original Word Transcribed as Tujue", *Studies on the Inner Asian Languages*, Vol. 29, 2014, p. 125。

察，这里的伊难主并非人名，其正确的转写形式应为 ïnalčuq（Inalchuq），由亦纳勒（Ināl）和指小的 -čuq/čïq 构成，其说详下。

关于"亦纳勒"的定义，最早的材料是活动年代与回鹘人称雄草原的时代大致相同的花拉子密（780～850 年）所留下的记载。在花拉子密所著《学问关键》（Mafātīḥ Alʻulūm）一书中记载：

> 亦纳勒特勤（Ināl-tigīn）是叶护（Ǧabhūya）的继承人（walī ʻahd）；突厥人的每个首领，无论是国王还是地方领主（dihqān），都有一个亦纳勒（ināl），即继承人。①

花拉子密所接触的说突厥语的民众并非回鹘人，而是生活在里海附近的乌古斯人。在他生活的时代，也未发现其他关于"亦纳勒"在说突厥语的人群中作为"继承人"的同义词来使用的例子。因此，率先对花拉子密的记载进行研究的英国学者博斯沃思也不无怀疑地指出，"似乎'亦纳勒特勤'是一个专名，把'亦纳勒'视为'继承人'会产生一些误解"。② 但在博斯沃思后来为《伊朗学百科全书》（Encyclopedia Iranica）撰写的塞尔柱突厥早期领袖"易卜拉欣·亦纳勒"（Ebrāhīm Ināl）词条中，也许是因为读了另一位伊朗学家米诺尔斯基的文章，他又修正了自己的看法。他认为，易卜拉欣·亦纳勒可能是塞尔柱汗图格鲁勒和查格里别克的同母异父兄弟，其父亲则是塞尔柱统治家族的成员之一。正是因为出身显赫，易卜拉欣·亦纳勒不太顺服于塞尔柱的统治者，并且敢于和他们对抗。在文献中，他的追随者被称为"Yenālîān"，笔者赞同博斯沃思的解读，可以将其理解为"亦纳勒一党"，也就是说"继承人一党"。博斯沃思还分析道："易卜拉欣·亦纳勒应该对作为其追随者的部众具有宣称自身为领袖的权力，而这一权力来自他对古老的乌古斯头衔

---

① C. E. Bosworth, "Al-xwārazmī on the Peoples of Central Asia", *The Journal of the Royal Asiatic Society of Great Britain and Ireland*, No. 1/2, 1965, p. 6.

② C. E. Bosworth, "Al-xwārazmī on the Peoples of Central Asia", *The Journal of the Royal Asiatic Society of Great Britain and Ireland*, No. 1/2, 1965, p. 6.

'亦纳勒'的继承。"①

笔者认为，与突厥汗族"子弟曰特勤"的定义类似，"亦纳勒"是草原社会中具有相应族群属性的、先天的称谓。在鄂尔浑碑铭中就出现过"inäl χaɣan"这样的称号，勒内·吉罗解释为"小可汗"，德福则解释为"大汗的副手"，但都认为这并不是一个专有人名。②

如果再看一下比花拉子密年代稍晚、活跃于11世纪的喀喇汗王朝作家麻赫穆德·喀什噶里对"亦纳勒"的定义，对这一判断会有更加明晰的认识。

在《突厥语大词典》中，麻赫穆德·喀什噶里对'IN'L（"亦纳勒"）的定义是：

> 此名指这样一些年轻人，他们的母亲是可敦，而父亲是平民，这是该词最初的意思。③

对'INANJ（inanč）的定义是：

> 亦难赤，值得信赖的。从这个词产生了"亦难赤匐"，意为值得信赖的异密。

对 inan- 的定义是"信任某人"，并举例"män anār inandim"，意为"我信赖他"。④

伯希和据此（当然他使用的是布罗克曼为《突厥语大词典》编制的索引）总结道，Ïnal、ïnanč 和 ïnanču 作为突厥语世界中的称号很常见，

---

① "Ebrāhīm Ināl", Encyclopedia Iranica, http://www.iranicaonline.org/articles/ebrahiminal.

② G. Doerfer, *Türkische und Mongolische Elemente im Neupersischen*, Vol. 4, Wiesbaden: Franz Steiner Verlag Gmbh, 1975, p. 196.

③ Robert Dankoff, James Kelly, trans., *Dīwān Luɣāt at-Turk: Compendium of the Turkic Dialects*, Cambridge, Massachusetts: Harvard University, 1982–1985, part 1, 108/120, p. 146.

④ Robert Dankoff, James Kelly, trans., *Dīwān Luɣāt at-Turk: Compendium of the Turkic Dialects*, Cambridge, Massachusetts: Harvard University, 1982–1985, part 1, 118/132, p. 155.

就如 ïnaγ（>蒙古语 inaḫ）一样，这些词都来自 ïna‐、ïnan‐，意为"相信""信赖"。①

博斯沃思认为，"亦纳勒"（Ināl）的词源是*inā‐，它是一个来自 inan‐的不为人知的原始形式，也就是说，"亦纳勒"是一个源自*inā 的从动词派生出的名词。《突厥语大词典》的英译者丹柯夫与他的意见一致。笔者认为，伯希和与博思沃斯的假设是基于《突厥语大词典》将 inan‐解释为"信任某人"得出的。②

突厥语研究大家克劳森爵士则认为，"Ināl 是来自*inā‐的一个动词被动形式，从词源上讲，它最初应该有'信任'的含义，但在具体使用上，似乎它只用作官号（a title of office），喀什噶里给出的具体解释与这一含义相符，但这也表明到 11 世纪，它的词源学含义已被人遗忘"。③除了"Ināl"之外，克劳森还给出了与之相关的其他几个词语及释义：

Ināğ 具有"密友、心腹、皇室亲信"含义的另一个重要词语。它也来自动词*inā‐；

inan‐（inān‐）是*inā‐的反身形式，意为"相信、信赖（某人，与格）"。有时也指"信仰（某物，与格）"；

inanç 出自 inan‐，兼具名词和形容词功能，从词源来看，意指"信赖，相信；可信赖的，值得相信的"，同 inal 一样，在早期它通常或仅用作官号。④

德国学者德福的《新波斯语中的突厥语和蒙古语成分》一书中收集

---

① Paul Pelliot, Louis Hambis, *Histoire des Campagnes de Gengis Khan*, E. J. Brill, 1951, p. 102.
② 博斯沃思在对迦尔迪齐书的英译本注释中再次讨论了这个称号，认为这个词来自古突厥语，意为"相信、信任"，并且早在颚尔浑碑铭的时代就已经出现了。参见 C. E. Bosworth, *The Ornament of Histories*：*The History of the Eastern Islamic Lands AD 650 - 1041*, No. 4：*The Persian Text of Abu Sa'id 'Abd Al-Hayy Gardizi*, I. B. Tauris, 2011。
③ Gerard Clauson, *An Etymological Dictionary of Pre-Thirteenth-Century Turkish*, Oxford: Clarendon Press, 1972, p. 767.
④ Gerard Clauson, *An Etymological Dictionary of Pre-Thirteenth-Century Turkish*, Oxford: Clarendon Press, 1972, p. 767.

了有关词语的用例，并分别进行了解释：

Ināq，"为统治者信赖的顾问，宠幸之人"。①

Ināṅč，"相信"，在察合台语中意为"相信"，或（更准确地说）作为"一种头衔"［从词源上来看与 inanč（相信）相同］。②

Yinäl，"（一个居于更高位者的）副手，吉利吉思统治者的称号"。③

综合以上诸家观点，学者们普遍认为亦纳勒（Inäl）源自＊inā - 以及由这个类似的词根产生的 inan -。而为何从含义为"相信"的动词形式产生了作为官号的名词，需要从"亦纳勒"作为一种特殊身份标识的角度来进行理解。

花拉子密将"亦纳勒"视为"继承人"，从这点使我们联想到蒙古社会制度中幼子（即兄弟辈中的幼弟）继承家业的习惯；而从麻赫穆德·喀什噶里的解释可以发现"亦纳勒"和可汗家族的亲缘联系。也就是说，能够称为"亦纳勒"的人在血缘关系上要么是可汗母族一方的成员，要么就是现任可汗的异父弟，从而被视为可汗家族的亲信（"可信赖的"）而享有某种特权，进而发展成一个具有限定意义的官号或者头衔。不过，也不可忽视，自 10 世纪下半期开始，出现了将"亦纳勒"或类似异体作为人名的用法（详见下文）。

在草原政治中，"亦纳勒"出于身份原因，一方面受到统治者的高度信任及恩遇，可谓草原君王的忠实亲属；另一方面，正因其身份的特殊性，"亦纳勒"的轻率举动往往会造成相当严重的后果。在成吉思汗崛起的时代，便有一个非常典型的案例。

---

① G. Doerfer, *Türkische und Mongolische Elemente im Neupersischen*, Vol. 2, Wiesbaden: Franz Steiner Verlag Gmbh, 1975, p. 217.

② G. Doerfer, *Türkische und Mongolische Elemente im Neupersischen*, Vol. 2, Wiesbaden: Franz Steiner Verlag Gmbh, 1975, p. 219.

③ G. Doerfer, *Türkische und Mongolische Elemente im Neupersischen*, Vol. 4, Wiesbaden: Franz Steiner Verlag Gmbh, 1975, p. 196.

二 "伊难主"辨析

成吉思汗发动西征,并获"世界征服者"之名的主要动因,便是花剌子模统治者麾下的讹答剌长官劫掠并屠戮他所派去的使者一事。

《元史·太祖纪》载,十四年(1219)己卯夏六月,"西域杀使者,帝率师亲征。取讹答剌城,擒其酋哈只儿只兰秃"。①

根据《世界征服者史》,志费尼在初次提及这位长官时写道:"(成吉思汗派出的商人)一行人抵达讹答剌,该城的长官是个亦纳勒术(Inalchuq),他是算端的母亲秃儿罕哈敦的族人,曾受封为哈只儿汗。"②

仔细揣摩其文意,可以发现讹答剌的长官被称为"亦纳勒术"(《元史》中的"只兰秃")与作为花剌子模算端母亲的族人这一点存在某种联系,而当年的汉文译者虽然未能将"亦纳勒术"与《元史》的"只兰秃"勘同,但无疑也注意到"亦纳勒术"是一种人群的属性,而不是像哈只儿汗那样,也是封号或美称。那么,这个"亦纳勒术"是花剌子模算端母亲的什么亲戚?笔者在奈撒维的《札兰丁传》中找到了答案。在奈撒维书中,讹答剌守将的名号写作 Kadïr ïnalchuq khan,奈撒维称他是算端摩诃末舅舅的孩子。③ 也就是说,他是算端之母帖怯失可敦(Tekesh Khātūn)的外甥,并与帖怯失可敦同为使用突厥语的康里部人。此人之所以被称作"亦纳勒术"正是这种亲属关系的反映;而这也是摩诃末给予他防守讹答剌城这一重要任务的原因。

关于"亦纳勒术"这个名称,葛玛丽认为 ïnalčïq 由 ïnal(释为"王子")加上词缀 -čïq ~ -sïq("与……相似")构成,ïnalčïq 即"与王子相似之人"。④ 但这样的解释似乎有些欠妥。首先,葛玛丽将 ïnal 释为

---

① 《元史》卷一《太祖本纪》,中华书局,1976,第20页。
② 〔伊朗〕志费尼:《世界征服者史》,何高济译,内蒙古人民出版社,1980,第91页。
③ Mohammed en-Nesawi, *Histoire du Sultan Djelal ed-din Mankobirti*, Libraire de la Société Asiatique, 1895, p.59.
④ 〔德〕A. 冯·加班:《古代突厥语语法》,耿世民译,内蒙古教育出版社,2004,第199页。

"王子",可能来自蒙古史研究者对蒙古勃兴时期的吉利吉思首领也迪亦纳勒(Yedi-Inal)一名的解释,即"第七王子",但根据前文所引花拉子密和麻赫穆德·喀什噶里的记载,不应直接作"王子"解;其次,ïnalčïq 的后缀成分也并不是词缀 -čïq ~ -sïq,笔者更倾向于《世界征服者史》的英译者波伊勒的意见,即 Inalčuq 由亦纳勒(ïnal)的指小形式 ïnalčïq 而来①,-čïq 来自突厥语表示"小"的形容词 kečïq。

其理由何在? 10 世纪的阿拔斯哈里发朝外交家、旅行家伊本·法德兰(Ibn Fadlan)出使不里阿尔人地区时留下对沿途风土的记录,在其中他用阿拉伯语记录了一个突厥语名称——Yināl al-Ṣaġīr②,Yināl 无疑就是上文中已经讨论的亦纳勒(Ināl),Ṣaġīr 在阿拉伯语中的意思为"小"。笔者认为,法德兰从乌古斯人那里听到的正是 Inalchuq/ïnalčïq 一词。而亦纳勒(Ināl)与 Inalchuq/ïnalčïq 两者存在区别的原因大概是身份的亲疏。根据葛玛丽的解释,看起来似乎亦纳勒与可汗更为亲近,但从政治实践中的实际地位来看,Inalchuq/ïnalčïq 要更为显赫,因此目前尚不能遽下定论。然而,有一点可以确定,就是汉文文献中提到的伊难主(伊难珠)正可与伊斯兰史料中的 Inalchuq/ïnalčïq 相对应。

因此,前文所提佐口透误释唐代之"伊难珠"为人名,并拟构其拉丁字母转写为 Ïnanču,现在可知,"伊难珠"并非人名,而是对某一类汗族亲属的特定称谓;其次也并不能拟构为 Ïnanču,而应当为 Inalchuq/ïnalčïq。而何启龙所认为的,元代的只兰秃"只是一个官阶,或者只是称号、勋衔或名誉之类",哈只儿只兰秃"获得花剌子模太后及算端的宠信,因而被赐予 ïnalčuq 之类的称号"③,也是值得商榷的。

此外,在蒙古人崛起之初,乃蛮人中还有一位统治者,在《圣武亲征录》中写作"亦难赤汗",在《蒙古秘史》第 151 节中写作"亦难察

---

① 〔伊朗〕志费尼:《世界征服者史》,何高济译,内蒙古人民出版社,1980,第 94 页。
② 费耐生英译为 the little Yanal,参见 Ahmad Ibn Fadlan, *Ibn Fadlan's Journey to Russia : A Tenth-Century Traveler from Baghdad to the Volga River*, translated with commentary by Richard N. Frye, Princeton : Markus Wiener Publishers, 2005, p. 37.
③ 何启龙:《审音与勘同:〈世界征服者史〉Ghayïr ïnalčuq 与〈元史〉哈只儿只兰秃的再研究》,载刘迎胜主编《元史及民族与边疆研究集刊》第 20 辑,上海古籍出版社,2008,第 75~76 页。

汗"（Inanča-qan），在第 177、189、194 节中则记为"亦难察必勒格汗"（Inanča-Bilgä-qan），拉施特的《史集》中所记载的形式与《圣武亲征录》相同。多桑根据阿拉伯语文献转写为 Inandje Belga Boucou Khan。① 关于此人称号中的 Inanča，伯希和有如下论述：

> 蒙古语中没有以 -č 结尾的，我们所知的那些仅来自突厥语的借词。Inanča 则是一种蒙古语化的形式，它可能是与亦难奇（Inanči）相同，但也有可能转写中的"赤"只是用来表示结尾的 -č，因此后者这个名字就应该还原成 Inanč。下文（指《圣武亲征录》汉文原文——笔者注）第 37 节中有一种转写"亦年赤"（Inänči 或 Inänč），这表明本书（指《圣武亲征录》的原始蒙古文版本——笔者注）的汉译者已经不知道关于这一名称正确发音的传承了。②

伯希和的见解涉及很多问题，笔者在此不拟展开讨论，仅想指出另一种可能性。即元代译语用字"赤"，除了像通常习见的"宝儿赤""云都赤""昔宝赤"中的"赤"一样，对应 -č 之外，是否也有可能按隋唐以来的中古音（"赤"字为昌石切），得出一个语尾的 k，那么"亦难赤"这一称号中的"赤"，就并非像伯希和所说的那样，表示 Inanč 的 č，而恰恰与本文所讨论的"伊难主"用法相同，正对应 Inalčuq 里的 -čuq。

三　发展和演化

对照汉文史料，可以更清楚地了解伊难主在草原政治中扮演的角色。举例而言，早在突厥时代，就有"遣使伊难如朝正月，献方物"③ 的记载，这里的"伊难如"是"伊难主"的另一种汉文音译。有关回鹘汗国的记载中则多次提到回鹘遣伊难主来请婚。例如，宪宗元和八年（813）

---

① 《多桑蒙古史》，冯承钧译，上海书店出版社，2006，第 45 页。
② Paul Pelliot, Louis Hambis, *Histoire des Campagnes de Gengis Khan*, E. J. Brill, 1951, p. 251.
③ 《新唐书》卷二百一十五下《突厥传下》，中华书局，1975，第 6054 页。

"回鹘遣使伊难珠来请和亲"①，在元和八年五月的记载中，明确提到这位伊难珠担任回鹘的"请和亲使"。②当唐穆宗决定向回鹘可汗赐婚后，同样的伊难珠又来到唐朝宫廷，作为迎接公主使团的首领。史料记载："回纥登逻骨没密施合毗伽可汗遣使伊难珠、句录都督思结并外宰相、驸马、梅录司马，兼公主一人、叶护公主一人，及达干并驼马千余来迎。"③而回鹘汗国之所以屡次派遣这位不知其名的伊难珠作为交涉结亲事务的特使，大概是因为他具有"伊难主"身份，与可汗家族的关系密切。此外，从迎亲使团的成员排序也可看出伊难主在回鹘汗国中具有崇高的地位。

此外，在回鹘汗国灭亡时，又有另一位伊难珠向唐廷上书，告哀乞援。④根据笔者推测，这个伊难珠（主）很可能就是汉文史料中提到的回鹘"内宰相"之一，目前所发现的证据有二。一是李德裕《会昌一品集》所收录的《赐回鹘嗢没斯特勤等诏书》中提到"宰相伊难朱"⑤；二是李德裕所作《授回鹘内宰相爱耶勿归义军副使兼赐姓名制》，其中写道："爱耶勿往在龙庭，常〔尝〕为贵相……又推诚所奉，果协良图，每获异谋，必来献款，旋观深志，可为竭情"⑥，从制书的内容看，爱耶勿在回鹘汗国灭亡前曾经担任内宰相，并且很早与唐廷建立联系，与汗国灭亡时来告哀的伊难珠似乎是同一个人。当然，有关能否将具有"伊难主"身份之人视为回鹘"内宰相"，以及回鹘内宰相、外宰相的区别，制书中以"贵相"暗示的爱耶勿身份崇高的原因，还有待进一步研究。

---

① 《册府元龟》卷九百七十九《外臣部·和亲第二》，中华书局，1960，第11506页。
② 《册府元龟》卷一百一十一《帝王部·宴享第三》，中华书局，1960，第1316页。《旧唐书》作"四月"，且标点本点断"请和亲使"，作"回鹘请和亲，使伊难珠还藩"，显误，参见《旧唐书》卷一百九十五《回鹘传》，中华书局，1975，第5210页。
③ 《旧唐书》卷一百九十五《回纥传》，中华书局，1975，第5211页。
④ 《李德裕文集校笺》卷十三《论田牟请许党项仇复回鹘没斯部落事状》，傅璇琮、周建国校笺，中华书局，2018，第267页。
⑤ 《李德裕文集校笺》卷十三《赐回鹘嗢没斯特勤等诏书》，傅璇琮、周建国校笺，中华书局，2018，第88页。
⑥ 《李德裕文集校笺》卷八《授回鹘内宰相爱耶勿归义军副使兼赐姓名制》，傅璇琮、周建国校笺，中华书局，2018，第165页。

自五代到北宋，说突厥语的地方政权向中原王朝派出的使团中，频繁出现伊难主或亦纳勒的不同变体。

例如，与甘州回鹘有关的：周太祖广顺二年（952）三月，"回鹘遣使每与难支、使副骨迪历等十二人来朝"。①

周世宗显德元年（954）五月，"回鹘朝贡使因难狄略进方物"。②

哈密顿认为，"每与难支"看起来是一个人名"每"（Bay，"富人"）加上官号与难支（İnanč），这里他引用了上文已经加以讨论的葛玛丽说法。③ "因难狄略"则可能还原为 İnanč Tirëk。但这里的疑问之处在于，为什么明显音节不同的"与难支"和"因难"均被哈密顿还原为 İnanč？他在《五代回鹘史料》一书的附录中辩称，İnanč Tirëk 这一称号中前半部分末尾的 č 可能是和后半部分开头的 t 混到一起了④，这一解释没有足够的说服力。笔者认为，"因难"或可拟构为 Ināl，"与难支"或可拟构为 Inalchïq。

与西州回鹘相关的：太平兴国元年（976）五月，"西州龟兹遣使易难与婆罗门、波厮外道来贡"。⑤ 此处"易难"或可拟构为 Ināl。

与东喀喇汗朝相关的：熙宁七年（1074）二月三日，"于阗国遣使阿丹一难奉表，贡玉、乳香、水银、安悉香、龙盐、硇砂、琥珀、金星石"。⑥ 此处"一难"或可拟构为 Ināl。

但这些使团中的 Ināl 或 Inalchuq 似乎只作为进贡或以进贡为名从事贸易的使者名号的一部分，从他们的行动中不能发现作为可汗亲信的直接证据。

与之相应，在出土文献中也有与"亦纳勒""伊难主"相关的例子。例如，沙州归义军节度使曹元忠的回鹘文尊号 külüg inanč saču sangun 中有

---

① 《册府元龟》卷九百七十二《外臣部·朝贡第五》，中华书局，1960，第 11425 页。
② 《册府元龟》卷九百七十二《外臣部·朝贡第五》，中华书局，1960，第 11425 页。
③ J. R. Hamilton, *Les Ouïghours à l'Époque des Cinq Dynasties*, Collège de France Institut des Hautes Études Chinoises, 1988, p. 89.
④ J. R. Hamilton, *Les Ouïghours à l'Époque des Cinq Dynasties*, Collège de France Institut des Hautes Études Chinoises, 1988, p. 152.
⑤ 《宋会要辑稿·番夷四》，中华书局，1957，第 7720 页。
⑥ 《宋会要辑稿·番夷七》，中华书局，1957，第 7856 页。

这个词;① 再如,中古波斯语《摩尼教赞美诗集》(Maḥrnâmag)的跋文中就出现了"亦纳勒"('yn'l)、"伊难珠"(yzn'cw),在回鹘语残片(81TB10:06-3)中还见有"伊难支"(ïnanč)。②

还有一个例子是先后经陈国灿、伊斯拉菲尔·玉苏甫、荣新江、付马诸位学者讨论的西州回鹘时期的汉文《造佛塔功德记》,其中提到某位"伊难主骨都禄都越"③。从图版来看,目前诸家的释读多少都存在一些未能解明的问题,就笔者的观察,下一行中的后一处人名是否可以读成"清信弟子伊难主"④也是有疑问的。但至少可以判定的是(也是各位学者的共识),这个拥有"伊难主"称号的人作为西州回鹘可汗的亲信,在西州政府中掌握大权。从这一视角来看,他似乎与一两百年后花剌子模那个作为算端母族之亲属而镇守要地的哈只儿只兰秃遥相呼应。

四 结论

就总体趋势而言,作为一种与可汗家族具有特殊联系的人群,伊难主在漠北回鹘汗国的外交舞台上相对活跃,回鹘汗国灭亡后,亦纳勒和伊难主在内亚东部的作用也就逐渐式微,其名称仅作为一种模糊的历史记忆保留在北族部落领袖的称号中。而这一称号在内亚西部的突厥-伊斯兰世界中的影响自乌古斯人时代以来逐渐加强,在塞尔柱王朝、哥疾

---

① 杨富学:《吐鲁番出土回鹘木杵铭文初释》,《甘肃民族研究》1991年第4期。
② 参见王媛媛《从波斯到中国:摩尼教在中亚和中国的传播》,中华书局,2012,第85页。该书作者认为"伊难支即伊难珠",事实上,早在1929年,伯希和就已经指出,yzn'cw可与汉文史料中的伊斯难珠对应(此承王丁老师未刊笔记见示)。
③ 此据陈国灿、伊斯拉菲尔·玉苏甫《西州回鹘时期汉文〈造佛塔记〉初探》,《历史研究》2009年第1期,第179页。付马在《丝绸之路上的西州回鹘王朝》中把文书中第一行"牧主多害伊难主骨都禄都(以下缺数字)莫河达干宰相西州四府五县事"视作同一个人的官号,似乎值得进一步探讨,参见付马《丝绸之路上的西州回鹘王朝》,社会科学文献出版社,2019,第77~78页。
④ 陈国灿等的释读如此,但从其《对一件西州回鹘时期汉文造佛塔记的研究》所附图版来看显然有疑问,参见新疆吐鲁番学研究院编《吐鲁番学研究——第三届吐鲁番学暨欧亚游牧民族的起源与迁徙国际学术研讨会论文集》,上海古籍出版社,2010,第554页。

宁王朝以后的花剌子模沙政权中，都能看到拥有亦纳勒或伊难主称号的人活动的身影。作为与草原政权统治家族具有密切联系的群体，伊难主受到可汗的信赖，并常常被委以重任，在内亚草原政治的演进中也发挥了重要的作用。

一件回鹘文文书考释

阿力木江·依明[*]

内容提要：回鹘契约文化与中原汉文契约文化是一脉相承的。Mi17号回鹘文契约文书可以反映出回鹘契约受到汉文契约的影响，同时保留独特性。从契约形制来看，该文书的单契形制与大部分汉文契约一致；从语言特征来看，文书中出现了来自汉文契约的"同取""代保人"等契约专用术语，也有一些套语与汉文契约相似；从契约形式特征来看，该文书中出现了十分复杂的花押形式，同样也是宋元时代盛行的汉文契约花押风格影响所致；从取信方式来看，该文书中具有血缘关系的契约当事人所画花押图像完全一致，这种现象在敦煌、吐鲁番出土汉文契约中未曾出现。

关键词：回鹘文契约　汉文契约　取信　花押

山田信夫《回鹘文契约文书集成》收录了100多件回鹘文契约文书，这些文书是研究回鹘历史文化的重要资料。其中有一件（Mi17 TM225 USp 12，以下简称"Mi17号文书"）保存完好的文书比较特殊。这件文书的特殊性在于，它不仅展示了契约当事人各方之间的法律关系，而且

---

[*] 阿力木江·依明，新疆师范大学政法学院讲师，主要从事民商法学、民族法制史研究工作。

这件契约的形式与内容都充分反映了中原汉文契约文化对回鹘契约的直接影响。

一 Mi17号文书的原件、转写、翻译

Mi17 号文书只有一页，长 27.5 厘米，宽 46 厘米，整体上保存比较完整。文书内容共 25 行，有 7 个花押。此文书由专业的书契人起草，整体上比较工整规范。拉德洛夫、山田信夫等学者已对此文书进行转写与翻译。

原文转写如下：

1 qoyïn yïl aram ay on säkizkä biz inč buqa
2 aruɣ ikägü tärbiš apam ymä ärgäntä bitig
3 birtimiz ärdi qočo-taqï taysang borluq balïq
4 borluq taštïn qač bölük yïr-ning sadaɣï
5 altï yuz yastuq čao ičindin yuz yastuq birip
6 qalɣan biš yuz yastuq čao qaldï bu čao-nï
7 oɣul tigin yänggämiz-kä yaz küz kim kälsär
8 tägürüp birürbiz tägürüp birmäsär-biz bu
9 bitig-ni kim alïp kälsär nägü – käm-ä tïldamayïn
10 büdürüp birürbiz bu bitig-däki čaonï birginčä
11 biz inč buqa aruɣ iötïn taštïn bar yoq
12 bolsarbiz birlä alɣučï tungsu taypaošïn män
13 inč buqanïng inim äsag män aruɣnïng
14 oɣlum qara tuɣma ikägü bu bitigtäki
15 čaonï bitig yosunča nägükä mä tïldamayïn
16 čamsïz köni birürbiz
17 bu nišan män inč buqanïng ol
18 bu nišan män aruɣnïng ol
19 bu nišan män paošïn äsänning ol

83

20 bu nišan män paošïn qara tuɣmaning ol
21 bu nišan män tanuq töläk qyanïng
22 bu nišan män aruɣnïng ol
23 bu nišan män tanuq töläk qy-a-nïng ol
24 män tɣum-a bular inč buqa aruɣ ikägü-ning
25 sösinčä bitidim①

文书翻译如下：

羊年正月十八日。我们 Inch Buqa、Arugh 二人当 Tarbish Apam 在 Argan 时写给了这文书。我们已经付给了高昌太仓葡萄园和城中葡萄园外几块地的卖价六百锭钞中的一百锭，剩下五百锭钞。这剩下的钞由我们的外甥 Oghul Tigin 在夏秋时送还。如未送还，凭此文书，任何人都不得推诿，都要全部交付。在交付此文书中规定的钞锭之前，如我们内外发生什么，那时我们买方同取、代保人我 Inch Buqa 之弟，我 Arugh 之子 Qara Tughma 将按照惯例不推诿、不争议地如数付给文书中规定的钞锭这 nišan 是我 Inch Buqa 的。这 nišan 是我 Arugh 的。这 nišan 是我保人 Asan 的。这画押是我保人 Qara Tughma 的。这 nišan 是我证人 Torchi 的。这 nišan 是我 Arugh 的。这 nišan 是我证人 Tolak Qaya 的。我 Tughma 按他们 Inch Buqa、Arugh 二人的话写（此文书）。②

二 Mi17 号文书形制

这份文书由两位共同立契人出具，交由权利方收执。实际上，所有可考的回鹘文契约文书中没有一份契约文书是由双方当事人同时签字画

---

① 山田信夫『ウイグル文契約文書集成』、大阪大学出版会、1993、160 頁。
② 耿世民：《回鹘文社会经济文书研究》，中央民族大学出版社，2006，第 230 页。

押并由双方收执的,所有契约文书均由一方当事人签字画押并交由对方当事人收执。这与中国古代汉文契约的单契形式基本一致。① 总的来说,单契具有以下三个特点。

第一,权利义务关系清楚,实用性强。实际上,大多数契约在客观上并不需要一式多份,只需要由未履行义务的一方向未实现权利的一方当事人出具,并清楚表达双方权利义务关系。单契通常由义务方向权利方出具,由权利方收执。

第二,证据。书面契约的重要功能在于,它是当事人法律关系的证据。在实践中,契约文书不仅在诉讼过程中是重要的证据,而且在某些情况下可以用来证明交易标的物合法来源的证据。

第三,权利凭证。契约是一种凭证,当事人可以直接借此向义务人主张权利。在古代社会,由于宗法身份关系的存在,家族长辈所欠下的债务其子孙后代有代为偿还的义务。因此,债权人凭借契约文书可以向立契人家属主张权利。

三 契约的格式特征

回鹘文契约通常按照固定的格式书写,Mi17号文书由专业书契人书写,整体上算作回鹘文契约中具有代表性的一例。从内容来看,这份文书由立契时间、交易内容、当事人权利义务以及当事人与证人花押等组成。

(一)时间格式

契约签署日期是回鹘文契约内容的第一项。这不仅与出土的汉文契约一致,而且与出土的粟特文、吐蕃文、佉卢文契约文书一致。② 回鹘文

---

① 根据统计,张传玺先生汇编的《中国历代契约汇编考释》所收录的宋朝以后的上千件民间契约文书中只有75件(元代10件、明代42件、清代20件、民国3件,占总契约文书数量的7.5%)契约为合同形式的契约;田涛先生主编的《田藏契约文书粹编》共收录明清两代近千件契约,其中能确认为合同形式契约的只有24件(占总数的3.9%)。

② 刘戈:《回鹘文买卖契约译注》,中华书局,2006,第160页。

契约文书通常第一句就是日期。契约时间的记载通常采用十二生肖纪年法。

契约上，年代只记载十二生肖，kusku 或 sachqan（鼠）、du（牛）、bars（虎）、tawishhan（兔）、luv 或 lv（龙）、yilan（蛇）、yont（马）、qoy（羊）、bichin（猴）、taqihu（鸡）、it（狗）、lahzin 或 tonguz（猪）。① 大部分文书无法确认确切的年代。一些宗教文献使用干支纪年法。这种方法由十天干、十二地支依次循环搭配，组成"六十花甲"。十二地支又与十二生肖相联系，构成壬虎年、土牛年等年份。② 这种纪念法可以推算出具体的年份，但回鹘文契约只记载了生肖，因此难以确定契约签署的确切时间。

（二）内容格式以及套语

回鹘文契约内容通常包括当事人姓名、交易原因、交易内容、担保条款、责任条款以及当事人和证人的签署等。回鹘文契约通常以第一人称书写。Mi17 号文书内容言简意赅，对当事人权利义务的表达也清晰易懂。这件文书虽然由专业书契人起草，但依然以第一人称书写。该文书中出现了契约中常见的套语。

其一，"如我们内外发生什么"。这种套语与敦煌、吐鲁番契约中的"如身东西"极为相似。有学者将回鹘文借贷契约中出现的"如我发生什么，由家人（保证人）如数归还"的规定与敦煌、吐鲁番出土的汉文契约中的"如身东西，有妻儿及保人代偿"的约定进行比较，认为在回鹘文契约中债务人只要逃避或无力偿还，保人就承担代偿责任；而在敦煌、吐鲁番汉文契约中债务人过世保人才会承担责任。③ 也有学者指出"身东西"是委婉表示死亡的隐语，可见债务人的死亡不会使债务终结，父亲的债务由子女继承，"父债子还"成为民事关系中被普遍接受的惯例。④

---

① 耿世民：《回鹘文社会经济文书研究》，中央民族大学出版社，2006，第 36 页。
② 〔德〕茨默：《佛教与回鹘社会》，桂林、杨富学译，民族出版社，2007，第 86 页。
③ 杨富学：《吐鲁番出土回鹘文借贷文书概述》，《敦煌研究》1990 年第 1 期，第 77~85 页。
④ 陈永胜：《敦煌吐鲁番法制文书研究》，甘肃人民出版社，2000，第 68 页。

其二，bitidim（第 24、25 行）。山田信夫《回鹘文契约文书集成》中收录的 100 余件契约文书中有 10 余件文书①由立契人亲自书写，其余大多数文书由专业书契人书写。专业书契人起草的契约末尾都会说明书契人按照立契人的"口述"书写文书，这种表述是回鹘文契约中常见的套语。有的文书中写明书契人让当事人"口述三次"（例如 sa16 Ot. Ry. 543 卷子本 RDT）。② 敦煌文书中也曾出现过类似的情况，但并不总是让立契人口述，而是大声宣读契约内容。③ 这种口述对契约可能有重要的作用。

首先，这可能是最古老的契约签署程序之一，这种固定的程序很可能就是古代契约成立的必要条件。"口述三次"使契约订立过程成为一种仪式。重视契约形式是古代社会各民族、各地区民法的共同特点。罗马法中的"曼兮帕蓄"，要求必须经过固定程序，有 5 个证人、1 个司秤（libripens），举行一定的仪式。④

其次，口述数次可以避免误会，有利于准确表达当事人真实意思。在书写契约时当事人往往都直截了当地进入主题，言简意赅地表述契约核心内容，明确当事人权利义务。可以推测，在书写之前当事人双方有口头协议。书写契约是再次确认双方权利义务关系。

最后，书契人的大量出现使契约格式得以发展并固定下来。虽然大部分契约文书是由书契人撰写，但这并不能说明这些文书的立契人就不能亲自写文书。此外，回鹘地方官府很可能对契约有直接或间接的干涉。即使有识字的立契人，也不一定能像专业书契人一样撰写遵循一定格式的契约文书。

（三）花押

Mi17 号文书中从第 17 行到第 23 行共出现 7 次"这是我的花押"表

---

① Sa10、Sa11、Sa25、RH03、RH04、RH14、Lo12、Lo13、Lo14、Lo18、Lo28 等文书中立契人亲自书写文书。
② 山田信夫『ウイグル文契約文書集成』、大阪大学出版会、1993、36 頁。
③ 〔美〕韩森：《传统中国日常生活中的协商：中古契约研究》，鲁西奇译，江苏人民出版社，2009，第 25 页。
④ 周枏：《罗马法原论》，商务印书馆，2014，第 314 页。

述，有相关契约参与者的花押。这种表述是回鹘文契约中较为固定的套语。除了少数残缺不全的文书之外，大多数回鹘文契约文书上有印章或花押，通常写明"这印章是我（们）X 的"（bu tamγa mining）或"这花押是我（们）X 的"（bu nišan bizning）。

国内外回鹘学者对回鹘文契约中的印章与花押已有研究。穆勒（F. W. K. Müller）认为 tamγa 相当于中文中的"印"，nišan 则相当于中文中的"花押"。① 山田信夫将回鹘文契约文书分为两大类，即"塔姆嘎（tamǧa，即印章）文书"以及"倪像（nišan，即花押）文书"。两者的区别在于，一是取信手段不同；二是前者通常全文连贯，在文书中同一款印章盖印多次，而"倪像文书"中大概有 1/3 的内容属于新格式。山田信夫认为新格式的"倪像文书"与一般"倪像文书"的区别在于，使用新格式的文书中证人也盖花押，而且证人花押处记载"这花押是我证人 X 的"。山田信夫进一步指出，新格式受到汉文契约花押方式的影响，可能产生于回鹘文契约取信方式从"塔姆嘎"向"倪像"转变的过渡期。② 山田信夫的这种观点与拉德洛夫的观点契合，后者认为"倪像文书"出现于相对晚期阶段。③

四　取信方式

回鹘文契约以印章、花押为取信方式。在山田信夫《回鹘文契约文书集成》一书中收录的 100 余件文书多以印章或花押为取信方式。回鹘文契约的取信方式与敦煌、吐鲁番汉文契约的取信方式存在较大差别，后者使用具有鲜明个性特征的签字、画指等。印章在中国有深远历史，其功能经历了从示信到艺术观赏的转变。④ 但印章在汉文契约中十分罕

---

① 参见 Francis Woodman Cleaves, "An Early Mongolian Loan Contract from Qara Qoto", *Harvard Journal of Asiatic Studies*, Vol. 18, No. 1/2, 1955, pp. 1 – 49。
② 山田信夫「タムがとニシャン」、日本オリエント学会編『オリエント学インド学論集：足利惇氏博士喜寿記念』、国書刊行会、1978、345 – 357 頁。
③ 山田信夫「タムがとニシャン」、日本オリエント学会編『オリエント学インド学論集：足利惇氏博士喜寿記念』、国書刊行会、1978、345 – 357 頁。
④ 熊沛军：《印章：从示信到艺术》，《电影评介》2010 年第 1 期。

见，目前可考的文献中只有一份契约文书记录了当事人使用印章。《唐大中五年僧光镜赊买钏契》记载："恐后无凭，答项印为验。"① 在名字下面有一处直径为 15 厘米的印迹，中心图案似乎是一朵花的素描，无疑是买主及见人的私章。②

回鹘文契约中取信方式有以下五个特点。其一，回鹘文契约中出现的印章、花押大多数是简单的几何图形，而非人名。印章上刻画各种形状的图案，包括齿轮形、圆形、椭圆、多边形等。花押也是手画几何图形。

其二，会写字的立契人亲自起草的契约文书通常也使用印章或花押，而非签署个人名字。例如，RH14 号文书中，落款的花押是五角星。也有部分契约文书中出现了比较复杂的花押，比如本文讨论的 Mi17 号文书中两位证人所画的花押就较为华丽。山田信夫、拉德洛夫均认为花押文书相对于印章文书属于相对晚期阶段。宋元时期花押盛行，主要是因为花押相对于画指更难模仿或伪造。随着社会经济发展、文化交流加深，回鹘文契约中也逐渐出现较为复杂、难以模仿的花押。

其三，在起源上，回鹘文契约中的 tamǧa、nišan 在氏族社会时期是氏族、部落所公有的象征性符号，通常作为财产标志。《突厥语大词典》上记载："他们有二十二个氏族，各有自己独特的标志和烙在牲畜身上的印记，他们凭这些印记识别各自的牲畜……由于人们想要知道这个部落的各氏族，所以我将它们逐一列出来了。这些印记是它们的牲畜的标志，彼此的牲畜如有混杂，即按印记予以识别。"③ 《突厥语大词典》中记录了这 22 个氏族中 21 个氏族的 tamǧa。

nišan 在现代维吾尔语中有"信物、标记、目标"之意。在词源上 nišan 来自波斯语，蒙元时期通过回鹘进入蒙古语。拉施特《史集》中记载："合赞汗根据他的判断，首先确定了铸币的样式，并在其上设置了一个标记（nīshān），这样就没有人能够成功地模仿它，并下令在他的统治

---

① 张传玺主编《中国历代契约会编考释》，北京大学出版社，1995，第 220 页。
② 陈永胜：《敦煌买卖契约法律制度探析》，《敦煌研究》2000 年第 4 期。
③ 麻赫默德·喀什噶里编《突厥语大词典》第 1 卷，民族出版社，2002，第 62~64 页。

区内，金银都应该按照这种模式铸造。"① 这层意义上 tamǧa 与 nišan 都有"标志、符号"的含义。

此外，冯·加班认为 nišan 是财产标志。有法律效力的文件由契约双方和证人签字，通常附有"财产标志"（nišan）或盖上"印章"（tamǧa），财产标志的简单线条用芦苇笔画出。② 实际上 tamǧa 或 nišan 在表示"符号，标志"时都可以成为"财产标志"。

其四，在少数几件契约文书中出现 tamǧa 与 nišan 混用的情况。文书上记载"这 nišan 是我的"，但实际使用了 tamǧa。例如，Sa10（TM224，D168 U 5238 USp 13 SBPK）③ 中记载"这 nišan 是我 Sada 的"，但原件上同一款 tamǧa 重复使用了 5 次。根据山田信夫统计，这种文书总共 7 件。④

相对而言，契约文书上写着使用 tamǧa，实际上使用 nišan 的情况比较罕见。Lo10（3Kr. 33b USp 113 SPF）⑤ 中记载"这 tamǧa 是我们二人的"，但有两处（分别在第 2、3 行之间与第 7、8 行之间）出现了由 3 个圆圈组成的符号，虽然是同一种图形，但两者在字迹上存在明显差异。这份文书上记载了使用 tamǧa 的情况，但实际使用 nišan。

部分契约中出现了"nišan-tamǧa"。Sa09、Sa25、Sa27、Sa29、AD03⑥ 五件文书上写着"这 nišan-tamǧa 是我的"。除 AD03 无法确认之外，Sa25、Sa27、Sa29 三件文书实际使用的都是 tamǧa。Sa09 比较特殊，这份文书是以十户为名义发生的买卖契约，实际参与契约者可能只有 5 人。该文书上记载："这 nišan-tamǧa 是我们以弥斯尔为首的库尔·卡牙、弥斯尔、尹

---

① Rashiduddin Fazlullah, *Jami'u't-tawarikh*: *Compendium of Chronicles*, trans. by W. M. Thackston, Harvard University Press, 1999. 另可参见 Henry H. Howorth, *History of the Mongols*: *From the 9th to the 19th Century*, Cosimo Classics, 2008, p. 525。
② 〔德〕冯·佳班：《高昌回鹘王国的社会生活》，邹如山译，吐鲁番市地方志编辑室出版，1989，第 127 页。
③ 山田信夫『ウイグル文契約文書集成』、大阪大学出版会、1993、21 頁。
④ 山田信夫「タムがとニシャン」、日本オリエント学会編『オリエント学インド学論集：足利惇氏博士喜寿記念』、国書刊行会、1978、345－357 頁。
⑤ 山田信夫『ウイグル文契約文書集成』、大阪大学出版会、1993、82 頁。
⑥ 山田信夫『ウイグル文契約文書集成』、大阪大学出版会、1993、20、53、57、61、120 頁。

奇·卡牙等组成的十户的。"原件上有一个 tamğa（可能是十户长的）印迹，其余 4 人均使用花押。这份文书上记载"nišan-tamğa"，实际上 tamğa 与 nišan 都出现了。

其五，tamğa 或 nišan 共用。回鹘文契约中 tamğa 与 nišan 的共用可分为两种情形。一是一个 tamğa 或 nišan 由几个立契人共同使用。出土的回鹘文契约文书中，有相当数量由数名立契人共同发起。共同发起契约的几位立契人往往使用同一个 tamğa 或 nišan，而不是每个立契人都用各自的 tamğa 或 nišan，如 Ad02（SJ O/55 O.8 Inv. 1952g. 4135 SPF）[①] 与 Sa28（TM206，D187，Mainz693，USp 16，SBPK）[②] 文书。二是同一个家族不同成员使用同一个 tamğa 或 nišan。Mi17 号文书保证人相对独立，但文末所画 nišan 与立契人一样。这件文书中共有 7 个花押，其中前两个花押（分别在第 17、18 行）为两位共同立契人所画，第 3、4 个花押（分别在第 19、20 行）为立契人的保证人所画，第 5、7 个花押（分别在第 21、23 行）是证人所画。第 22 行写明"这 nišan 是我 Arugh 的"。这里的 Arugh 与一位立契人同名，但回鹘文契约中一般先列立契人名字再列证人名字，按照这种习惯可以排除他们为同一人。此外，第 18 行与第 22 行所画花押不同，而回鹘文契约中同一位契约参与者用两种不同花押的情况未曾出现。这份文书中，两位立契人的亲属（分别为弟弟和儿子）作为保证人，两人以自己的名义使用 nišan。原件上有 6 个（其中两个是证人所画）nišan 清晰可见。这份文书上，从字迹来看，两位立契人与两位保证人都各自画了 nišan，但立契人 Inch Buqa 与其保证人 Asan 所画图形一样，立契人 Arugh 与其保证人 Qara Tughma 所画图形也一样。

五　保证人

Mi17 号文书最特别之处在于出现了"代保人"（taypaošǐn）这个直接

[①] 山田信夫『ウイグル文契約文書集成』、大阪大学出版会、1993、118 頁。
[②] 山田信夫『ウイグル文契約文書集成』、大阪大学出版会、1993、59 頁。

音译自汉文契约的术语。这至少可以说明两个问题：第一，回鹘文契约受到汉文契约文书的影响，这是一种文化融合的成果；第二，从侧面证明回鹘契约制度的进步，在此之前借贷契约中虽然有担保条款，但没有出现"代保人"这一契约术语。另外，这件文书中"代保人"使用音译说明回鹘文契约中没有与之对应的词语。

大多数回鹘文借贷文书有担保条款，但立契人（债务人）通常直接指定家属为保证人，并为这些家属设立权利义务，这些家属也并非以自己的独立意志参与契约。这件文书的独特性在于可以观察到回鹘文契约中保证人契约地位的重大突破，乃至回鹘契约制度的发展。

整理回鹘文契约中的保证条款，可以将回鹘文契约中保证人在契约中地位的发展分为三个阶段。

第一，家长直接指定妻儿为保证人（子女的权利义务完全由家长规定）。大部分借贷契约中立契人直接指定自己的家属为保证人。在立契人过世或不能偿还债务时由保人来偿还。这类契约中只有立契人一个人签字画押，保人并不直接参与契约签署，保人的契约义务完全由立契人决定。例如，Lo13号借贷文书中，借取方直接以弟弟为保人签署契约，契约上只有他一人的画押。

类似情况在敦煌汉文契约中很少出现。敦煌、吐鲁番汉文契约中，家属作为保证人通常也会在契约文书上签字画押或画指。例如，《唐大历十七年（782年）于阗霍昕悦便粟契》中，当事人约定"如违限（不还），一任僧（虔英）牵掣霍昕悦家资牛畜，将充粟直。有剩不追。恐人无信，故立此契。两共对面平章，书指为记"。[①] 这份契约中并没有说"妻儿代还"，但在文书末尾出现了"同便人妻马三娘年卅五""同取人女霍大娘年十五"的字样，这份契约应该由这两人作为保人在文书上画指。

第二，家长直接指定子女为共同立契人（这里的子女有可能参与契约的签署，尽管其并没有独立的立契人资格）。这类契约也比较常见，但数量比上一类少。在借贷契约中，当事人通常指定自己的家属为保证人，

---

① 张传玺主编《中国历代契约会编考释》，北京大学出版社，1995，第356页。

但该家属不能作为独立的保证人参与契约，而是与立契人使用同一个印章或花押。契约以立契人的口气书写，但末尾处往往写明"这印章或花押是我们的"，如 Lo10 号借贷文书，该文书中保证人似乎以共同立契人身份参与契约，但实际上他的作用是在立契人死后负责偿还债务。相对于前一种情况，这类契约可以说是一种进步。前一种借贷契约中，保证人甚至不参与契约，而这类契约中保证人与立契人使用同一个印章或花押来代替他们的共同意志。也就是说，虽然其权利义务仍然由立契人规定，但至少直接参与契约。

敦煌、吐鲁番出土的汉文契约中，大部分情况下立契人以自己的家属作为保证人，但通常也有独立的保人参与契约，并独立签字画押。即使是这种情况，大部分契约中家属也会签字画押或画指。

第三，家长立契，子女作为独立的保证人。目前只有一件文书记录了这种情况，也就是本文所讨论的 Mi17 号文书。这件文书中，两位立契人的家属（分别为儿子与弟弟）似乎以自己的独立意志参与了契约，因为这两位保证人在文书上画了各自的花押，尽管他们的花押与他们提供担保的立契人所画的花押完全一样，但至少可以说明保证人在契约中的地位有了显著的提升，这无疑是一种进步。

结　语

通过对 Mi17 号文书的分析，可以看出回鹘契约文化与汉文契约是一脉相承的。首先，该文书中出现了 taypaošïn（代保人）、taysang（太仓）等音译术语，反映出汉文契约对回鹘文契约的直接影响。其次，契约的书写格式和契约套语（如"如我发生什么"）与汉文契约相似。最后，契约中的复杂花押也与宋元时代盛行的花押风格有关。Mi17 号文书也反映了回鹘契约仍残留游牧时代氏族、部落社会的一些风俗习惯。例如，tamǧa、nišan 在远古时代为氏族、部落所公有，逐渐演变为家族信物乃至私人信物。回鹘文契约中来自一个家族的不同主体在契约中所画符号一模一样，由此笔者大胆推测，当事人所画符号乃家族的象征性符号，而非纯粹的私人信物。

回鹘文残卷所见摩尼教对蒙古民间故事的影响[*]

乃日斯克　杨富学[**]

内容提要：吐鲁番出土编号为 80T. B. I：524 的回鹘文文书残卷是回鹘摩尼教的珍贵文献之一，其中记录的"群魔争宝"故事文本属于在全世界广泛流传的 AT518 故事类型 D832 核心母题。蒙古文、藏文《尸语故事》和一些蒙古族、藏族民间故事中亦出现这一故事母题，蒙古文故事异文还出现了"光明神树"形象。回鹘文残卷中的帽子、棍子和鞡鞋三件宝物明显和蒙古文《三件宝物》故事中的草帽、棍子和鞋存在对应关系。分析母题结构、词义以及回鹘和蒙古之间文化交流历史，可知这些蒙古民间故事和回鹘摩尼教故事异文间可能具有一定的传承关系。

关键词：回鹘摩尼教　民间文学　蒙古文化　藏族文学

---

[*] 本文为国家社会科学基金重大项目"敦煌中外关系史料的整理与研究"（编号：19ZDA198）阶段性成果。

[**] 乃日斯克，国家一级播音员，中央广播电视总台央广民族节目中心蒙古语节目部记者、播音员，中央民族大学中国少数民族语言文学专业博士，研究方向为蒙古比较文学、古代回鹘文；杨富学，敦煌研究院人文研究部研究员，兰州大学敦煌学研究所教授、博士生导师，主要从事西北民族史、敦煌学、中外关系史研究。

回鹘文残卷所见摩尼教对蒙古民间故事的影响

1980~1981年，吐鲁番地区文物管理所工作人员在清理柏孜克里克千佛洞时出土了几件回鹘文文书，共5页10面，每面有20行文字。目前文书保存在吐鲁番地区文物管理所，编号为80T.B.I：524。[①] 文书前两页的内容为胡尔摩斯陀（Xormusta）与摩尼佛较量的故事，后三页内容为摩尼教三王子的故事。这里的胡尔摩斯陀应即蒙古萨满教中"忽尔模斯达天可汗"的原型。[②] 从残卷的回鹘文字体判断，这些文书应为9~10世纪之物。[③] 其中，后三页中第1行到第36行的内容是王子用智慧与恶魔争抢3件宝物的故事。在汤普森《民间故事类型索引》中，这一故事被定名为"群魔争宝，主人公智取宝物"故事母题，编号为AT518，其中D832显示了"群魔争宝，主人公智取宝物"的核心母题，而能让人隐身的帽子母题为D1361.14，拥有神奇速度的鞋子（靴子）母题为D1521.1。[④] 丁乃通所著《中国民间故事类型索引》遵循其规则，同编为AT518。[⑤] 金荣华曾对世界各地流行的AT518型故事做过初步的比较研究。[⑥] 唯上述诸文献皆未提及古代回鹘文、蒙古文故事异文及彼此之间的关系。本文列出了与此故事相关的几则故事异文，并探讨古代回鹘文故事与蒙古文故事之间的关系，为回鹘、蒙古、吐蕃诸民族之间乃至中国与印度、波斯之间的民间文学交流、交往、交融历史提供一个例证。

[①] 吐鲁番地区文物管理所：《柏孜克里克千佛洞遗址清理简记》，《文物》1985年第8期，第56页。

[②] René Giraud, *L'Empire des Turcs Celestes, Les Règnes d'Elterich, Qapghan et Bilgä（680–734）, Contribution à l'histoire des Turcs d'Asie Centrale*, Paris：Librairie d'Amérique et d'Orient, 1960, p.89；〔法〕勒内·吉罗：《东突厥汗国碑铭考释》，耿昇译，新疆社会科学院历史研究所编印，1984，第62页。

[③] Geng Shimin, H. J. Klimkeit, J. P. Laut, "Eine Geschichte der drei Prinzen：Weitere Neue Manichäeisch-türkische Fragment aus Turfan", *Zeitschrift der Deutschen Morgenlandischen Gesellschaft*, Bd.139, Heft 2, 1989, p.330；耿世民：《回鹘文摩尼教三王子故事残卷》，载耿世民《维吾尔古代文献研究》，中央民族大学出版社，2006，第462页。

[④] A. Aarne, S. Thompson, *The Types of the Folktale：A Classification and Bibliography, Second Revision*, Helsinki：Academia Scientiarum Fennica, 1961, pp.186–187；S. Thompson, *Motif-index of Folk-literature：A Classification of Narrative Elements in Folktales, Ballads, Myths, Fables, Mediaeval Romances, Exempla, Fabliaux, Jest-books and Local Legends, Revised and Enlarged*, Bloomington：Indiana University Press, 1958, p.589.

[⑤] 丁乃通：《中国民间故事类型索引》，中国民间文艺出版社，1986，第176~177页。

[⑥] 金荣华：《一个民间故事的全球传播与变异——佛经〈毗奈耶杂事〉中AT566及其相关类型试探》，《湖北民族学院学报》（哲学社会科学版）2008年第4期，第50~55页。

一　回鹘文三王子故事中的"群魔争宝"母题

回鹘文残卷的后三页实际有 3 则故事，但只有"群魔争宝"故事较为完整，存写本残篇 1 页，正背面各有文字 18 行，共计 36 行，其他字句描写了王子与蛇群的故事和王子对狩猎的思考，兹不论。现据耿世民、克林凯特（H. J. Klimkeit）、劳特（J. P. Laut）先生的转写和译文，移录"群魔争宝"故事内容如下，转写一仍其旧，唯汉译文略有修改：

正面

1（1）（　kö）rtlä az（a）nt

2（2）（空行）

3（3）（bir）börk ärti..ikinti

4（4）（taya）q..üčünč sapxay..

5（5）（anta）ol yäklär manga inčä

6（6）（tidi）lär..siz bizingä kirtün

7（7）（　）"ngiz..körmätin yalγantur-

8（8）（matïn）bu üč ädig üläyü biring（.）

9（9）（ö）trü m（ä）n olarqa inčä

10（10）（tid）im：nä ärdämi bar bu -

11（11）（larnïn）g tip ayd（ï）m..olar

12（12）（inčä）tidi（:）bu börk ärdämi

13（13）（munt）aγ kim qanyu bašqa u（rsar）

14（14）（känt）üu k（ä）ntüni kiming näng

15（15）körmäz..sapxay ärdämi muntag

16（16）（är）ür（:）kim qanyu adaqïnga

17（17）（kädsär）köngül barmïšïngaru

18（18）（täggäli uyur）［?］..tayaq（ärdämi）
（muntag ärür kim..）

96

回鹘文残卷所见摩尼教对蒙古民间故事的影响

背面

19（1） qutlug b（a）γtad il（i）g

20（2）（空白）

21（3） üč bulungγaru atd（ï）m..il（gärü）

22（4） ymä ongdïn sïnga（r soldïn）

23（5） sïngar..ymä olarqa（inča）

24（6） ayd（ï）m..t（ä）rkin yügürüng（oq）

25（7） bärü alïp k（ä）lürüng..（kim）

26（8） t（ä）rkinräk k（ä）lsär ötrü（börk）

27（9） angar birgäy m（ä）n..ikint（i）

28（10） k（ä）ligligä tayaq birg（äy）

29（11） m（ä）n..üčünč k（ä）ligli（gä）

30（12） sapxay（ï）γ birgäy m（ä）n（..）

31（13）（o）lar oq alγalï anč（ata）

32（14） bardïlar..ötrü m（ä）n b（örk）

33（15） bašqa kädt（i）m tayaq älig（i）m（tä）

34（16） tutdum sapxay adaq（ï）m（qa）

35（17） kädt（i）m k（ä）ntü köngülumč（ä）

36（18） ....k（ä）ntu......①

译文如下：

（美丽的故事）……一个是帽子（börk），二是棍子（tayaq），三是靰鞡鞋（sapxay）。这时，这些恶魔（yäklär）对我说道："您把这三件东西公正地分给我们。"之后我（指大王子）对他们这样说道："它们都有什么魔力？"他们这样说道："帽子的魔力是谁把它戴在头

---

① Geng Shimin, H. J. Klimkeit, J. P. Laut, "Eine Geschichte der drei Prinzen: Weitere Neue Manichäeisch-türkische Fragment aus Turfan", *Zeitschrift der Deutschen Morgenländischen Gesellschaft*, Bd. 139, Heft 2, 1989, pp. 334 - 335；耿世民：《回鹘文摩尼教三王子故事残卷》，载耿世民《维吾尔古代文献研究》，中央民族大学出版社，2006，第467~468页。

上，就无人看到他。靯鞋的魔力是谁把它穿上，就能去想去的地方。棍子的魔力是这样……"我把箭射向三个方向，射向前方，射向右方，射向左方。我又对他们说道："你们快跑去把箭找来"，谁先找来我就把帽子给他，第二个找来的我给棍子，第三个找来的我给靯鞋。当他们去找箭时，我就带上帽子，手中拿着棍子，穿着靯鞋，去了自己想去的地方。①

残卷只保留了故事梗概，没有曲折的情节，也没有细致的描写。文句多处残缺，很多内容只能根据上下文猜测，但故事的主要母题、三种宝贝、主人公获得宝物的手段等内容保留下来，为后续研究提供了基础和线索。

二 "群魔争宝"故事在世界各地的流传和演化

从目前收集的文本看，最早的汉文故事文本是5世纪佛典《百喻经》所收《毗舍阇鬼喻》的故事。《百喻经》全称《百句譬喻经》，乃古天竺高僧伽斯那所撰佛教寓言故事集，收录了各种故事98则，由南朝萧齐天竺三藏法师求那毗地汉译。《毗舍阇鬼喻》内容简洁，全文如下：

> 昔有二毗舍阇鬼，共有一箧、一杖、一屐。二鬼共诤，各各欲得。二鬼纷纭，竟日不能使平。时有一人来见之，已而问之言："此箧、杖、屐有何奇异？汝共诤，瞋忿乃尔？"二鬼答言："我此箧者，能出一切衣服、饮食、床褥、卧具资生之物，尽从中出。执此杖者，怨敌归服，无敢与诤。着此屐者，能令人飞行无罣碍。"此人闻已，即语鬼言："汝等小远，我当为尔平等分之。"鬼闻其语，寻即远避。此人即时抱箧捉杖蹑屐而飞。二鬼愕然，竟无所得。人语鬼言："尔

---

① Geng Shimin, H. J. Klimkeit, J. P. Laut, "Eine Geschichte der drei Prinzen: Weitere Neue Manichäeisch-türkische Fragment aus Turfan", *Zeitschrift der Deutschen Morgenlandischen Gesellschaft*, Bd. 139, Heft 2, 1989, pp. 338–339；耿世民：《回鹘文摩尼教三王子故事残卷》，载耿世民《维吾尔古代文献研究》，中央民族大学出版社，2006，第467~468页。

回鹘文残卷所见摩尼教对蒙古民间故事的影响

等所诤,我已得去。今使尔等更无所诤。"①

该故事于5世纪已传入中国,可见在5世纪之前该故事已在印度流行。从故事内容来看,回鹘文文书故事中可以让人隐身的帽子在印度故事中是予取予求的魔法箱子(箧),但故事结构和构思没有改变。在这则故事末尾还有一段佛的偈颂,将箧、杖、屦分别喻为离苦得道的三波罗蜜,即布施、持戒和禅定。

这一故事也在中东地区流传。例如,王一丹主编的《伊朗民间故事》收录的一则题为《吉祥鸟》的伊朗民间故事中,除了D832"群魔争宝"母题之外,还出现了宝物被盗、听懂人类语言的鸟儿、神树、兄弟俩分别成为国王和大臣等母题。其故事梗概如下:

> 樵夫获得可以下金蛋的吉祥鸟,珠宝商人知道吉祥鸟的魔力,串通樵夫的老婆试图吃掉吉祥鸟的头和心肺,以获得魔力。樵夫的两个儿子赛德和赛义德分别吃掉了吉祥鸟的头和心肺,而后因为害怕被剖腹而逃亡。路上,兄弟俩听到树上两只鸽子谈话,它们说吃了鸟头的会成为国王,吃了鸟心肺的会获得一百块金币。之后兄弟俩分道扬镳。后来哥哥赛德来到一个王国,成为国王。弟弟赛义德来到达娜公主的宫殿,被公主灌醉,吉祥鸟的心肺被达娜公主盗取。赛义德离开宫殿,碰见争夺财产的三个年轻人。他们争夺的财产分别是能飞到任意地方的飞毯、能变出食品的皮囊和可以隐身的染眼剂。赛义德让三个年轻人赛跑,自己拿着三个宝物溜走。赛义德重新回到达娜公主宫殿,却再次被骗走三件宝物。赛义德倒在一棵树下,听到两个鸽子谈论这棵树拥有神奇功能,即树皮可以让人漂洋过海、树枝能让人变成驴子、树叶可以治疗失明和耳聋。赛义德拿到神树的宝物,再次去找达娜公主,将其变成驴子,将所有的宝物拿回来。赛义德用神奇的树叶治好失明的父亲,带着父亲来到成为

---

① 〔印〕尊者僧伽斯那:《百喻经》卷二,(萧齐)天竺三藏求那毗地译,《大正藏》第4册,No.209,页549a。

国王的哥哥赛德身边。①

埃伯哈德、伯拉塔夫的《土耳其民间故事类型索引》中一则题为《哭泣的石榴》的故事也有 D832 "群魔争宝"母题，宝物是帽子、地毯和鞭子。②

"群魔争宝"故事类型在欧洲广泛流传。《格林童话全集》中收录的《金山国王》故事即为包含"群魔争宝"故事母题的复合故事，梗概如下：

> 魔鬼向破产商人提出，可以让他重新获得财富，回报是 12 年后让商人将儿子交给魔鬼。通过讨价还价，父亲把孩子放到河上，任其漂流。孩子来到一个古堡，解救了被诅咒的公主，并与公主结婚，成为金山国王。金山国王使用王后赠予的魔戒回到家乡，但自己破坏了誓言，将王后也送到父亲面前，随后王后愤愤离开。金山国王调停了争夺遗产的三个巨人之间的争执，使用计谋获得了可以隐身的披风、可以斩人头颅的宝剑和可以到达任何地方的靴子。金山国王拿到这些宝物，回到自己的王国，杀死了背叛自己改嫁他人的王后和婚宴上的宾客，重新成为国王。③

故事中除了主人公从巨人那里骗得的三件宝物之外，还出现了王后赠予魔戒、主人公复仇等情节，是一则复合故事。

"群魔争宝"故事类型也在捷克、西班牙、芬兰等国家流传，只是宝物名称、故事细节有所变化。④

---

① 完整故事参见王一丹主编《伊朗民间故事》，辽宁少年儿童出版社，2001，第 68~78 页。
② W. Eberhard, P. N. Boratav, *Typen Türkischer Volksmärchen*, Vol. 5, Otto Harrassowitz Verlag, 1953, S. 112.
③ 完整故事参见 Jacob Grimm, Wilhelm Grimm, *Grimm's Household Tales: With the Author's Notes*, Vol. 2, G. Bell, 1884, pp. 28-34。
④ 忻俭忠等编译《世界民间故事选》，福建少年儿童出版社，1991，第 999~1005 页。

三 "群魔争宝"故事在蒙古族中的流传及其异同

蒙古文《尸语故事》中收录了"群魔争宝"故事。《尸语故事》是蒙古地区流传广泛的故事集,关于其编撰年代、编撰者尚无定论。蒙古文《尸语故事》大致可以分为二十一章本(又称"二十一回本")和二十六章本两个系统,其中二十六章本的故事集流传最为广泛。二十六章本蒙古文《尸语故事》收录的第二则故事《吐金王子的故事》(也作《王子被献祭给神蛙的故事》)由 AT518 型故事与多个故事母题复合而成,故事梗概如下:

> 王子与朋友一起杀死掌管雨水的黄蛙和青蛙。当他们吞下两只神蛙之后拥有了吐出金砂和绿宝石的神力。王子和他的朋友在一家旅店投宿,被店主灌醉,宝物被盗。后来王子和朋友在路上看到一群孩子在争抢一顶能隐身的帽子(malaγai)。这些孩子让王子来仲裁,谁应该获得宝物。王子指着远处的一块岩石说道:"谁先跑到远处的那块岩石处,谁便可以获得宝物。"孩子们向岩石飞奔而去,但等他们回头时发现王子和他的朋友早已戴上帽子溜走了。王子还以同样的手法获得了一双能够隐身的鞋子(saqay)。二人来到一个王国,分别当上了国王和大臣。大臣探知了王后和天神(tägri-in quu,或称"天之子")之间的奸情,设计将变成鸟儿的天神扔进火堆。大臣再次打探到当初陷害他们的卖酒母女,将她们变成驴子。①

从结构上看,蒙古文《吐金王子的故事》分别由 AT300 型故事、AT567 型故事、AT518 型故事、AT507A 型故事和"旅客变驴"等几个故事复合而成。故事中的 D832 "群魔争宝"母题在细节上与回鹘文故事有一定区别。蒙古文故事中只出现了帽子和鞋子,两个宝物具有相同的魔

---

① 完整故事参见 Д. Оюунчимэт, Шидэт хүүрийн үлгэр, Улаанбаатар: Соёмбо пресс хэвлэлийн газар, 2018, pp. 196–205。

力。回鹘文故事中还有一个有魔力的棍子，而且三件宝贝魔力各不相同；回鹘文故事残卷中，主人公一次性拿到三件宝贝，而蒙古文故事的主人公则用同样的手段分两次才拿到两件宝物。

从前期的研究来看，蒙古文二十六章本《尸语故事》的前13章内容与十三章本藏文《尸语故事》可以相对应，而后13章故事或许有其他来源，甚至可能不是纯粹的印度故事。① 二十一章本藏文《尸语故事》中收录的一则题为《逃出龙口获得王位》的故事与蒙古文故事基本对应，故事梗概如下：

> 贫民的儿子代替王子去湖边放水，杀死了掌管湖水的黑蛇和乌龟，并把黑蛇吞进了肚子，获得了吐出金子的神力。穷人的儿子和王子一同出游，王子被大臣抬走。穷孩子借宿，被母女设计陷害，具有神力的宝物被偷走。他在山沟里看到三个孩子为了分一个背袋、一双靴子和一顶帽子争吵。三个宝物各有用处，背袋里想要什么就能出现什么，穿上靴子想去哪里都可以到达，带上帽子谁也看不到。穷人的儿子让三个孩子赛跑，自己却拿着宝物逃了。后来，他找到可以把人变成驴子的魔力花朵，用这个魔力花朵将借宿家的女儿变成驴子，要回了自己的宝物。穷人的儿子找到已经成为国王的王子，继承了另一个王国的国土。②

《逃出龙口获得王位》故事可能来自蒙古文。蒙古文《尸语故事》是从藏文本翻译过来的，至少翻译过7次之多，最早可能在13世纪下半叶到14世纪初蒙古地区大量翻译佛经时与《五卷书》及其他佛经故事一同被译成蒙古文的。③《尸语故事》除在蒙藏民族口头流传外，还有多种版本。在藏族地区有10多种藏文版本流传，在蒙古地区有10种藏文手抄本

---

① 策·达木丁苏荣：《蒙古文学概要》（蒙古文），内蒙古人民出版社，1982，第1033～1059页。
② 完整故事参见班贡帕巴·鲁珠：《尸语故事》，李朝群译，西藏人民出版社，1983，第78～82页。
③ 陈岗龙、色音：《蒙藏〈尸语故事〉比较研究》，《民族文学研究》1994年第1期，第56页。

流传。另有27种蒙古文手抄本，其中2种是用回鹘式蒙古文写成的，6种是用托忒蒙古文写成的。① 不同版本的章节也差别很大，如二十章本藏文《说不完的故事：藏族民间故事》② 所收《喷金吐玉的蛤蟆和乌龟》故事和二十五章本藏文《尸语故事》所收《黄金和绿松石的源泉》故事均缺少 D832 "群魔争宝" 母题；③ 相比而言，二十一章本藏文《尸语故事》所收《逃出龙口获得王位》故事和十三章本藏文《尸语故事》所收《金嘴王子的故事》中出现了 D832 "群魔争宝" 母题。④ 特别值得注意的是，有些十三章本藏文《尸语故事》所收故事中出现了 "siddhi-kur"（魔尸）、"khan"（可汗）、"saran"（月亮）等蒙古文词语，当为藏语文本在流传过程又受到蒙古文化影响。

蒙古民间所传"群魔争宝"故事的结构更为多样化。内蒙古鄂尔多斯地区流传着一则题为《三件宝物》的故事。⑤ 有趣的是，这则故事中出现了光明树（蒙古文为 naratu γajar – in zandan modu）、黑暗降临世间、光明树救人、主人公获得木质神器、主人公栽种生命树等多种涉及神树崇拜的故事母题和情节，故事梗概如下：

> 很久以前，太阳消失，世界陷入一片黑暗，众生在黑暗中迷失。有一个男孩在黑暗中摸索，来到一棵大树下。这是一棵神树，男孩坐在树下时获得了通晓鸟类语言的本领。此时，有两只鸟落在枝头上说道："哎，你看这个可怜的孩子，迷路跑到这里了，再过几日，光明地界之檀香树和黑暗之檀香树的枝头会交织，到时会有一阵大

---

① 陈岗龙：《〈尸语故事〉研究概况》，《西北民族研究》1993年第1期，第205页。
② 王尧编译《说不完的故事：藏族民间故事》，青海民族出版社，1962，第29~33页。
③ Sandra Benson, *Tales of the Golden Corpse, Tibetan Folk Tales*, Massachusettes: Interlink Publishing Group, 2007, pp. 109–103.
④ E. M. Jewett, *Wonder Tales from Tibet*, Boston: Little, Brown and Company, 1922, pp. 112–132.
⑤ 该故事由喇嘛故事家朝格日布（1913~1992年）讲述。朝格日布7岁时在鄂托克旗鄂日合图寺出家，44岁还俗。出家期间他在寺庙中担任多个职务，博闻强记，从师傅海日布处听闻民间故事和经文，耳濡目染，牢记于心。该故事文本由鄂尔多斯市古籍文献编委会录制老人讲述的故事，并逐字记录，整理而成。另有一个故事异文，内容与前者基本相同。朝格日布生平事迹参见《故事家朝格日布及他所讲述的故事研究》，硕士学位论文，中央民族大学，2018。

风。这孩子只要牢牢抱住那棵光明树（naratu modu），便能飞到一片光明地界。"果如鸟儿所言，不久狂风骤起，男孩紧紧抓住了光明树的一个枝头，随后便被甩到一片光明之地（naratu yirtinçu）。①

"光明地界之檀香树"蒙古文原文作"naratu γajar-in zandan modu"，直译应为"有阳光地方的檀香树"；而"黑暗之檀香树"，蒙古文原文"nar ügüi γajar-in zandan modu"，直译应为"没有阳光地方的檀香树"。前者表示光明之地，后者代表黑暗之地，使人不由想起摩尼教教义中的"明界"与"暗界"。在这个故事中，光明神树解救主人公，将其带入光明之地。神树的形象暗喻了将人类从黑暗中拯救出来的救世主形象。

以树为故事重要角色又见于题为《七个魔鬼》（doluγan çidqür）②的蒙古民间故事之中。这则故事中除D832"群魔争宝"母题之外，还出现了"兄弟二人栽种生命树，占卜命运，活树预示生命延续，死树预示生命终结"的情节母题。故事梗概如下：

> 兄弟俩在外谋生，在山岗上栽树来预示命运。弟弟使用计谋，从众魔鬼手中分别骗得可以随心所欲抵达目的地的拐杖（tayaq）、可以隐身的衣服（däbäl）和可以变出食物的碗（ayaga）。弟弟从沙丘下救出一对老夫妇，成为他们的养子，三人一起生活。弟弟完成国王建立玻璃城、用黄金铺路的要求，迎娶了国王的女儿。国王设计毒死女婿，但他带着妻子和父母逃出。在山岗上弟弟发现哥哥的树木已经枯萎，知道哥哥遇难。弟弟戳穿嫂子和天上扎木达科喇嘛（tängri-in jamdag lama）之间的奸情，将变成老鹰的喇嘛和嫂子扔进油锅，杀死了二人，带着哥哥回家。③

---

① 完整故事见白音其木格等整理《蒙古族故事家朝格日布故事集》，内蒙古人民出版社，2012，第208~216页。
② 回鹘文三王子故事中出现的yäk（复数yäklär），意为"小鬼"，即夜叉，又作药叉、夜乞叉，意译捷疾鬼，来自梵语yaksa。在佛教中，夜叉与罗刹同为伤害人畜的恶鬼。参见杨富学《印度宗教文化与回鹘民间文学》，民族出版社，2007，第186页。在蒙古文和回鹘文故事中，被奴弄的对象也常被称作yäk（魔鬼）。
③ 都吉雅、高娃整理《蒙古族民间童话故事》，民族出版社，1984，第66~71页。

诸如此类的生命树母题内容在众多宗教典籍、神话、史诗中都可见到，并出现于很多远古的壁画石刻中。无论是苏美尔文明的两河流域还是古埃及印度，生命树都有着永生、复活、治愈疾病的功能。从埃及《亡灵书》的无花果树，到波斯神话《班达希申》中的"戈卡尔德"之树，再到犹太人的《旧约·创世记》《创造之书》中的卡巴拉生命之树（倒生树）、分辨善恶树，这些古老的创世神话中，都会用一棵神秘的树来诠释宇宙、创世、生命、善恶、轮回的秘密。这些神秘之树的生长环境有一些共同点，即生长于某座神山，或生长在天堂，其周围有着滋养生命的泉水；蛇或其他爬行动物盘踞在树的根部，象征着从大地汲取的能量呈螺旋形上升，当然，巨蛇也是破坏力的代表；鸟儿则栖息在树冠的枝杈上，象征着天空中的信使或灵魂。通过生命之树，人性能够从其较为普通的层面上升到较高层面，得到神启，灵魂获得拯救，摆脱人世间的轮回。

四 伊朗、回鹘文、蒙古文民间故事母题组合比较

对比上述伊朗、回鹘文、藏文、蒙古文的民间故事，可以清晰看到其中的传承脉络（见表1）。由于文书残缺，回鹘文三王子故事只留存了D832"群魔争宝"母题，其他母题有没有出现不得而知，不排除回鹘文故事也可能如汉文《百喻经》中收录的《毗舍阇鬼喻》一样，只有简短的语句；含有D832"群魔争宝"母题的蒙古文民间故事中一般还会出现"光明树"、"神树"或"生命树"形象，具有更加原始和异域的文化特点，而蒙古文《尸语故事》中的"吐金王子"更多地借鉴融合了藏族故事部分母题。

表1 伊朗、回鹘文、蒙古文民间故事母题组合对比

文本 母题	伊朗故事 《吉祥鸟》	回鹘文 三王子 故事	蒙古文 《三件宝物》	二十六章 本蒙古文 《尸语故事》	二十一章 本藏文 《尸语故事》
下金蛋的鸟 （B103.2.1）	✓	—	✗	✗	✗

105

续表

文本 母题	伊朗故事《吉祥鸟》	回鹘文三王子故事	蒙古文《三件宝物》	二十六章本蒙古文《尸语故事》	二十一章本藏文《尸语故事》
吐金吐玉的动物（B103.4）	✗	—	✗	✓	✓
有魔力的动物器官（D1010）	✓	—	✗	✓	✓
栽种树木，预示未来命运	✗	—	✗	✗	✗
有魔力的宝物被盗（D861）	✓	—	✗	✓	✓
群魔争宝，主人公仲裁（D832）	✓	✓	✓	✓	✓
神奇的树（D950）	✓	—	✓	✗	✗
会说人类语言的鸟（B211.3）	✓	—	✓	✗	✗
将人变成驴（D132.1）	✓	—	✗	✓	✓
宝物被拿回（D880）	✓	—	✗	✓	✓
通奸者被惩罚（Q241）	✗	—	✓	✓	✗
兄弟二人成为国王和大臣	✓	—	✗	✓	✓

注："✓"表示故事中出现该母题，"✗"表示故事中未出现该母题，"—"表示未知。故事母题以母题内容和 AT 母题索引标号同时标注，若母题不在 AT 母题索引中，则简单表述母题。

从中可以看出，二十六章本蒙古文《尸语故事》和二十一章本藏文《尸语故事》最为接近，和伊朗故事《吉祥鸟》有同有异。回鹘文本由于仅有残片，内容缺略过甚，很多问题不能明了。这里仅就前文未叙述的蒙古文《三件宝物》略做探讨。

三件宝物是故事中的重要角色，也出现于回鹘文三王子故事残卷中，成为阐明蒙古文和回鹘文故事关系的重要纽带。

在上述蒙古文《三件宝物》民间故事中，主人公先后欺骗了三拨小孩，分别获得一顶可以隐身的草帽子（sumuzi）、一根可以在天地之间任意穿梭的棍子（šidam）和一双可以百毒不侵的鞋（šaqay）。另一则蒙古文故事《国王的儿子贡布和平民的儿子贡格尔》中，主人公获得的三件宝物分别是能变出财物和牛羊的宝杖、一顶可以隐身的黑色帽子和抵达任意目的地的宝鞋。① 这两则蒙古文民间故事中的宝物名称和回鹘文故事是一致的。从词源分析可知，回鹘文的"börk"（帽子）一词在蒙古文中表示"凉帽，草帽"，与上述蒙古文故事中出现的"sumuzi"一致，后者是汉语"草帽子"的音译；回鹘文的"sapxay"一词对应蒙古文的"šaaxay"，表示"布鞋，便鞋"，也是一个汉语借词。② 回鹘文的"tayaq"一词则具有更多的宗教文化内涵。"tayaq"一词的词根是"taya"，意为"支撑"，在古代突厥语中"tayaq"意为"拐杖"。③ 蒙古语中"tayaq"同样表示"拐杖"且具有重要的萨满教内涵。在一些蒙古地区的萨满教仪式中，"tayaq"是重要的仪式器物。俄罗斯的布里亚特人、呼伦贝尔的陈巴尔虎蒙古族萨满教仪式中，"tayaq"也被称为"sorbi"，它是翁衮神灵（ongγod）的坐骑，神灵会骑着"tayaq"来到人间，可以抵达自己想要去的任何地点。④ 这一点与蒙古文和回鹘文故事内容是相似的。另外，回鹘文故事中还有一些词语的含义也与蒙古文故事一致。例如，回鹘文故事中，王子寻问三个宝物的功能时使用了"ärdäm"一词；而蒙古文《尸语故事》中同样使用这个词语来表达"宝物的功能"。"ärdäm"最初由突厥语借入蒙古文，回鹘文又从蒙古文借入，最初的含义是"男人的素质，勇敢"等。⑤ 尤有进者，回鹘文故事中出现的三件东西，即帽子（börk）、棍子（tayaq）和鞡鞋（sapxay）明显和蒙古文《三件宝物》中的内容存在对应关系。总之，这两则蒙古文民间故事中出现的宝物名称、功能乃至宗教仪式内涵都与回鹘文故事吻合。

---

① 德·策伦索德诺姆：《蒙古民间故事选》，世界知识出版社，1987，第 148~155 页。
② 《新蒙汉词典》，商务印书馆，1998，第 231、1602 页。
③ G. Clauson, *An Etymological Dictionary of Pre-thirteenth Century Turkish*, London: Oxford University Press, 1972, p. 568.
④ 斯琴巴特尔：《蒙古族树木崇拜文化研究》，博士学位论文，中央民族大学，2011。
⑤ E. Myers Jewett, *Wonder Tales from Tibet*, Boston: Little, Brown and Company, 1922, p. 206.

五 蒙古文故事中的"光明树"形象分析

神树形象是内蒙古民间流传的 AT518 型故事的共同点。在原始人类的眼中，世间的花草树木都是具有灵魂的存在，所以像对待人类一样来对待树木。在大多数情况下，人们认为死者的灵魂会依附在树上，使树木具有生命，也随着树木而死亡。[1] 在上述《七个魔鬼》故事中，兄弟俩栽种树木来预示生命的盛衰就是这一思想在蒙古文民间故事中的叙事表现。除此之外，在蒙古文民间故事中，树木往往被当作母亲神，后来演变为一般的保护神。例如，蒙古族先人对不而罕合勒敦善表现出敬畏之心，每年祭山，而这一崇拜也是由古老的神树崇拜演化而来的。[2] 可见，这些树木崇拜思想来自远古流传下来的萨满教。

然而，在一些情况和机缘下，内蒙古民间的神树崇拜习俗也可能是吸收周边其他民族文化因素的产物，并通过民间文学呈现。古代回鹘人崇拜杉树和桦树，认为他们的祖先源自这些树木，具有相同的血缘关系。但是回鹘人"树生祖源神话"中的一些描述受到摩尼教的影响。波斯史家志费尼所著《世界征服者史》记载，在忽速黑树和脱思树中间冒出一个大丘，有条光线自天空降落其上，丘陵日益增大。每天晚上都有道光线照射在那座丘陵之上，后来丘陵裂开一扇门，其中有五间像营帐一样分开的内室，里面各坐着五个男孩。[3] 这一叙述即反映了摩尼教文化对回鹘的影响。[4]

笔者认为，回鹘摩尼教树木崇拜文化的一些因素有可能通过民间文学的传承渗透到蒙古民间文化中。例如，前述鄂尔多斯民间故事中的"光明地界之檀香树"、光明世界和黑暗世界的分野、会说人话的鸟儿、

---

[1] J. G. Frazer, *The Golden Bough: A Study in Magic and Religion*, Oxford University Press, 1922, p. 152；〔英〕弗雷泽：《金枝》，徐育新等译，新世界出版社，2006，第 118 页。
[2] 色·斯钦巴图：《阿尔泰语民族树木崇拜概略》，《新疆师范大学学报》（哲学社会科学版）1991 年第 1 期，第 21~26 页。
[3] 〔伊朗〕志费尼：《世界征服者史》（下），何高济译，商务印书馆，2004，第 58 页。
[4] 田卫疆：《试论古代回鹘人的"树木"崇拜》，《新疆大学学报》（哲学社会科学版）1994 年第 2 期，第 62~66 页。

神树将主人公甩到光明地界等故事场景描述很容易让人联想到柏孜克里克千佛洞第38号窟后壁上的摩尼教"生命树"壁画中表现的内容（见图1）。窟中的生命树象征着摩尼教所称的光明王国，树分为三枝，分别代表东、西和北三个方向。而前述回鹘文三王子故事第21～23行亦有指向三个方向的描述："üč bulungɣaru atd（ï）m..il（gärü）ymä ongdïn sïnga（r soldïn）sïngar"，意为："我把箭射向三个方向，射向前方，射向右方，射向左方。"壁画中三枝树代表东、西和北三个方向，唯独没有南方。因为在摩尼教观念中，东、西和北三个方向代表活，南方则代表死亡。以树为喻，光明宝树繁殖于东、西、北，黑暗死树则生于南方。① 回鹘文故事中箭射出去的三个方向为前、右、左。右和左对应东和西当无异议，这里的"前"，依照摩尼教理论应指北方，但回鹘文使用的是"ongdïn"，既有"前"的意思，也有"东方"的意思，与前文的推测有不合之处。但古代回鹘的方向概念经常有90度的错差。② 如何理解，尚俟来日。

图1　新疆吐鲁番柏孜克里克石窟第38号窟壁画摩尼教三枝树

资料来源：赵敏主编《中国新疆壁画全集：吐峪沟·柏孜克里克》，新疆美术摄影出版社，1995，第33页。

---

① 蔡鸿生：《唐宋时代摩尼教在滨海地域的变异》，《中山大学学报》（社会科学版）2004年第6期，第115页。
② 杨富学：《高昌回鹘王国的西部疆域问题》，《甘肃民族研究》1990年第3～4期，第69～78页。

摩尼教教义中阐述的树是概念化的树木，由"黑暗死树"和"光明活树"构成。① 在汉文和科普特文摩尼教文献中，"树木"具有多重形象和意义。敦煌出土《摩尼教残经》（编号 BD00256）第 149～185 行云：

> 于其园中，栽莳种种香花宝树……是时惠明使于其清净五重宝地，栽莳五种光明胜誉无上宝树……时惠明使，当用智惠快利钁斧，次第诛伐，以己五种无上清净光明宝树，于本性地而栽种之；于其宝树溉甘露水，生成仙果。先栽相树。其相树者……次栽清净妙宝心树……次栽念树……次栽思树……次栽意树……如是树者，名为活树。时惠明使以此甘树，于彼新城微妙宫殿宝座四面，及诸园观自性五地，于其地上而栽种之。②

S. 2659（Or. 8210）《下部赞》有赞夷数文，其一写道："敬礼称赞常荣树，众宝庄严妙无比"（第 7 行）。其二又曰："常荣宝树性命海，基址坚固金刚体"（第 73 行）。其三云："开甘露泉，栽活命树，救同乡众，收光明子，于柔软群，作当牧者"（第 375 行）。③

以上两部文献中的宝树、常荣树、常荣宝树和活命树体现的均是摩尼教对于"树"的礼赞。与之相反，如《摩尼教残经》中"五毒死树"和以此生出的"暗相树、暗心树者、暗念树、暗思树、暗意树"，《下部赞》中的"五毒树"、"稠林"等，都是摩尼教用来表现黑暗、邪恶的代名词。④

蒙古文"群魔争宝"故事中的光明树，当与摩尼教中的生命树信

---

① 杨富学：《回鹘摩尼教研究》，中国社会科学出版社，2016，第 279 页。
② 中国国家图书馆编《国家图书馆藏敦煌遗书》第 4 册，北京图书馆出版社，2005，第 361～362、365 页。录文载林悟殊《摩尼教及其东渐》，中华书局，1987，第 222～223、228 页；芮传明《东方摩尼教研究》，上海人民出版社，2009，第 371～372、376 页。
③ 中国社会科学院历史研究所等编《英藏敦煌文献（第 4 卷）：汉文佛经以外部分》，四川人民出版社，1991，第 143、148、156 页。录文见林悟殊《摩尼教及其东渐》，中华书局，1987，第 234、246、262 页；芮传明《东方摩尼教研究》，上海人民出版社，2009，第 385、400、417 页。
④ 彭晓静、杨富学：《摩尼教树信仰及其二元化哲学思想》，《敦煌研究》2021 年第 3 期，第 96 页。

仰不无关联。在摩尼教文献中，关于生命树的起源，并没详细的记载，但从其光明与黑暗、善与恶二元三际论的宗教本质来看，其宗教思想应根植于琐罗亚斯德教，其创世传说渊源应该离不开波斯神话体系。

提起生命树，不得不提起波斯神话《班达希申》中的"戈卡尔德"之树，也叫"白霍姆树"。《班达希申》又称《创世纪》，是古波斯重要的神学著作，阐述了世界的创造，动物、植物的由来和情状，善与恶，死与复活等，记载了众多古代伊朗神话。

《班达希申》第9章载，一切植物胚芽生于辽阔的海洋，并生了"戈卡尔德"之树，以防止衰老，世界的美好昌盛便源出于此。[①] 第18章论及"戈卡尔德"之树，启示晓谕："破天荒第一天，称为'戈卡尔德'之树，便生于瀛水深处的泥土，它为万物之再现所不可或缺，永生即来源于此。恶灵在此间，在那些作为对立者中造一蜥蜴，作为深水中的对立者，以危害霍姆。为除此蜥蜴，奥哈尔玛兹德造十称为'卡尔'的鱼，它们时刻围绕着霍姆，诸鱼之一其头始终朝着蜥蜴（以保护霍姆树）"。[②] 第27章讲白霍姆有医疗功效，生于阿尔德维苏拉之泉边，食之可以永生，也可以起死回生，万物再现之时，它同样被视为永生者。[③]《班达希申》的很多章节提到了生命之源戈卡尔德树，足以说明波斯神话的生命树，应起源于戈卡尔德之树，即霍姆（胡姆、豪麻）树。

对于古代伊朗的宇宙说及创世说，魏庆征先生认为："据一些典籍，宇宙之山（哈拉、胡凯里亚）坐落在宇宙中央。"[④] 被称作"德玛温德山"的圣山颇受伊朗人崇奉。环绕陆地的两条河，发源于宇宙之山。山脚下有一巨湖（海），名叫"沃鲁卡沙"，此间有一泉，称"阿尔德维苏拉"，泉边生长着宇宙之树"豪摩"。"豪摩"（也写作"胡姆"或"霍姆"）可医治百病，树上面有各种植物的种子，由"卡拉"鱼守卫，防止蟾蜍、蜥蜴及其他爬虫侵害。在这棵一切种子之树的宇宙树上，居住着鸟王"森穆尔弗"（森穆鲁）。鸟王森穆尔弗将种子从树上叼撒到阿尔德

---

① 魏庆征编《古代伊朗神话》，北岳文艺出版社，1999，第145页。
② 魏庆征编《古代伊朗神话》，北岳文艺出版社，1999，第160页。
③ 魏庆征编《古代伊朗神话》，北岳文艺出版社，1999，第174页。
④ 魏庆征编《古代伊朗神话》，北岳文艺出版社，1999，第324页。

维苏拉泉里,天狼星提什塔尔饮此泉水后,种子伴随着雨水降落到大地上,大地由是获得了生机。宇宙山之巅为神的居所"伽罗·恩玛纳",在晚期的摩尼教典籍中这里是神的王国,为"永恒无限的光明之域",即天堂,那里无忧无虑、逍遥自在。① 摩尼教主神蔡宛(祖尔万)的王国神话即根源于此,故而摩尼教生命树应亦源于此。

另外波斯历史文化离不开波斯王书《列王纪》,在列王纪中每一位伟大的帝王与英雄的出场,都会在前面冠以像翠柏一样的身形和成长,似乎用翠柏来象征着生命的长青与英雄气概。

摩尼出生于帕提亚时代的安息王室金萨健家族,自幼受到波斯文化的影响,主张绝对不能砍伐树木和植物,以免杀害树木和植物中的光明分子,这些在其创建的摩尼教中通过"借用改造"生命树与善恶树,以体现自己的宗教思想。

"死树"和"活树"分别象征了"光明"和"黑暗"二宗,埃及科普特文摩尼教文书《导师的克弗来亚》中写道:"他懂得,它们(善树和恶树)互不起源于对方,互不衍生自对方,它们并无共同的渊源!能够识别这二者的人将会上升明界。"② 神树是摩尼教的诸神明尊、耶稣和摩尼的形象。此外,树还象征"真知"以及思想品行。③ 前述鄂尔多斯民间故事中,主人公来到一棵树下,偷听到鸟儿的话之后便抓住"光明树"的枝叶,随后便被甩到光明地界。从这些描述可以看出些许摩尼教的影响。值得注意的是,伊朗和蒙古文故事中都有树上会说人类语言的鸟儿。

回鹘文字和文字所承载的文化对蒙古人影响深远,尤其是回鹘佛教对元代蒙古贵族产生了既深且巨的影响。④ 清雍正时期著名僧侣学者丹赞达格巴撰写的《蒙古文启蒙——诠释苍天如意珠》一书中提及,元代海

---

① 魏庆征编《古代伊朗神话》,北岳文艺出版社,1999,第 324 页。
② Iain Gardner, *The Kephalaia of the Teacher—The Edited Coptic Manichaean Texts in Translation with Commentary*, Ch. II, 17$^{1-9}$, Leiden: E. J. Brill, 1995, p. 26.
③ 芮传明:《摩尼教"树"符号在东方的演变》,《史林》2002 年第 3 期,第 1~15 页;芮传明:《东方摩尼教研究》,上海人民出版社,2009,第 198~199 页。
④ 杨富学:《畏兀儿与蒙古历史文化关系研究》,《兰州学刊》2006 年第 1 期,第 55~59 页。

山可汗之前（蒙古人）皆用回鹘文诵经。①

不仅是佛教文学领域，蒙古和回鹘之间的民间文学交流可以追溯到更早。例如，吐鲁番出土的编号为 U558（原编号 TID155）的《亚历山大的传说》（Sulqarnai-in tuuji）残卷中作者混合使用了回鹘文、蒙古文两种语言②，并且这一蒙古故事的母本极有可能是回鹘故事。③ 与《亚历山大的传说》残卷一样，本文探讨的回鹘文故事也只是残缺的内容，从其摩尼教背景来看，故事最初的来源地可能也是波斯地区。

结　语

新疆吐鲁番柏孜克里克千佛洞出土编号为 80T.B.I：524 回鹘文文书的后三页内容是摩尼教三王子故事，应为 9～10 世纪之物。后三页中第 1 行到第 36 行的内容反映的是王子用智慧与恶魔争抢 3 件宝物的故事，属于汤普森《民间故事类型索引》中 AT518 故事类型之 D832 核心母题，即"群魔争宝，主人公智取宝物"。"群魔争宝"出现于汉文本中最早可追溯至 5 世纪佛典《百喻经》所收《毗舍阇鬼喻》故事，说明这个故事早在 5 世纪之前就已流行于印度。

在中东地区流传的《吉祥鸟》也有以 D832"群魔争宝"为母题的故事，故事中还有听懂人类语言的鸟儿、神树等母题。这些在古代敦煌出土的摩尼教文献和柏孜克里克石窟的回鹘摩尼教壁画中都有所反映。藏族民间文学《尸语故事》中也有 D832"群魔争宝"母题故事出现，由其中出现的蒙古语词语"siddhi-kur"（魔尸）、"khan"（可汗）、"saran"（月亮）来看，藏文本当来自蒙古语文本，与历史文献所在蒙古文《尸语故事》曾被译成藏文一事可互证。

---

① 丹赞达格巴：《蒙古文启蒙——诠释苍天如意珠》，清雍正木刻版，叶 5a，内蒙古自治区图书馆藏。
② F. W. Cleaves, "An Early Mongolian Version of the Alexander Romance", *Harvard Journal of Asiatic Studies*, Vol. 22, 1959, pp. 1-99.
③ 那木吉拉：《蒙古族古典文学研究：以蒙古族及北方民族历史文化为背景》，中央民族大学出版社，2009，第 143 页。

通过比较可以发现，二十六章本蒙古文《尸语故事》和二十一章本藏文《尸语故事》最为接近，和伊朗故事《吉祥鸟》有同有异。回鹘文本由于残缺过多，内容缺略太多，很多问题不能明了，但其中提到的三件宝物恰可与蒙古文《三件宝物》相对照，从而为阐明蒙古文和回鹘文故事之间的关系问题提供了重要线索。蒙古文民间故事中出现的宝物名称、功能乃至宗教仪式内涵都与回鹘文故事相吻合，源流关系清楚可见。

蒙古文 D832"群魔争宝"母题故事中出现大量神树形象，而且有明暗之别，当与摩尼教中的生命树信仰有关。柏孜克里克石窟中三枝树分别代表东、西和北三个方向，这一内容与回鹘文三王子故事中把箭射向前、右、左三个方向是否对应有待更多探讨。回鹘文残卷中出现的三件东西，即帽子、棍子和靰鞡鞋与蒙古文《三件宝物》中可以隐身的草帽、在天地之间任意穿梭的棍子及一双百毒不侵的鞋存在明显的对应关系。

在漠北回鹘汗国时期，随着摩尼教一起传入蒙古地区的文化因素应不只是宗教仪式，民间故事以及伴随民间故事的原始信仰可能也是重要的"附着物"，并在随后的历史岁月中以不同的宗教面目出现在后世诸多民族的精神世界中。摩尼教是跨文化、跨民族、跨文化交流的典型，是早期东西方文明碰撞产生的文化宗教现象。回鹘作为北方游牧民族之一，在东西方文化交流和宗教传播中扮演着重要的历史角色。虽然目前尚未发现与本文探讨的蒙古民间故事结构完全对应的回鹘文故事文本，但蒙古民间故事中伴随 D832"群魔争宝"母题一同出现的光明树形象以及故事中的相同词语展现了二者之间的文化交流痕迹。

明代庄浪兵备道考

——《庄浪汇纪》读书札记

朱婷婷[*]

内容提要：明代万历年间成书的《庄浪汇纪》中对庄浪卫有详细介绍，特别是明代中央政府在甘肃境内设置庄浪兵备道的前因后果。庄浪兵备道的设立具有较长的历史渊源，最早见于正统初期，历经几十年调整变化，于隆庆元年（1567）经朝廷批准设立。兵备官多由行太仆寺少卿兼按察司佥事担任，与西北其他兵备道相比，庄浪兵备道除负责整饬兵备、修筑城堡、抵御寇贼、维持治安、管理马政和屯田等事务外，还要维护土民部落安定，体现了明朝政府在西北地区实行"土流参治"的策略。

关键词：庄浪　兵备道　行太仆寺　兵备事务

《庄浪汇纪》成书时间为明万历年间，明代官员王之采总督三边时，在调查庄浪卫属各城堡防守情况的基础上将该卫相关军书档案汇辑成册，后经李作舟编纂刻印而成。《庄浪汇纪》全书共八卷，收录有关中央对庄浪卫建制和军事布防的敕谕、庄浪卫与其他卫所等机构的往来行文、相

---

[*] 朱婷婷，西北民族大学档案馆副研究馆员，研究方向为历史文献学。

关规章制度以及庄浪城与其余所辖城堡的详细资料。该史料是研究明代西北经略的重要资料，但并未受到足够的重视。《庄浪汇纪》版本较少，目前仅在国家图书馆、首都图书馆和永登县档案馆存有刻本。《庄浪汇纪》卷一中有关明代中央政府在甘肃境内设置各"道"特别是兵备道及分守道的记录较为详细，笔者对比《明史》、《明会典》（万历本）以及《明实录》等史料的相关记载，结合现有相关研究，对庄浪兵备道官职特点、设置时间及其在甘肃镇①地方治理中所起作用进行考证。

一　庄浪兵备道设置缘由及特点

明代的道是中央政府在地方设置的监察机构，目的是防止省区与地方府州县联系不够紧密，导致武官专擅，从而影响中央统治，这是前代所没有的一项独特制度。一般认为明代的道分为管辖地方事务的分巡道、分守道和专管某一项具体事务的"专务道"。② 兵备道便是"专务道"的一种，全称为"整饬兵备道"。兵备道是明中后期基于边疆及各省要冲地区地方军事管理需要而设置的按察司分道，在管理司法军政、维护地方治安、管理屯田钱粮等方面发挥重要作用。兵备道与督抚制度关系密切，《大明会典》中有"督抚兵备"一词，记曰："国初，兵事专任武臣，后常以文臣监督。文臣，重者曰总督，次曰巡抚，总督旧称军门，而巡抚近皆赞理军务……"③ 在某种程度上，可认为兵备道是督抚制在地方上的延伸。

关于明代兵备制度的创立，史料中未见直接记载。《明史·兵部》对兵备道记载十分简单，对其设立时间也没有详细记载。究其原因，应是兵备道属于明代较不规范的"专务道"，不具有普遍性，设立的初衷也只是适应形势需要。④ 目前学界普遍认为兵备制度大致创建于洪熙年间，这

---

① "甘肃，为元代所行省，治在甘州，明初废，于其地置甘肃镇和陕西行都司……统甘肃兵备、西宁兵备、庄浪兵备3道。"参见吴浩军《〈陕西行都司志〉存佚考》，《中国历史地理论丛》2010年第2期，第93~98页。

② 参见王景泽《明清道制研究综述》，《哈尔滨师范大学社会科学学报》2011年第2期，第139~144页。

③ 《大明会典》卷128，《续修四库全书》第791册，上海古籍出版社，2002，第297页。

④ 参见何朝晖《明代道制考论》，《燕京学报》1999年第6期，第13页。

在《明史·职官志》和《明实录》中有间接记载①。后来随着文官参与和文官主持军务逐渐普及，兵备道在成化和弘治之后普遍设立，主要负责地方军务及治安，监督军队，管理兵马、钱粮及屯田等事务。尤其在明中后期，"兵备"一词在史料中出现频率十分高，内陆和沿海边疆相继增设兵备道，这也是出于政治和军事形势的需要。

西北地区特别是青海、甘肃一带，地处边疆，地理位置特殊，洪武初期冯胜军班师之后，明朝政府事实上没有实现对甘肃境内的绝对统辖②，河西走廊战事不断，明朝政府出于防备蒙元势力、修饬边防的需要，先后在陕西行都司属地的西宁卫、甘肃卫和庄浪卫设立了西宁兵备道、肃州兵备道和庄浪兵备道。《大明会典》和《皇明九边考》中对上述地方"兵备"之事均有记载，相较而言，《皇明九边考》对西宁兵备道和肃州兵备道的记载更为详细：

> 整饬西宁兵备副使一员，驻扎西宁地方不坐名……巡历地方，抚治番夷，整饬兵备，修理城池，剖理词讼，与革利弊及纠察不法不公事情，凡事俱与布按二司分巡分守并，守备官员计议停当而行，不许各分彼此，致有误事，仍听镇、巡官节制……

> 整饬肃州兵备副使一员，驻扎肃州地方不坐名……常在肃州居住，兼管永昌、山丹、甘州、高台、镇夷等九卫所，不时往来巡历地方，整饬兵备，抚治番夷，禁革奸弊。所属军职果有贪酷害军士者，听指实参奏；如遇番夷出没，行催分守等官相机截杀。重大边情听悉镇守巡抚官员节制，不许废职怠事，有负委用。③

---

① 《明史·职官志》记载："兵道之设，仿自洪熙间，以武臣疏于文墨，遣参政副使沈固、刘绍等往各总兵处整理文书，商榷机密，未尝身领军务也。"参见《明史》卷75，中华书局，1974，第1844页。《明仁宗实录》中也有类似记载，洪熙元年，由于大同总兵官郑亨催督手下士兵，差点导致军士误了农时，明仁宗遂派文职官员至郑亨处专理军机文书，随后又将此举措推广开来，参见《明仁宗实录》卷14，洪熙元年四月已酉条，第297~298页。

② 参见周松《军卫建置与明洪武朝的西北经略》，《中国边疆史地研究》2018年第6期，第67~80页。

③ （明）魏焕：《皇明九边考》卷9，台湾华文书局，1969，第358页。

关于设立庄浪兵备道一事，《大明会典》仅数笔带过，《皇明九边考》中甚至无任何相关记录。事实上，由于庄浪一带地理位置特殊，明初以鲁氏家族为代表的归附人口数量猛增，对内，地方管理难度较大，边外蒙古敌部时有滋扰，增设兵备事宜被不断提及。成书于万历二十四年的《皇朝马政记》对甘肃行太仆寺职责中涉及"庄浪兵备"的内容做了记载：

> 寺在行都司城，内卿一、少卿一、寺丞二、主簿一，职掌比较印烙行都事，所属甘州等十二卫，镇夷等三所，骑操马匹。甘州左、甘州右、甘州中、甘州前、甘州后、永昌、凉州、庄浪镇番山丹、西宁、肃州等卫，古浪镇夷庄浪等千户所。正统三年，革苑马寺马入此，本寺亦如陕西，例卿一，兼司道总理马政，驻扎甘州，又以庄浪兵备兼理庄西马政见存，主簿一。①

另据《明宪宗实录》记载，成化二十三年（1487），京营指挥使颜玉将庄浪一带兵备事务提上议程：

> 甘肃等处地方，延袤一千五百余里，其间虽有巡抚、巡按官岁惟一至将校无所忌惮，公肆贪残，请于肃州、庄浪各设宪臣一员，俾饬兵备而禁贪墨。②

以上两段有关庄浪兵备的史料记载，内容虽然不够详尽，但可以看出明朝前期庄浪一带从边防到地方治安就面临着重重危机。至明朝中期，《庄浪汇纪》中所载甘肃巡抚都御使石茂华的奏疏则更为详细地记述了设立庄浪兵备道的前因后果：

---

① （明）杨时乔：《皇朝马政记》卷12，正中书局，1981，第450页。
② 《明宪宗实录》卷289，成化二十三年辛卯条，"中研院"历史语言研究所校印本，1962，第4894~4895页。

> 为议处边务，以安重镇事：为照本镇地方随在皆番虏之冲，则随在皆防范之处，然就今论之，亦不能无先后缓急之殊焉。今所最当先而急者，庄浪一带是也。庄浪有土官指挥鲁东部下土达居住，盖系先年归附之众，安插于此当军者虽土兵七百余人，而其族类蕃衍，环内地而耕牧者，无虑千万矣……该卫属凉州分守道，去凉三百五十余里，先年曾属西宁兵备道……缘地方隔远，控制自是不便……近年大虏常住该卫边外……不时侵犯……夫甘肃者，全陕之屏蔽，而庄浪则甘肃之咽喉也。①

奏疏中明确指出，庄浪一带作为甘肃地区的咽喉之地，外族势力强大，而世居于此的鲁氏家族作为归附明朝政府的土官，又面临着"威信未孚，不能展布"的衰落困局，地方治安不能过分倚重土官和土兵，加之原设凉州分守道（即分守西宁道）及西宁兵备道相隔甚远且无暇顾及此地，故亟须增设庄浪兵备道。明代甘肃镇设立了三个兵备道，在地方治理中发挥着重要作用，具体设立情况如表1所示。

表1 明代甘肃镇兵备道设立情况

名称	设立时间	驻地及管辖范围	职责	备注
西宁兵备道	弘治元年*	西宁卫，弘治至嘉靖时期，"兼管庄浪、古浪、凉州、镇番五卫"；嘉靖时期，"抚治西宁番夷，兼管西宁等卫所，并西宁卫所属仓场"	巡历地方，抚治番夷，整饬兵备，修理城池，剖理词讼，与革利弊及纠察不法不公事情	正德时期曾被裁撤，后又恢复
肃州兵备道	弘治元年至三年	弘治到嘉靖时期驻地为肃州卫，兼管永昌、山丹、甘州、高台、镇夷等九卫所。万历时期专管肃州	整饬兵备，抚治番夷，禁革奸弊	又称"甘肃兵备道"，正德时期曾被裁撤，后又恢复

---

① （明）李作舟：《庄浪汇纪》卷1，《中国地方志集成：甘肃府县志辑6》，凤凰出版社，2008，第479页。

续表

名称	设立时间	驻地及管辖范围	职责	备注
庄浪兵备道	隆庆四年	庄浪卫，驻扎庄浪（隆庆至万历时期）	整饬兵备，稽核钱粮，问理刑名，抚处番夷、防御房贼，修葺城堡，操练汉土官军，管理所辖地方马政及屯田水利	

注：＊关于西宁兵备道和肃州兵备道的确切设置时间，史籍中没有直接记载，马顺平在《明代甘肃镇分守、分巡、兵备道考》一文中做了大致推断，即西宁兵备道设置于弘治元年，肃州兵备道于弘治元年至三年间设立。

资料来源：《明孝宗实录》卷153，弘治十二年八月癸卯条，"中研院"历史语言研究所校印本，1962，第2716页；《大明会典》卷128，《续修四库全书》第791册，上海古籍出版社，2002，第300页；（明）魏焕：《皇明九边考》卷9，台湾华文书局，1969，第357～358页；（明）李作舟：《庄浪汇纪》卷1，《中国地方志集成：甘肃府县志辑6》，凤凰出版社，2008，第479页。

二 庄浪兵备道官衔特点

兵备道的设立间接培养了一批谙熟基层军事的文官，他们大多是两榜进士出身，又久在士兵间历练，晋升渠道基本按照"兵备道—巡抚—总督"模式，这与宋朝路级官员的晋升相比有了明显进步。明中后期出现了差遣和职官分离的情况。与此同时，兵备道在全国范围普遍设立，起初只是临时性机构的专务道逐渐演变为永久性常设机构，而一般负责兵备事务的按察司副使起初也是裁革不定的非正式职务，但出于政治需要按察司副使不但逐渐过渡为专管各道兵备事务的官员，任职也不再拘泥于授布政或者加宪衔升任督抚，而是开始加按司使、副使、布司参布政的地方职衔。这些两榜进士出身、起于基层、精通军事的文官，逐渐挑起了明朝中后期军事国防的大梁。

关于兵备道官职的官衔，谢志忠指出，兵备道臣的正式官方全衔为"钦差整饬兵备某道按察司副使"或"钦差某省按察司整饬某处兵备副使或佥事"。他认为，为避免冗员，兵备道官职一般由按察司副使与佥事担任，根据具体事务承担不同职责。[①] 而周勇进认为兵备道官职一般由布政

---

① 参见谢忠志《明代兵备道制度——以文驭武的国策与文人知兵的实练》，明史研究小组，2002，第23页。

使司担任，兼带按察司副使或佥事衔，后者作为兼衔，品级一般低于前者的正衔。①《明史·职官志》中明确指出按察司副使的职责为分道巡察地方兵备、学政、海防、屯田水利等具体事务。②《大明会典》中对兵备官衔有专门记载："其按察司官整饬兵备者，或副使，或佥事，或以他官兼副使佥事。"③然而，庄浪兵备道官员稍有不同，一般正职为专管马政的行太仆寺少卿，按察司副使或佥事则作为兼衔居于少卿之后。

庄浪兵备道设立起初是由甘肃巡抚都御使石茂华提议的。石茂华出任甘肃巡抚的时间为嘉靖四十五年（1566）五月④，《庄浪汇纪》中并未明确记载石茂华上疏的具体时间，但《重刊凉镇志》所载石茂华上疏内容与《庄浪汇纪》的记载一致，具体时间为嘉靖四十六年，即隆庆元年（1567）⑤，故庄浪兵备道的官衔应当为明穆宗时所定。石茂华在上疏中已经提及前任甘肃巡抚戴才"欲将行太仆寺改移于此"⑥，而他与戴才持相同观点，于是在上疏中建议：

> 必须设兵备专官一员，方克有济，但添设官员似涉多事，查得甘肃行太仆寺有寺丞一员，自三十二年改驻凉州，专管庄浪、凉州等处马政，事务颇简，何不将寺丞裁革，改设少卿一员，管前项马政，仍兼陕西按察司佥事，整饬庄浪兵备，驻其地，或以寺丞兼摄不便，仍设兵备专官一员，会同参将督同指挥鲁东等，申饬法纪，约束土兵。⑦

---

① 参见周勇进《明末兵备道的职衔与选任——以明末档案为基本史料的考察》，《历史档案》2010年第2期，第129～132页。
② 《明史》卷75，中华书局，1974，第1843页。
③ 《大明会典》卷128，《续修四库全书》第791册，上海古籍出版社，2002，第297页。
④ 《明穆宗实录》卷558，嘉靖四十五年五月辛卯条，"中研院"历史语言研究所校印本，1962，第8969页。
⑤ （清）苏铣纂修《重刊凉镇志》奏议，国家图书馆藏清顺治刻本。
⑥ （明）李作舟：《庄浪汇纪》卷1，《中国地方志集成·甘肃府县志辑6》，凤凰出版社，2008，第479页。
⑦ （明）李作舟：《庄浪汇纪》卷1，《中国地方志集成·甘肃府县志辑6》，凤凰出版社，2008，第480页。

由于兵备事务十分重要，寺丞一级官员不能胜任。朝廷采纳了石茂华的建议，先将凉州行太仆寺寺丞升为少卿，兼以按察司之职负责兵备事务①，又于隆庆四年（1570）擢升甘肃行太仆寺少卿刘时举为陕西按察司副使，负责整饬庄浪兵备事务②。《大明会典》中对甘肃、西宁、庄浪三地兵备道的职衔均有详细记载："甘肃兵备一员，专在肃州地方抚治番夷，整饬兵备，并肃镇二卫钱粮兼屯田。西宁兵备一员，抚治西宁番夷，兼管西宁等卫所，并西宁卫所属仓场。庄浪兵备一员，改设行太仆寺少卿兼按察司职衔，整饬庄浪兵备。"③《永登县志》中记载了明代历任庄浪兵备道官员名单④，对比《明实录》的相关记载，可以发现，历任兵备道官员绝大多数担任行太仆寺少卿兼按察司佥事，负责整饬兵备，如刘时举⑤、胡维新⑥、石槚⑦等。由此可以总结出庄浪兵备道官衔的特点，即庄浪兵备道官员多由行太仆寺少卿兼按察司佥事担任，官阶为正四品，官职品级有所提升，体现出朝廷对兵备事务的重视。此外，正统初年（1436），甘肃苑马寺效率低下、弊病丛生，与行太仆寺叠床架屋⑧，被朝廷裁撤，庄浪一带的马政事务则被划入兵备道的职责范围。从上述内容可以看出，行太仆寺少卿虽然品秩不算太高，但权力和职责不容小觑，包括防御外敌、管理地方治安、整顿土军、负责马政事务等。

---

① 《明穆宗实录》卷3，隆庆元年正月辛未条，"中研院"历史语言研究所校印本，1962，第75页。
② 《明穆宗实录》卷45，隆庆四年五月戊辰条，"中研院"历史语言研究所校印本，1962，第1132~1133页。
③ 《大明会典》卷128，《续修四库全书》第791册，上海古籍出版社，2002，第300页。
④ 周树清纂修《永登县志》卷27，《中国方志丛书》第344号，成文出版社，1970，第45页。
⑤ 《明穆宗实录》卷45，隆庆四年五月庚辰条，"中研院"历史语言研究所校印本，1962，第1132~1133页。
⑥ 《明穆宗实录》卷54，隆庆五年二月癸巳条，"中研院"历史语言研究所校印本，1962，第1343页。
⑦ 《明神宗实录》卷75，万历六年五月辛亥条，"中研院"历史语言研究所校印本，1962，第1618页。
⑧ 朱丽霞、周松：《明代苑马寺考论》，《河南大学学报》（社会科学版）2019年第5期，第70~76页。

三 庄浪兵备道设立时间

兵备道在明中后期普遍设立，大多有具体时间可考，但庄浪兵备道的设立时间在很多史籍中未见直接记载，目前发现清代陶保廉在《辛卯侍行记》中提及庄浪兵备道："元属永昌路，明置庄浪卫，陕西行都司治此，洪武二十六年移驻甘州，嘉靖中设庄浪兵备道。"① 马顺平在《明代甘肃镇分守、分巡、兵备道考》一文中对庄浪兵备道设立时间做了考证，主要依据的史料同样是石茂华上奏朝廷议设兵备的奏疏，并由此得出结论："隆庆元年，朝廷批准石茂华建议，庄浪兵备道正式设立。"②

上述两者有关庄浪兵备道设立时间的史料记载和学者考证存在较大出入，笔者更倾向于后者的结论，原因在于敕谕的具体时间在《明穆宗实录》中有详细记录，即明穆宗隆庆元年正月乙亥：

> 兵部议覆：甘肃巡抚石茂华所言边事，一改置寺官，谓庄浪土官指挥鲁达部曲蕃衍至数万人，犷悍难制，宜改凉州行太仆寺寺丞为少卿，兼以宪职弹压之。一议修墙堡，谓庄浪地邻番房，时被劫掠，宜于马营沟、何家营修筑墩墙堡堑，又沙井驿抵苦水湾七十里，通远驿堡，去西大通驿八十里，宜各于适中处筑团庄一座，以便行旅。从之。③

《辛卯侍行记》中关于庄浪兵备道设立于嘉靖中的记载也不无原因。整饬兵备与设官管理兵备事务是不同的概念，谢忠志指出："'整饬兵备'在此时只表示强调军务工作的重要性，并非指官衔。"④ 方志远在《明代

---

① 陶保廉：《辛卯侍行记》卷4，北京大学图书馆藏光绪二十三年养树山房刻本，第15页。
② 马顺平：《明代甘肃镇分守、分巡、兵备道考》，《明史研究论丛》第11辑，2013，第80~89页。
③ 《明穆宗实录》卷3，隆庆元年正月乙亥条，"中研院"历史语言研究所校印本，1962，第75~76页。
④ 谢忠志：《明代兵备道制度——以文驭武的国策与文人知兵的实练》，明史研究小组，2002，第43页。

国家权力结构及运行机制》中提出，"整饬兵备"设立之初皆无"兵备道"一说，这是一个从临时性机构到常设机构的变化。① 上述观点均认为"整饬兵备"和兵备道正式设立是在不同时期，兵备道制度较为完备的时期应当是明代中后叶，其间有几十年的时间跨度。考证庄浪兵备道设置就可以发现上述看法具有一定道理。正统时期裁撤甘肃苑马寺时就提及庄浪兵备一事；成化二十三年（1487），颜玉上奏兵部，要求增设宪臣负责兵备事务；隆庆元年（1567）石茂华上疏后，兵部并未明确提及整饬兵备一事，但采纳了他的部分建议，擢升凉州行太仆寺寺丞为少卿，在庄浪修筑墙堡。而关于行太仆寺少卿后来是否专理兵备事务，《明实录》中记载不够详尽，但可以明确，正式任命负责兵备的官员是隆庆四年之后的事情。根据《永登县志》中历任兵备官员名单以及部分官员任职时间的记载，庄浪兵备道第一任官员为刘时举②，这与《明穆宗实录》中隆庆四年的记载一致。《明穆宗实录》记载，隆庆元年（1567），朝廷任刘时举为行太仆寺少卿③，隆庆四年，"加升甘肃行太仆寺少卿刘时举为陕西按察司副使，仍兼本官，整饬庄浪兵备如故，从巡抚甘肃都御史王轮保荐也"④。此时，朝廷开始命官员（一般为行太仆寺少卿兼按察司佥事）专管兵备事宜，明确其职责。然而，《明神宗实录》记载，万历四年二月戊辰，"工科给事中戴光启言，庄浪与甘肃诸镇并为河西重地，乃庄浪独无兵备，而以行太仆寺少卿摄之，致令军士狎傲，上下危疑。夫兵备既可摄于寺卿，则马政亦可摄于宪臬。与其以仆寺而借宪司之衔，不若以兵备而兼马政之职。宜裁少卿，设副使兼理马政使"⑤。万历四年二月丙子，

---

① 参见方志远《明代国家权力结构及运行机制》，科学出版社，2008，第315页。
② 周树清纂修《永登县志》卷27，《中国方志丛书》第344号，成文出版社，1970，第45页。
③ 《明穆宗实录》卷4，隆庆元年二月丁亥朔条，"中研院"历史语言研究所校印本，1962，第106页。
④ 《明穆宗实录》卷45，隆庆四年五月庚辰条，"中研院"历史语言研究所校印本，1962，第1132～1133页。
⑤ 《明神宗实录》卷47，万历四年二月戊辰条，"中研院"历史语言研究所校印本，1962，第1056页。

"升湖广佥事李克敬为甘肃行太仆寺少卿兼兵备佥事，改驻庄浪"。①

从以上材料可以看出，庄浪兵备道名不副实，隆庆时期设立后没有达到实际效果。万历十一年（1583）又改设陕西副使驻扎庄浪，负责兵备事务，除换给敕书外，还正式配备了官印。②《庄浪汇纪》中也具体记载了朝廷的敕谕：

> 敕陕西布政使司右参政兼按察司佥事王，今特命尔驻扎庄浪，整饬兵备、稽核钱粮、问理刑名、抚处番夷、防御虏贼、修葺城堡，操练汉土官军，管理所辖地方马政及屯田水利。其庄浪参将分辖信地……俱听节制总辖。尔仍听督抚官节制。③

由于庄浪兵备道一直以来运行实效存在问题，万历时期又重新明确了兵备官职责，并裁撤行太仆寺少卿，改由布政使司兼按察司佥事担任。据此可知，明代庄浪兵备道的设立没有确切的时间点，而是根据局势变化不断调整和改进，因而有关其设立时间一直未形成统一的结论。

结　语

明朝时期，庄浪一带作为甘肃乃至西北地区的军事重镇，中央政府为了防备外族势力、维护边防稳定，于隆庆初年在庄浪卫设立了庄浪兵备道，这是继西宁兵备道和肃州兵备道之后在甘肃境内设立的第三个兵备道，除担负整饬兵备、修筑城堡、抵御寇贼、维持治安、管理马政和屯田事务等基本职责外，还肩负"土流参治"、维护土民部落安定的重要责任，在明朝中后期西北经略中发挥了重要作用。

---

① 《明神宗实录》卷47，万历四年二月丙子条，"中研院"历史语言研究所校印本，1962，第1057~1058页。
② 《明神宗实录》卷139，万历十一年丙午条，"中研院"历史语言研究所校印本，1962，第2598页。
③ （明）李作舟：《庄浪汇纪》卷1，《中国地方志集成·甘肃府县志辑6》，凤凰出版社，2008，第479页。

史源学视角下两汉时期条支国地望新考[*]

——基于西汉"张骞出使报告"、东汉《西域诸国记》的历史考察

颜世明[**]

内容提要：《史记·大宛列传》《汉书·西域传》《后汉书·西域传》中的条支国资料来源分为西汉时传闻、东汉时亲获两种途径，因所处时代、史料来源方式等不同，这些资料记载的条支国实际上可能是同一个国家，也有可能是两个国家，故而两汉时期的条支国地望可能在两地，也有可能在同一地。西汉时条支国或在今叙利亚地区，东汉时条支国可能位于今巴格达西南卡尔提阿半岛上。

关键词：史源学 条支国 甘英 张骞

两汉之时条支国是安息（今伊朗高原、两河流域）以西、地中海东岸的西域古国，为西汉张骞第一次使西域时听闻的国家，亦是东汉甘英

---

[*] 本文为国家民委科研项目"历史上西域各民族之间及与中原交往交流交融新史料探索：西域散佚古籍收集、整理与研究"（项目编号：2020 - GMC - 049）的阶段性成果。

[**] 颜世明，山东理工大学马克思主义学院讲师，新疆大学人文社会科学重点研究基地新疆文献研究中心研究人员，主要从事历史地理图籍整理与研究。

西使大秦亲身经历之地，相关记载见于《史记·大宛列传》《汉书·西域传》《后汉书·西域传》等历史典籍。自清代至今，已有十几位中外历史学者先后考证其地理位置，岑仲勉、龚缨晏两位先生相继梳理、评析了有关研究成果。① 在岑仲勉、龚缨晏两位先生所列条支国地望诸说法中，目前德国汉学家夏德（Friedrich Hirth）提出的看法在学界认可度较高、影响也较大，其认为条支国即今伊拉克巴比伦（Babylonia）或卡尔提阿（Chaldaea），条支城在卡尔提阿湖［今赖扎宰湖（Razazah Lake）］半岛上。② 之后，日本著名研究中国史专家宫崎市定发表不同意见，他指出，条支国指从亚历山大帝国分裂出来，由塞琉古一世以叙利亚为中心在中亚、西亚建立的希腊国家塞琉古王国（Seleucid），条支城指其都城安条克（Antiocha，今土耳其哈塔伊省首府安塔基亚）外港塞琉西亚（Seleucia）。是说在国内外历史学研究领域亦有很大影响力，为中国学者余太山、梁海萍等先生认同。③

参据前、后汉书中条支国史料，宫崎市定归纳了其地望的四个特征：在安息以西，在自安息前往大秦的交通线上，濒临西海，隶属于安息。以前关于条支国地望的说法中，符合这四个特征的有夏德、白鸟库吉的"条支在迦勒底（今两河流域）"说，以及藤田丰八的"条支即伊朗法尔斯"说。

宫崎市定进一步假定大秦国在地中海附近，又将第二个特征具体化，认为汉代从中国到地中海海岸的交通线有三条：一是陆路，由中亚经伊朗高原北部至叙利亚；二是海路，自中国南方某海港出发，经马来半岛、印度半岛、阿拉伯半岛，复由埃及到地中海沿岸；三是中间路线，从海路至波斯湾头，再北溯幼发拉底河，然后转陆路到叙利亚。

在这三条交通线中，第一条路线（即陆路）是汉代由中国前往地中海地区最为便捷而又经常使用的交通线，夏德、白鸟库吉、藤田丰八所

---

① 岑仲勉：《汉书西域传地里校释》，中华书局，1981，第189~203页；龚缨晏：《20世纪黎轩、条支和大秦研究述评》，《中国史研究动态》2002年第8期，第19~28页。
② 〔德〕夏德：《大秦国全录》，朱杰勤译，大象出版社，2009，第20~21页。
③ 余太山：《条支、黎轩、大秦和有关的西域地理》，《中国史研究》1985年第2期，第57~74页；梁海萍：《汉魏史籍中条支国所临"西海"释证》，《西安电子科技大学学报》（社会科学版）2007年第2期，第155~158、165页。

证的条支国地望不在该路线上，据此可否定其说。西海之名，与位于两河流域南的波斯湾不合，可与地中海地理位置相应，当指今地中海。

以这些条支国特征否定了此前关于条支国地望的看法后，宫崎市定又提出了自己的观点，即条支指塞琉古王国或塞琉西亚，大略有三个理由：其一，"条支"是"Seleucid"或"Seleucia"的音译；其二，在全盛时，塞琉古王国辖西自埃及、东到印度河流域的地区，和条支国相较，其气候及所出产的动植物相合；其三，塞琉西亚建在绝壁山上，西临地中海，与条支城地理特征基本相符。[①]

梳理以往以夏德、宫崎市定为代表的东西方学者考析条支国的史学材料、研究方法和视角等，可见其考论条支国所指今之地区的一般思路，即先总结《史记·大宛列传》《后汉书·西域传》等文献资料中条支国与其他西域国家相对位置、气候、物产、交通等特征，再将这些特点与中亚、西亚等地区实地及历史情况相印证，复参据"条支"和国外某地名对音，从而找到一个在地理位置、国名对译等方面大致相符的地方。他们的研究思路、学术成果均值得我们学习和参考，然而其考证过程也存在若干考虑不周之处。例如，汉代条支国相关内容记载于在不同时间先后写就的《史记·大宛列传》《汉书·西域传》《后汉书·西域传》等书中，史料来源并不完全相同，但前述研究在论证地望之前没有先从史源学角度考察条支国资料。

有鉴于此，本文先以《后汉纪·孝殇皇帝纪》《后汉书·西域传》等后汉资料探讨东汉时期条支国地望，而后借助《史记·大宛列传》《汉书·西域传》中有关条支国的记载探析西汉之时条支国位置，最后印证前后、后汉条支国所在今之地点结论，分析对比结果（即一致或不合）在史源学方面的原因。

一 《后汉书·西域传》"条支国传记"资料之源

《后汉书·西域传》分序言、正文、论赞三部分，其中序言、论赞及

[①] 〔日〕宫崎市定：《条支和大秦和西海》，载刘俊文主编《日本学者研究中国史论著选译（第9卷）：民族交通》，中华书局，1993，第385~413页。

"安息国传记"部分提到东汉和帝时西域都护班超派遣属吏甘英使往大秦，途中甘英经过条支抵达安息。永元九年，"班超遣掾甘英穷临西海而还"；"和帝永元九年，都护班超遣甘英使大秦，抵条支"；"其后甘英乃抵条支而历安息，临西海以望大秦"。① "条支国传记"部分则提及条支国城周长、地理位置、交通、气候、出产动物等："条支国城在山上，周回四十余里。临西海，海水曲环其南及东北，三面路绝，唯西北隅通陆道。土地暑湿，出师子、犀牛、封牛、孔雀、大雀。大雀其卵如瓮。"②

《后汉书·西域传》"序言"中已指出"正文"部分转录自东汉班勇关于西域的记载："班固记诸国风土人俗，皆已详备《前书》。今撰建武以后其事异于先者，以为《西域传》，皆安帝末班勇所记云。"③ "天竺国传记"载天竺国"修浮图道，不杀伐"，④ 即这篇传记未讲佛教劝人向善、引导人觉悟等，与论赞中范晔评析"天竺国传记"之语相呼应："班勇虽列其奉浮图，不杀伐，而精文善法导达之功靡所传述"，⑤ 可为其转引自"班勇所记"的明确例证。班勇曾撰有专门记录东汉西域史地特别是甘英西使大秦经历葱岭（今帕米尔高原）以西诸国情况图书之事，亦见于东晋袁宏《后汉纪·孝殇皇帝纪》："和帝永元中，西域都护班超遣掾甘英临大海而还，具言葱岭西诸国地形风俗，而班勇亦见记其事，或与前史异，然近以审矣。"⑥

从这几处记载可知，《后汉书·西域传》乃范晔采用安帝末年班勇所撰西域地方志书编辑而成。因而，清代学者严可均指出："（班勇）有《西域诸国记》若干卷（案：《后汉书·西域传》云皆安帝末班勇所记，今全卷在范书）。"⑦ 认为范晔全文转引了班勇的记载。《后汉书·西域传》中的"班勇所记"是不是班勇之书全文囿于现存资料难以详考。其后，姚振宗与顾櫰三、曾朴等学者也有类似的看法，并分别拟名班勇之

---

① 《后汉书》卷88《西域传》，中华书局，2015，第2910、2918、2931页。
② 《后汉书》卷88《西域传》，中华书局，2015，第2918页。
③ 《后汉书》卷88《西域传》，中华书局，2015，第2912~2913页。
④ 《后汉书》卷88《西域传》，中华书局，2015，第2921页。
⑤ 《后汉书》卷88《西域传》，中华书局，2015，第2932页。
⑥ （东晋）袁宏：《后汉纪》卷15《孝殇皇帝纪》，中华书局，2002，第300页。
⑦ 《全后汉文》卷26《班勇》，商务印书馆，2006，第261页。

书为《西域风土记》或《西域记》。① 诸学者所拟书名虽不一致，但都认为安帝末班勇曾有关于西域史地著作行于世的看法应该是真实可信的。

前录《后汉纪·孝殇皇帝纪》云班勇在《西域诸国记》（书名从严可均拟）中记载了甘英西往大秦所闻所睹西域列国"地形风俗"，此语是否可靠？答案是肯定的。由《后汉书》"班超传""班勇传"可知，班勇乃西域都护班超的少子，出生后即随父在西域生活；迨与父归返中土以后，曾在延光二年至永建二年以西域长史身份先在西域柳中（今新疆鄯善县南部鲁克沁）屯田，后抚鄯善（今新疆若羌）、龟兹（今新疆库车）、姑墨（今新疆阿克苏）、温宿（今新疆乌什），再定车师（今新疆吐鲁番）、东且弥（今博格达山之北）、焉耆（今新疆焉耆）。② 总而言之，就目前文献资料来看，班勇在西域开展军事活动地区主要在葱岭之东。

据上文所述《后汉书·西域传》史料来源可见，葱岭以西地区条支、安息等国资料采自甘英往赴大秦亲历见闻。

二　东汉条支国地望

甘英西赴大秦历经西域古国，除却前引《后汉书·西域传》有关条支、安息两国记述外，从《后汉纪·孝殇皇帝纪》有关内容可知还有悬度［今印度半岛北部克什米尔地区达地斯坦达丽尔（Darel）与吉尔吉特之间印度河上游河谷地带］及位于条支东北的乌弋山离（今阿富汗西南）。甘英从条支返回乌弋山离："甘英踰悬度、乌弋山离抵条支……山离还，自条支东北通乌弋山离，可百余日行。"③ 另据《汉书·西域传》记载："（皮山）西南当罽宾、乌弋山离道"，④ 可见自皮山（今新疆皮山县）北、东、西的某地前往罽宾（今克什米尔或喀布尔河流域）、乌弋山离，

---

① （清）姚振宗：《后汉艺文志》卷2，清华大学出版社，2011，第198页；（清）顾櫰三：《补后汉书艺文志》卷5，清华大学出版社，2012，第211页；（清）曾朴：《补后汉书艺文志并考》卷6，清华大学出版社，2011，第227页。
② 《后汉书》卷47《班梁列传》，中华书局，2015，第1583、1587~1590页。
③ （东晋）袁宏：《后汉纪》卷15《孝殇皇帝纪》，中华书局，2002，第301、302页。
④ 《汉书》卷96上《西域传上》，中华书局，2013，第3882页。

当经皮山向西南行。甘英从西域都护府辖区出发去往乌弋山离，当经过皮山。综合上引甘英途经地及地望可知，其西使大秦的路线当为皮山—悬度—罽宾—乌弋山离—条支—安息。

《后汉书·西域传》记载了一条与上述甘英使往大秦途经地相似的交通路线："自皮山西南经乌秅，涉悬度，历罽宾，六十余日行至乌弋山离国，地方数千里，时改名排持。复西南马行百余日至条支……转北而东，复马行六十余日至安息。"① 两条从今塔里木盆地皮山西到今两河流域安息路线，尤其是条支与安息相对位置及路程几近相同。前文已言，《后汉书·西域传》之中葱岭以西乌弋山离、条支、安息等西域古国内容并非来自班勇实地见闻，而源自甘英往赴大秦记录。《后汉书·西域传》中记载的皮山—安息交通线路应是甘英到往大秦较为完整的路线。

据上考甘英西使大秦路线大致可知，条支既在乌弋山离、安息西南，还在由乌弋山离去往安息交通线上。前引近代以来关于条支国地望两个主流观点中，夏德、宫崎市定主张的今伊拉克巴比伦或卡尔提阿、塞琉古王国，分别位于乌弋山离、安息的西南、西北，可见就条支与乌弋山离、安息地理方位而言，两说之中夏德的说法较为可靠。下面再从乌弋山离—条支—安息三国路线论说夏德、宫崎市定的看法，进一步验证夏德的说法。

综合乌弋山离、安息现今地理位置可见，从乌弋山离前往安息西南的条支，必须横穿伊朗高原，关键在于以下两条路线的选择。伊朗高原的西北、西南，分别耸立着大小高加索山、厄尔布尔士山、扎格罗斯山；高原中部纵横的丘陵，分割出许多盆地，其中广布盐质沙漠，干旱少雨，几乎没有常年蓄水的河流、湖泊，不利于通行。因而，古代穿越伊朗高原的交通线以高原中部为界分为"伊朗北道""伊朗南道"。

"伊朗北道"由今伊朗高原东北的马什哈德（Mashhad）往其西北、西南两个方向进发，西北路经古昌、博季努尔德、戈尔干，与过内沙布尔、达姆甘的西南路在伊朗首都德黑兰会合；而后亦分西北、西南两条路线，西北路线经过加兹温抵大不里士，西南线路途经哈马丹、科尔曼

---

① 《后汉书》卷88《西域传》，中华书局，2015，第2917~2918页。

沙尔到达伊拉克首都巴格达。这条路线大致沿着里海南岸的厄尔布尔士山的南麓往西行，位于乌弋山离西北。

扎格罗斯山自亚美尼亚山延伸而出，经伊拉克北部蜿蜒至伊朗西南的波斯湾沿岸，呈西北—东南走向，由许多平行山脉组成。在这些平行山之间，分布着较为平坦、肥沃的谷地，"伊朗南道"即在其间，① 具体路线为从乌弋山离向西南行，越过萨尔哈德高原抵达巴姆（Bam，今克尔曼省东部），由巴姆出发，经克尔曼、亚兹德（Yazd）、波斯波利斯（Persepolis）、设拉子（Shiraz）、伊斯法罕（Esfahan），再西行越扎格罗斯山，抵马拉维〔Malawi，今洛雷斯坦省霍拉马巴德（Khorramabad）西南〕，由马拉维东南行至苏萨〔Susa，今胡齐斯坦省迪兹富勒（Dezful）西南〕，从苏萨往南行，沿着迪兹河、卡伦河到波斯湾头及其西北的巴格达。② 这条交通线的行走方向是西南—西北—西南—西北—东南，总体而言，位于乌弋山离西南。

根据前引《后汉纪·孝殇皇帝纪》《后汉书·西域传》，甘英由乌弋山离向西南行到条支，在这两条横越伊朗高原的路线中，只有"伊朗南道"在乌弋山离西南，说明甘英当从乌弋山离经该路线至条支。

安息国辖有今伊朗高原东部的萨尔哈德高原，表明抵此地就已经到达安息国。甘英自乌弋山离，经安息国属地萨尔哈德高原向西行，到条支，再由条支"转北而东，复马行六十余日至安息"，可见文中的"安息"非指安息这个国家，当指其都城泰西封（今伊拉克巴格达），从条支至安息的路线当为自条支往东北行到泰西封，条支位于泰西封西南。

夏德考证的条支国地望位于泰西封西南且位于乌弋山离到安息交通线上；上文宫崎市定仅举出汉代穿过伊朗高原北部且与条支国地理方位无关的"伊朗北道"路线，未提到同条支国地理位置密切相关的"伊朗南道"，其据"伊朗北道"推出的条支国地理位置地处泰西封西北，并非位于乌弋山离至安息路线上。可以看出，就乌弋山离、条支、安息交通线路来说，两种提法中夏德的观点更为合理。

---

① 赵汝清：《从亚洲腹地到欧洲——丝路西段历史研究》，甘肃人民出版社，2006，第21～22页。
② 王钺、李兰军、张稳刚：《亚欧大陆交流史》，兰州大学出版社，2000，第38～39页。

关于东汉时期条支国地望方面，据前引《后汉书·西域传》可知，条支城南与东北为海水所环绕，西北则与外界以陆路相通。夏德提出的卡尔提阿半岛地形与之大致相符，而宫崎市定指出的塞琉西亚城东北角的小路与外界通达，城东、西、南三个方向的交通则受城东、城西深谷与海面限制，与之不合。另外，公元前64年，罗马攻灭了仅辖今叙利亚地区的塞琉古王国。此后，安息先后两次进攻今叙利亚地区的罗马属地：一次在公元前51年，围攻安条克城；另一次在公元前40年，占据安条克城约一年时间。除此之外历史时期内，今叙利亚地区牢牢地掌控在罗马手中。然《后汉书·西域传》称，东汉时安息在条支置将领监管："（安息）后役属条支，为置大将，监领诸小城焉。"[1] 可见历史上条支、叙利亚地区与安息隶属关系难相契合。[2]

此外，在罗马皇帝涅尔瓦统治时期，今叙利亚地区在罗马帝国叙利亚行省内。[3] 永元九年（97）甘英抵达条支，[4] 倘若条支在今叙利亚地区，则甘英到过大秦领地，可圆满完成班超交付与大秦结为政治军事联盟的任务。但《后汉纪·孝殇皇帝纪》《后汉书·西域传》均载，甘英在条支欲渡西海使大秦，在听闻安息船人讲"海中善使人思土恋慕，数有死亡者"、往北行经陆路到大秦本土需要很长时间等话后，"英闻之乃止"，"具问其（指大秦）土风俗"，[5] 反映他没有到达大秦，条支也就非指今叙利亚地区。

综合以上对东汉条支国史料所做分析和修筑两河流域安条克城始末等推测，公元前166年（西汉文帝前元十四年），塞琉古帝国皇帝安条克四世（Antiochos IV，前175年至前164年在位）重建位于波斯湾头的卡尔提阿城，并更城名作"安条克"。[6] 东汉时西域都护属官甘英受都护班

---

[1] 《后汉书》卷88《西域传》，中华书局，2015，第2918页。
[2] 余太山：《两汉魏晋南北朝正史西域传要注·〈后汉书·西域传〉要注》，商务印书馆，2013，第269页。
[3] 张芝联、刘学荣主编《世界历史地图集》，中国地图出版社，2002，第29页。
[4] 《后汉书》卷88《西域传》，中华书局，2015，第2918页。
[5] （东晋）袁宏：《后汉纪》卷15《孝殇皇帝纪》，中华书局，2002，第301、302页；《后汉书》卷88《西域传》，中华书局，2015，第2918、2920页。
[6] 张绪山：《整体历史视野中的中国与希腊－罗马世界——汉唐时期文化交流的几个典例》，载刘新成主编《全球史评论》第1辑，商务印书馆，2008，第219页。

超差遣，由塔里木盆地始发西往大秦，途中经过安息国王城泰西封西南、西临波斯湾的安条克城（即卡尔提阿城）时，听到当地城名与"条支"两字发音相近，地理条件与《史记·大宛列传》记载的条支大略相符，遂以为该地就是前汉时的条支国。

三 《史记·大宛列传》条支国资料来源及西汉条支国地理位置

元朔三年（前126年），张骞第一次出使西域归来，向武帝讲述了"身所至"大宛、大月氏、大夏、康居四国，以及"传闻其旁大国"乌孙、奄蔡、安息、条支、黎轩、身毒六国情况，其中提到，传闻中的条支国在安息以西数千里，濒临西海，气候湿润，种植水稻，出产大鸟，置有小君长，安息为其服属国；安息长老讲条支存弱水、西王母一事；等等。"张骞出使报告"关于条支国的叙述先被司马迁收录在《史记·大宛列传》中，[①]后又为东汉班固《汉书·西域传》因袭。[②]

据以上文献资料可推张骞获得条支国史料之前此国资料来源若干历史细节。条支系安息西数千里的军事强国，与张骞"身所至"或以西国家毗邻，很有可能在政治、军事、经济、宗教、文化等方面有接触甚至交往，故而安息等国人了解一些条支国情况，并告诉张骞"身所至"国家的人。夏德所提小国卡尔提阿或巴比伦显然难与此完全吻合，需要从其他地区探求其地望。

公元前2世纪20、30年代或此前（张骞首次前赴西域之时或稍前），与安息有所来往、在安息以西、为军事大国、西邻海洋的国家，不得不提同脱胎于亚历山大帝国的托勒密埃及王国（今埃及和周围地区）、塞琉古王国。[③]特别是塞琉古王国曾经统治过安息、大夏等地，安息独立后还与它交兵不断，相关事宜很容易被安息、大夏等地民众记住并流传、传

[①] 《史记》卷123《大宛列传》，中华书局，2013，第3163页。
[②] 《汉书》卷96上《西域传上》，中华书局，2013，第3888页。
[③] 张芝联、刘学荣主编《世界历史地图集》，中国地图出版社，2002，第26页。

播，成为其共同的族群记忆。因而西汉时的条支国或许就是这两个希腊化国家中的一个，近代以来有些考据学家亦持此说法，也有西域史地研究者在论说地望存在争论的西汉时黎轩、条支国地理位置时，徘徊于此二国之间。①如果单从《史记·大宛列传》中张骞所述黎轩在安息北这条资料考虑，黎轩国非指位于安息西南的托勒密埃及王国。对于西汉时张骞闻知的条支、黎轩国地望，综合中外名称对音、地理环境等因素，本文比较认同条支、黎轩分指塞琉古王国、时为罗马攻陷的马其顿王国（今希腊等地）之地论解。至于班固《汉书·西域传》中记录的黎轩，其中若干记述可能掺杂西汉除张骞外其他西域使臣及东汉甘英的见闻，大概为许多学者认可的托勒密埃及王国。

以上所论两汉时条支史料的由来，系基于相关历史资料对张骞、甘英出使西域具体历史情境还原所做的推测。大略可知，《史记·大宛列传》《汉书·西域传》《后汉书·西域传》中的条支国资料分为两类：一是《史记·大宛列传》《汉书·西域传》中的条支国史料系张骞耳闻之言；二是留存在《后汉书·西域传》中《西域诸国记》"条支国传记"地理环境方面的内容，以及乌弋山离、条支、安息三国之间交通线等葱岭以西内容非来自班勇实地见闻，应由甘英躬临其地获得。可知这些材料的来源分为西汉时传闻、东汉时亲获两种途径，因所处时代、史料来源方式等不同，这些资料所记载的条支国实际上可能是同一个国家，也有可能是两个国家，所以两汉时期的条支国地望可能在两地，也有可能在同一地。西汉时条支国或在今叙利亚地区，东汉时条支国可能位于今巴格达西南地区的卡尔提阿半岛上。相应的，条支国临接的"西海"，西汉时指今地中海，东汉时为今波斯湾。②

---

① 龚缨晏：《20 世纪黎轩、条支和大秦研究述评》，《中国史研究动态》2002 年第 8 期，第 19~28 页。
② 更多内容参见颜世明《汉唐西域地理佚籍整理与研究》，博士学位论文，武汉大学，2017。

·社会文化研究·

从借词看裕固族文化的多元性特征[*]
——以西部裕固语为中心

杨富学　叶凯歌[**]

内容提要： 西部裕固语直接继承了古代突厥语、回鹘语的特点，对世界突厥语的研究具有活化石意义，即便如此，西部裕固语中的借词仍然数量不少。从唐代回鹘到今天的裕固族，经历了千余年的历史发展，其语言不断地吸收粟特语、波斯语、阿拉伯语和汉语、藏语、蒙古语等借词，加上裕固族宗教信仰长期以来多有改变，不同文化背景下的宗教用语也在西部裕固语中多有借用，既有来自汉传佛教、藏传佛教的词语，也有来自祆教和摩尼教的词汇。语言是文化的重要载体，通过分析各种借词汇入和使用的历史原委，从借词的来源、种类、特征等方面可看出裕固族文化的多元性特点。

关键字： 裕固族　借词　多元文化

---

[*] 国家民委民族研究项目"敦煌历史文化中的各民族交往交流交融研究"（项目编号：2021 – GMA – 004）的阶段性研究成果。

[**] 杨富学，敦煌研究院人文研究部研究员，兰州大学敦煌学研究所教授、博士生导师，主要从事西北民族史、敦煌学、中外关系史研究；叶凯歌，兰州大学敦煌学研究所博士研究生，主要从事裕固族历史文化与回鹘语文献研究。

从借词看裕固族文化的多元性特征

　　裕固族是甘肃特有的少数民族之一，是我国为数不多操两种本民族语言的人口较少的民族。裕固族现用语言是东部裕固语、西部裕固语和汉语。使用属于阿尔泰语系蒙古语族的东部裕固语地区包括肃南裕固族自治县东部康乐区和皇城区北滩、东滩等地；使用属于阿尔泰语系突厥语族的西部裕固语地区包括肃南自治县西部大河区，明花区的明海、莲花，以及皇城区金子滩、西城等地；使用汉语的主要集中在明花区前滩和酒泉市黄泥堡等地。正如同文化一样，世界上的语言很少是自给自足的，很难指出一种完全独立的语言，不同人群相互接触，不论程度如何，性质怎样，一般都能产生语言上的相互影响。[①] 语言本身可以映射出不同的历史文化色彩，当遇到外来文化时，为了更好地传播、运用，与本民族文化更好地互通有无，表达自身感受和接受的事物，人们会直接借用其语言并与本民族语言整合，也可以吸收新的成分和旧有的糅合在一起。借词是与其他语言接触的产物，在本来的语言中夹杂了外来词汇，而地缘环境、自身语言特点和文化心理等种种因素会使不同借词在吸收同化使用过程中存在一定差异。

一　西部裕固语借词的多元化构成

　　裕固族为唐代回鹘的直系后裔，13世纪与来自中亚的蒙古人融合后，一个新的民族共同体——黄番（裕固族）于明初形成。该民族在形成过程中，长期和汉族、藏族、西夏人以及来自南亚次大陆、西亚、中亚等地区的民族在政治、经济、文化、生活等方面都有密切交往，所以语言情况相对复杂。词语可以根据词源分为固有词、同源词、派生词、借词和本民族特有词语等。西部裕固语属阿尔泰语系突厥语族，词语组成中有一部分是突厥语族的地源词。除此之外，蒙古语族也属于阿尔泰语系，所以在西部裕固语中也有与蒙古语同源的词，这些同源词占据了绝大部分。

[①] E. Sapir, *Language: An Introduction to the Study of Speech*, New York: Harcourt, Brace and Company, 1921, p. 205.

（一）词源回鹘语中的外来词

西部裕固语是回鹘语语言特点保留最多的一种语言，被称为古代突厥语的"活化石"，在语音、语义、语法等方面都与回鹘语有较多的相似之处。例如，裕固语中数词的表达方式就与古代回鹘语一致，而现代维吾尔语的这一表达方式发生了很大变化。回鹘语中的借词对后世裕固语特征的形成产生一定影响。借词主要包括汉语借词、梵语借词、粟特语借词、波斯语借词，以及接受伊斯兰文化后晚期的一些回鹘文文献中出现的阿拉伯语借词。

1. 梵语借词

回鹘人曾信仰佛教，回鹘语佛经中以及与宗教活动相关的许多词语是直接或间接源自梵语的借词，也有部分与社会生活相关的借词，如 braman < Skr. brāhmana，意为"婆罗门"；bujian < Skr. punya，意为"功德"；but < Han. 佛 < Toc. but/out < Skr. Buddha；magtri < Skr. maitreya，意为"弥勒"；bodistw < Skr. bodisattva，意为"菩萨"；sudur < Skr. sūtra，意为"经"。[1]

2. 粟特语借词

6世纪中叶突厥人创建第一突厥汗国后，中亚地区文明昌盛、善于经商的粟特人成为丝绸之路上的商业霸主与文化导师，而且在陆上丝绸之路沿线以及漠北地区形成了不同规模的商业聚落。粟特语属于印欧语系伊朗语族东伊朗语支，粟特人借由这一语言向突厥人和回鹘人施加影响，不唯商业，在文化和宗教上亦复如是，蒙古高原发现的突厥碑铭中就有用粟特语文书写的，回鹘文更是依据粟特文创造出来的。[2] 回鹘语从粟特语中吸收了数量不少的借词，例如，社会生活相关的：satir < Sog. styr，

---

[1] Skr. = Sanskrit（梵语），Toc. = Tochari（吐火罗语），Sog. = Sogdian（粟特语），Old Uig. = Old Uighur（回鹘语），Han. = 汉语，Tib. = Tibetan（藏语），Prs. = Persian（波斯语），Ar. = Arabic（阿拉伯语）。

[2] 牛汝极：《从借词看粟特语对回鹘语的影响》，《新疆师范大学学报》2015年第1期，第101页；杨富学、赵天英：《粟特文在丝绸之路沿线的传播与影响》，《河西学院学报》2017年第1期，第6~12页。

意为重量单位"两"；bikini < Sog. bg'ny，意为"米酒"。与宗教信仰相关的借词数量很多，包括佛教用语：nom < Sog. nwm，意为"经、教义"；din < Sog. δyn，意为"宗教、信仰"；dintar < Sog. δynδ'r，意为"信徒、僧众"。摩尼教用语：bašïq/pašik < Sog. p'syk，意为"赞美诗"；nam < Sog. n'm，意为"名称"；tamu < Sog. tmw，意为"地狱"。①

3. 波斯语借词、阿拉伯语借词

漠北时期，回鹘人信奉摩尼教，西迁后回鹘人大多信奉佛教，但自11世纪开始，伊斯兰教势力逐步东扩，新疆地区的回鹘人逐步皈依伊斯兰教。受其影响，少量阿拉伯语、波斯语词语逐步汇入回鹘语。② 西部裕固语中沿用至今的波斯语借词有 dʐan < Old Uig. ʤan < Prs. ʤan，意为"生命"；gur < Old Uig. gør < Prs. gor，意为"停尸处、坟墓"；kəhriba < Old Uig. kəhriva < Prs. kəhriba，意为"琥珀"。阿拉伯语借词则有 ʤin < Old Uig. ʤin < Ar. ʤn，意为"鬼"；sat < Old Uig. sa'ət < Ar. saət，意为"钟表、点钟"。

4. 汉语借词

在敦煌、吐鲁番出土的回鹘语文献中，可以发现大量汉语借词，语义丰富，涉及面广，从皇室称谓到职官名称，乃至日常用品、经济用语等。例如，sungun < Han. 将军，qunčuy = < Han. 公主，lenxua < Han. 莲花，biba < Han. 琵琶，qapan < Han. 花盘，čau < Han. 钞，paošin < Han. 保人，šïq < Han. 石，šong < Han. 双，sunča < Han. 寸，tay < Han. 大，诸如此类，不胜枚举。③

汉语借词对回鹘语的影响十分广泛，在不同历史时期，汉语借词的汇入程度、语义范围、受众群体等都有所不同。汉语借词汇入回鹘语时期可以大致分为突厥时期、回鹘时期和察合台王朝时期，其中回鹘时期

---

① 牛汝极：《从借词看粟特语对回鹘语的影响》，《新疆师范大学学报》2015年第1期，第107~108页。
② 高翔：《维吾尔语中波斯语、阿拉伯语借词研究》，博士学位论文，中央民族大学，2016，第121~122页。
③ 杨富学：《从出土文献看汉语对回鹘语的影响》，载张涌泉等编《汉语史学报专辑（总第三辑）：姜亮夫、蒋礼鸿、郭在贻先生纪念文集》，上海教育出版社，2003，第395~400页。

又可分为高昌回鹘和喀喇汗王朝。"汉语借词，受到军事、政治、宗教、文化、贸易以及民间杂居的影响，显示了其成长发展的轨迹。不同时期的借词有着各自突出的特点：突厥时期表现为军事和政治的；高昌回鹘时期表现为宗教的；喀喇汗王朝时期表现为贸易的；察合台时期，表现为民间深层接触的。"①

借助借词的使用情况，可以更好地了解到在多种宗教并行的状态逐渐演变为一种宗教成为主流的历史条件下，伊斯兰教、摩尼教和佛教对后世民族的语言、文化、生产和生活产生了什么样的影响。

（二）本族语中的借词

裕固族自其先民回鹘时期以来，特别是东迁入关以后，与汉族、蒙古族、藏族等周边民族在政治、经济、文化、宗教等领域有广泛的交集，所以裕固语中除了突厥语同源词外，还有大量汉语、蒙古语、藏语等语言汇入的借词。在这些借词当中，汉语借词数量最多，涉及面广。

1. 汉语借词

部分裕固族是回鹘后裔的一支，现在仍然保留了一些回鹘时期古老的汉语借词，随着时代发展，在接受新事物和新概念的同时，语言和词汇的发展变化也日益繁杂。为了方便生产、生活和更好地与其他民族交流，在文化上相互借鉴，裕固语中汉语借词的使用经历了不同历史时期的变化。从汉语借词的语音、词义来看，可以分为古代和近期两个阶段。② 前者如 sukdʐi < Han. 肃州，toɣ < Han. 秃，samsi < Han. 蚕丝，daŋpu < Han. 当铺，aguazi < Han. 马褂，ketʃin < Han. 客卿等；后者如 fajyen < Han. 法院，bexua < Han. 百货，diensi < Han. 电视等。俄罗斯学者波塔宁到裕固族地区旅行之后，在其著作的"黄维吾尔语"一词清单中列出了大量来自其他语言的借词，其中汉语借词有 ça < Han. 茶，

---

① 高莉琴：《早期维吾尔语中汉语借词的文化背景透视》，《西北民族研究》2008 年第 2 期，第 80 页。
② 陈宗振、雷选春：《西部裕固语简志》，民族出版社，1985，第 118 页。

çin < Han. 城，solo – < Han. 锁、链，gogò < Han. 哥哥。① 这份清单是用俄语翻译的，是第一部"黄维吾尔文"字典。紧随其后的是曼纳海姆的清单，以及马洛夫、赫尔曼斯发表的材料和例句，其中出现的借词是20世纪初波塔宁在裕固族地区收集整理的，一些词语与现在使用的借词在语音和语义等方面有所区别，这对研究裕固语借词使用的发展变化十分有价值。

2. 藏语借词

相对于汉语借词而言，藏语借词对裕固语的影响有一定局限性。藏语借词的使用与裕固族人信仰藏传佛教相关，出现较多的与藏传佛教有关的宗教术语。例如，lama < Tib. bla-ma，意为"喇嘛"；ərgisəl < Tib. dge-tshuly，意为"僧人"；nazva < Tib. na-bza，意为"袈裟"；korlo-qorlo < Tib. khor-lo，意为"转经筒"；taŋga < Tib. thang-ga，意为"唐卡"（佛像画）。也有部分词语与日常生活有关，例如，dem < Tib. dam，意为"茶壶"；tavaq < Tib. tha-spag，意为"木盘"；som < Tib. som，意为"奶桶"；medoq < Tib. me-tog，意为"鲜花"。②

3. 蒙古语借词

蒙古语借词的使用分为三种情况，第一种是一些蒙古语词语与突厥语族同源词在发音和词义上相同或相近。这些词语普遍存在于两个语族的语言中且历史悠久，不能单一地定义为是来自哪一族语言的借词（见表1）。

表1 在发音和词义上相同或相近的蒙古语与突厥语族同源词借词

西部裕固语	蒙古语	回鹘语	汉语
aht	agt	at	马
Gara	xar	qara	黑
jil	ʤil	yïl	年

---

① Mehmet Ölmez, "Potanin's Yellow Uigur Material and Its Importance Today", in M. Stachowski, ed., *Studia Turcologica Cracoviensia* 5: *Language and Culture of Turkic Peoples*, Kraków, 1998, p.151；〔土耳其〕欧麦兹：《波塔宁裕固语材料及其在今天的重要性》，杨富学、叶凯歌译，《河西学院学报》2020年第6期，第3页。
② 陈宗振：《西部裕固语研究》，中国民族摄影艺术出版社，2004，第115~117页。

续表

西部裕固语	蒙古语	回鹘语	汉语
bol -	bolox	bol -	成为
ahldən	alt	alton	金
mɪŋ	mɪŋg	məŋ	千

第二种是直接从蒙古语中吸收的借词，特别是与突厥语族语言中表达方式不同的蒙古语借词，在发音和语义上与蒙古语略有差别，但和回鹘语的表达方式相差甚远（见表2）。

表 2　直接从蒙古语中吸收的借词

西部裕固语	蒙古语	回鹘语	汉语
ajar	ajär	asta	慢慢地
Gaŋ-qɑŋ	gaŋ	isig	热、酷暑
oŋši -	unʃix -	oquši -	读
manman	manaŋ	tuman	雾
ta -	tax	tap	猜
gurəm	gʉrəm	nom	经，佛经
nur	naʁul	kør	湖泊
gol	goul	ustəŋ	河流
kutul	ʁutul	øtuk	靴子、鞋类

还有一部分语音与蒙古语或蒙古语族其他语言差异比较明显，但和属于蒙古语族的东部裕固语十分相似，有可能直接来自东部裕固语，属于东部和西部裕固语共有的词语（见表3）。

表 3　西部和东部裕固语共有的借词

西部裕固语	东部裕固语	蒙古语	汉语
geres	geres	ʤəxsəŋ ʉg	遗嘱、遗物
arʁala-arʁada	arGala	aragdax	欺骗
GorƔe	GorGui	garx	环子
arʁa	arGa	arag	办法

142

续表

西部裕固语	东部裕固语	蒙古语	汉语
jerɣa -	dʒirGa -	dʒargax	享福、休息
lar	lar	Ug	话
ørdʒy	ordʒo	jim	东西

对比分析以上回鹘语借词与裕固族借词使用情况，可以看出外来词对本民族语言影响广泛。裕固语中现在使用的借词中，一部分来自保留了古代回鹘语汇入的其他语言借词，另一部分借词随着社会的发展，在接受新事物和新理念的同时，能满足更多自身的使用需求。这些借词的使用经历了一个由上层领袖扩展到普通民众，由词义单一的宗教领域扩展到词义广泛的社会生活，由语音差异较大到逐渐向本民族语言发音靠拢的变化过程。文化可通过语言和文字来表达，裕固族自先民回鹘就开始使用多种语言借词，这本身也是一种多元文化的表现。

二 多元借词现象探源

裕固语之所以有东部、西部两种本民族语言，与民族形成的历史缘由密切相关，裕固语中借词的使用可以从裕固族族源的角度加以分析。"裕固族族源，主流为唐宋以来的河西回鹘，后来汇入了元明时期活跃于河西走廊西端的蒙古人，尤其是蒙古豳王家族成员。840 年，漠北回鹘汗国倾覆，部众四散，其中西迁河西走廊者先后以甘州（今甘肃张掖市）、沙州（今甘肃敦煌市）为中心建立了甘州回鹘和沙州回鹘政权。及至蒙元帝国时期，蒙古豳王成为沙、瓜、肃三州回鹘居地的统治者。经元明二代，他们最终以敦煌、瓜州为中心，逐步融合为一独特的民族共同体——裕固族。"[①] 裕固族民歌《我们来自西至哈至》所反映的"东迁"

---

① 杨富学、张海娟：《欧亚视阈下的裕固族历史文化》，《河西学院学报》2018 年第 6 期，第 16 页。

即指这一事件。① 其中的"西至哈至"就是沙州瓜州的音转。

裕固族兴起于敦煌地区得到了学术界的广泛认同。职是之故，敦煌发现的回鹘语文献与蒙古语文献都可视作裕固族文化的重要遗产。②

敦煌、瓜州乃至后来裕固族的东迁地酒泉、张掖等地，自古以来就是中外文化及中国境内不同民族文化的交汇之地，故而裕固语与其他民族的联系非常密切，敦煌出土的回鹘文文献与西部裕固语口传资料中的借词准确地记录了这一历史文化现象。

（一）西部裕固语中外来文化的影响

1. 汉文化的影响

不论是东迁之前的回鹘一族还是今天的裕固族，汉文化对其影响不仅仅局限于宗教，而是多方面和全方位的，包括语言、文字、文学、历法等。早在8世纪回鹘文创制之前，汉语在回鹘之间的使用率就很高，现存漠北回鹘汗国碑铭中的汉文，莫高窟、榆林窟中回鹘洞窟的汉文榜题等均有迹可循。汉语与回鹘语虽分属不同的语系和语族，但这种巨大的语言差异并不影响回鹘人对汉语的接纳和使用。"9世纪中叶，回鹘西迁至西域与河西走廊一带后，与汉文化有了更进一步的接触。"③ 在敦煌吐鲁番出土的回鹘语文献中，汉语借词俯拾皆是，对此笔者已有专述，此不复赘。④

回鹘语文献中的汉语借词汇入时期较早，可归类为古汉语借词，裕固族东迁入关后到20世纪初期，从明、清两朝吸收的汉语借词不包括回鹘文文献中出现过的或者带有中古汉语语音特点的古汉语借词属于早期

---

① 杨富学：《裕固族东迁地西至哈至为沙州瓜州说》，《河西学院学报》2015年第6期，第1~10页；杨富学、张海娟：《从蒙古幽王到裕固族大头目》，甘肃文化出版社，2017，第185~190页。

② 胡蓉、杨富学、叶凯歌：《敦煌文献与裕固族古代文学》，《民族文学研究》2019年第5期，第159页。

③ 参见杨富学《回鹘文献与回鹘文化》，民族出版社，2003，第402页。

④ 杨富学：《从出土文献看汉语对回鹘语的影响》，载张涌泉等编《汉语史学报专辑（总第三辑）：姜亮夫、蒋礼鸿、郭在贻先生纪念文集》，上海教育出版社，2003，第395~400页。

汉语借词。有些汉语借词在回鹘文文献中没有，而在清代编纂的《五体清文鉴》的维吾尔语部分出现了，这也是它们在西部裕固语中出现于东迁以后的旁证。[①] 例如，dotej < Han. 道台，darən < Han. 大人，jamən < Han. 衙门，loja-loje < Han. 老爷，tuŋsa < Han. 通事。

20世纪以来，随着社会快速发展和进步，裕固族地区也逐渐发生一些变化，出现了大量的新事物、新概念，裕固语中的汉语借词也随之日益丰富。随着裕固族人民政治地位、生产和文化水平的提高，它们的生活更为丰富多彩，同时与汉族人民的交往更为密切，懂汉语的人数也迅速增加，至20世纪70年代后期，在原来的西部裕固语地区，除偏远地区的老人和幼儿以外，几乎人人都会说汉语。因此，以音译的汉语借词来表达新事物、新概念是最方便的，也是最容易被接受的，同时有利于西部裕固语词语的发展。

2. 与吐蕃的文化接触

吐蕃和回鹘是我国西北地区具有重大影响的两个民族，在漫长的历史进程中，他们之间虽曾有过血雨腥风的岁月，但更多的是其乐融融的友好关系，就其文化交流而言，规模较大的有两次。第一次是在晚唐五代宋初，吐蕃、回鹘在这一时期先后实现了由原始社会向阶级社会的过渡。840年，内忧外患的漠北回鹘汗国被来自叶尼塞河流域的黠戛斯人灭亡，其民众分崩离析，四处逃散，其中一部分西迁至西域地区和甘肃河西走廊一带，开始与吐蕃有了前所未有的广泛接触。第二次大规模的文化交流发生在元代，高昌回鹘在成吉思汗征服中亚之初便率先归顺，得到蒙古统治者的优遇，许多回鹘知识分子受到重用。[②] 吐蕃与回鹘的文化交流，在敦煌、吐鲁番出土的回鹘文、藏文文献中都有迹可循。回鹘与吐蕃文化交流中汇入的藏语借词可视为早期藏语借词，后来与甘青地区藏族居民交往接触过程中，也吸收了许多非宗教、与日常生活有关的借词。

---

① 陈宗振、雷选春：《西部裕固语简志》，民族出版社，1985，第119页。
② 杨富学：《敦煌吐鲁番文献所见吐蕃回鹘之文化关系》，《首都师范大学学报》（社会科学版）2001年第1期，第18~19页。

3. 与蒙古文化接触

蒙元帝国的兴起，是一次大规模游牧骑马民族的大迁徙，蒙古军队逐步征服中亚和西夏之后，屯兵河州，兵临青藏，以进一步降服甘青地区的吐蕃。蒙古军队在西征的过程中，"这些东迁的中亚和西域各民族，后来以甘青交界地区为基地，逐渐与当地汉、蒙古、藏等民族相互融合，经明、清两代，形成了若干新的民族共同体"。① 裕固族先民回鹘曾受蒙古文化影响，裕固语中有一些蒙古语借词，但为数不多。裕固语中的蒙古语借词大多与河西地区的蒙古豳王家族密切相关。就裕固族形成过程而言，主源是撒里畏兀尔，后来，以豳王家族为首的蒙古人与其融合，经过长期磨合形成一个新的民族共同体——裕固族。在这个民族共同体中，回鹘裔与蒙古裔并不是单一的对等关系，而是属于上下级关系，蒙古在上，处于统治地位，回鹘裔在下，处于被统治地位，"蒙古豳王家族对回鹘文化的向心力，对回鹘佛教文化的保护与支持，是裕固族文化特点得以形成的基本保障"。② "蒙古豳王家族在河西的固守，抵御了察合台汗国伊斯兰教势力的东进，同时，他们又热衷于各种佛事活动，不仅努力保护佛教在统治区域内的传播与弘扬，而且出资修建佛寺，修缮洞窟，塑造佛像，抄写佛经，在其推动下，佛教在当地获得了进一步的发展与繁荣。这一时期，同样也是敦煌回鹘文化发展的高峰期。"③ 佛教在裕固族民众之间的传播以及回鹘文化在裕固族间的传承，得益于豳王家族不可或缺的桥梁作用。

（二）西部裕固语中的外来宗教影响

1. 萨满教文化影响

"萨满教是在原始社会条件下形成的世界性宗教，有着广泛的群众性，流布地域广阔，曾为东北亚、北美、北欧等地区众多民族世代信仰、

---

① 钟进文：《甘青地区独有民族的语言文化特征》，《西北民族研究》1997年第2期，第43页。
② 杨富学、张海娟：《从蒙古豳王到裕固族大头目》，甘肃文化出版社，2017，第165页。
③ 杨富学：《酒泉文殊山：回鹘佛教文化的最后一方净土》，《河西学院学报》2012年第6期，第3页。

全民尊奉。"① 同时，这种信仰伴随大多数北方民族进入了阶级社会，裕固族先民曾长期信仰萨满教，虽然萨满教的国教地位在8世纪逐渐被摩尼教所取代，但对回鹘及其后裔的影响一直存在。萨满教在文学作品中有一定程度的反映，特别是与萨满教有关的专有词语，有些文学作品带有浓厚的宗教色彩，如歌颂赞扬萨满天神的民歌等。1949年中华人民共和国成立之初，在裕固族地区，仍有萨满教的职业巫师"也赫哲"在活动。特别是在西部裕固语地区，各部落和各地都有自己的"也赫哲"，从事有关萨满教信仰的宗教活动。"也赫哲"就是典型的萨满教词语。

裕固族至今都保留着敬奉"点格尔汗"（Tängrixan）的活动。"点格尔"（Tängri）在裕固语中是"天"的意思，"汗"（Xan）是"可汗"的意思，"点格尔汗"（Tängrixan）意即"天可汗"，当地人称"霍尔泰"（意为"裕固人的神"）。② "天"，回鹘语写作"Tängri"，天是阿尔泰语系民族萨满教信仰所崇拜的最重要神灵。据《魏书·高车传》记载，文成年间（453~454年），回鹘祖先高车人曾在漠南举行祭天仪式，宰杀牲畜，举行集会，载歌载舞，"众至数万"，场面十分壮观。8世纪中叶漠北回鹘汗国正式建立政权后，对天的崇拜只增不减，如在可汗名号前加上"登里"（Tängri）或"滕里逻"（Tängridä）等修饰语，表示自己为天、天神所立。吐鲁番出土的回鹘文《乌古斯可汗的传说》称，乌古斯可汗有六个儿子，长子名"天"，其余五子分别唤作"山""海""太阳""月亮""星星"。③ 11世纪成书的《突厥语辞典》明确指出："异教徒把苍天称作腾格里，并对此顶礼膜拜。"④ 同一时期成书的回鹘文古典文学名著《福乐智慧》中也称："一切赞美、感谢和颂扬全归于至尊至贵的Tängri。"⑤ 回鹘在西迁后仍保留这种对天的崇拜。⑥ 古突厥"额尔浑"铭

---

① 杨富学：《回鹘宗教史上的萨满巫术》，《世界宗教研究》2004年第3期，第123页。
② 裕固族简史编写组：《裕固族简史》，民族出版社，2008，第94页。
③ 《乌古斯可汗的传说》，耿世民译，新疆人民出版社，1980，第18页。
④ 麻赫穆德·喀什噶里：《突厥语辞典》第3卷（现代维吾尔文版），新疆人民出版社，1984，第514~515页。
⑤ 优素甫·哈斯·哈吉甫：《福乐智慧》，郝关中等译，民族出版社，1986，第1页。其中的"Tängri"一词被译作"真主"。
⑥ 杨富学：《回鹘宗教史上的萨满巫术》，《世界宗教研究》2004年第3期，第123~124页。

文中"Tängri"就是"天"和"天神"的意思。① 王新青等人从汉民族及北方诸民族原始萨满教崇拜"天"的习俗出发,将古代蒙古高原发现的突厥碑铭语言,吐鲁番、敦煌等地出土的回鹘文献语言、中亚现代突厥语言、蒙古语言中的"Tängri"不同音变进行比较,证明"Tängri"一词借自汉语的"天"。②"Tängri"这一词语的来源与汉语、回鹘语、突厥语都有千丝万缕的关联,但毋庸置疑的是,裕固语中"Tängri"一词的使用与萨满教文化的传入有关。

裕固人认为,"点格尔汗"能够使他们平安吉祥、一年顺遂。马洛夫在肃南县城考察时,用俄文字母记录西部裕固语发音,在《裕固语长篇话语材料及其译文》中,与萨满教有关的故事有20余则,涉及萨满巫师的丧葬、祭祀前的准备、巫师的呼唤、祷告的内容和形式等;与萨满教有关的民歌有15则,主要涉及对"天神"的敬畏、祈求平安健康等内容。

2. 祆教、摩尼教文化影响

祆教与摩尼教皆起源于波斯。敦煌出土高昌回鹘时代的文献S.6551讲经文关于回鹘信仰祆教和拜火教的情况有如下记载:

> 门徒弟子言:归依佛者,归依何佛?且不是磨(摩)尼佛,又不是波斯佛,亦不是火祆佛,乃是清净法身、圆满报身,千百亿化身释迦牟尼佛……且如西天有九十六种外道,此间则有波斯、摩尼、火祆、哭神之辈,皆言我已出家,永离生死,并是虚诳,欺谩人天。唯有释迦弟子是其出家,堪受人天广大供养。③

这里明确记载了回鹘王国境内佛教、摩尼教、景教、祆教与萨满教共存,其中佛教势力最大,摩尼教与景教次之,祆教与萨满教则又

---

① W. Radloff, *Die Alttürkischen Inschriften den Mongolei*, St. Petersburg, 1895, S. 2-3.
② 王新青、郭美玲:《腾格里(Tängri)考》,《西域研究》2009年第2期,第120页。
③ 张广达、荣新江:《有关西州回鹘的一篇敦煌汉文文献——S.6551讲经文的历史学研究》,《北京大学学报》1989年第2期,第24~25页;李正宇:《S.6551讲经文作于西州回鹘国辨正》,《新疆社会科学》1989年第4期,第89页。

次之。①

祆教传入敦煌后，与当地文化相结合，从一些活动可以看出这种文化碰撞是十分有趣的现象。敦煌文书中有很多关于赛祆活动的记载，如P.3569v《唐光启三年（887）四月为官酒户马三娘、龙粉堆支酒本和算会牒》中记载："四月十四日夏季赛祆用酒四瓮。四月十四日夏赛祆用。"②"赛祆，究其来源，应出自祆教徒祭祀祆神神主的节日——伽罕巴尔（Gahanbar）节（粟特语称作 Agham 伽罕节），系祆教徒心目中至为神圣的日子。"③"活动主要有祈福、歌舞、幻术、酒宴、化装游行等，娱神并自娱。"④ 在敦煌等地，这些祭祀活动逐渐民间化，各族人都会参与，展现了祆教古俗与当地传统文化相融合的特点。⑤ 裕固语中表示酒的词语是"arahgə"，但祭祀用酒有专门的词语"xor"，还有鄂博上插的经幡"xorɣaʂən"。这应与古代回鹘时期的祆教传播密不可分。⑥

至于摩尼教对裕固族的影响，今已难觅其踪，但在裕固族民间流传已久的东部裕固语史诗《沙特》中有如下一段内容，可视作摩尼教信仰遗留的痕迹：

> tengger yn hormos bater
> hharvhana eidrhhan khøi jotə
> tawən joon hhoremqi tawən yeike deiveqi odei olheili

---

① 杨富学：《回鹘文献与回鹘文化》，民族出版社，2003，第274页。
② 上海古籍出版社、法国国家图书馆编《法藏敦煌西域文献》第25册，上海古籍出版社，2002，第347页。录文见唐耕耦、陆宏基编《敦煌社会经济文献真迹释录》第3辑，全国图书馆文献缩微复印中心，1990，第623页。
③ 赵洪娟：《从晚唐五代敦煌"赛祆"探祆教习俗与中国节庆风俗的融合》，《宁夏社会科学》2018年第2期，第244页。
④ 姜伯勤：《论高昌胡天与敦煌祆寺——兼论其与王朝祭礼的关系》，《世界宗教研究》1993年第1期，第18页。
⑤ 杨燕、杨富学：《论敦煌多元文化的共生与交融》，《世界宗教文化》2019年第6期，第6~10页。
⑥ 杨富学：《回鹘祆教小考》，《吐鲁番学研究》2003年第1期，第130~133页；殷晴主编《吐鲁番学新论》，新疆人民出版社，2006，第870~873页。

天的胡儿穆斯腾格尔带来了五百宾客、五大侍者①

"胡儿穆斯"（hormos）一词值得关注，敦煌本回鹘文写本 P. 3072 第 6 行"yapiɣi nïzwanï-lar qačuɣ öngräki Xormuzta"②中的"Xormuzta"，应是裕固族民歌中的胡儿穆斯。该词要么源于粟特语的"rwrmzt"，要么来自古波斯语"阿胡拉·马兹达"之音译"Ahura-mazdah"，意为"初人"，即"最初的第一个人"。这句话反映的可能是摩尼教教义中五明子与恶魔战斗的内容。③ 由此可知，《沙特》中胡儿穆斯应来源于摩尼教术语"Xormusta"，体现了摩尼教的影响。

3. 佛教文化影响

9 世纪中叶回鹘西迁，迁入河西地区的民众因受当地盛久不衰的佛教文化影响，逐渐皈依佛教，形成了沙州、瓜州、甘州等回鹘佛教文化中心。从敦煌发现的回鹘文文献看，有大量梵语借词出现于回鹘语文献之中，对其语法和语音产生了一定影响。还有一些与佛教有关的术语以原有形式直接出现于古回鹘语之中（见表4）。

表 4 古回鹘语中与佛教有关的梵语词语

梵语	古回鹘语	意思
padma	padma	莲花
punya	buyan	功德
asura	asuri	阿修罗、恶神
uddāna	udan	摄颂
dhārani	darni	陀罗尼、咒
ārya	arya	圣
tārā	tara	救度母
mandara	mandar	曼陀罗

---

① 肃南裕固族自治县裕固族文化研究室编《裕固族民间文学作品选（一）》，甘肃民族出版社，2013，第 9 页。
② J. Hamilton, *Manuscrits Ouïgours du IXe-Xe Siècle de Touen-Houang*, Paris, 1986, p. 64.
③ 屈玉丽、杨富学：《裕固族民间文学所见多元宗教意蕴》，《河西学院学报》2020 年第 3 期，第 4 页。

对于裕固族来说，影响至今的主流宗教是藏传佛教，藏传佛教信仰的形成经历了一段时期的接触和融合。从蒙古国至元王朝初期，统治者基于政权巩固的需要，大力推崇佛教。"1246 年，蒙古阔端太子代表蒙古汗廷与西藏萨迦派四祖萨班在凉州会晤，确认了萨班在西藏各地僧俗中的领袖地位。"[①] 元世祖忽必烈又敕封萨迦派五祖八思巴为国师、帝师，统领全国佛教，而且他本人和许多皇室贵族纷纷皈依帝师。信仰藏传佛教之风迅速形成，于是，包括回鹘贵族在内的诸色人等也都随之皈依藏传佛教。与这种发展势头不相适应的是，忽必烈和蒙古贵族虽崇拜藏传佛教，但谙熟藏族语文者甚少，藏族高僧中懂蒙古语的也是凤毛麟角，这势必严重妨碍双方交流。为了适应形势的需要，那些早已熟悉蒙古语文，具有较高文化素养且受到蒙古统治者器重的一批回鹘知识分子开始学习藏语，充当皇室贵族与帝师之间的翻译。他们本来就信仰佛教，故学习藏传佛教轻车熟路，很多人在学习过程中因受到影响而皈依了藏传佛教。[②] 回鹘语中不仅有许多藏传佛教汇入的借词，而且裕固族族民一直沿用至今。

三 多元借词与裕固族文化的融合

裕固族文化的形成经历了漫长的发展过程，自 9 世纪中叶以来，回鹘裔裕固先民就长期活动于河西一带，在敦煌地区留下了种类繁多、内容丰富的历史文化遗产。不仅有各种写本、刻本，而且在敦煌诸石窟中留下了数百条回鹘文题记，还有数方具有极高史料价值的碑刻，蒙古裔裕固人入居虽晚，但也有相当多的文献、题记留存于世，使用的文字既有蒙古文，也有八思巴文和回鹘文。[③] 这些可谓至今为止裕固族尚存的最为宝贵的历史文化遗产，也是裕固族多元文化的重要体现。西部裕固语与回鹘语一脉相承，保留了回鹘语同源词、借词、语音、语法等语言特

[①] 樊保良、水天长主编《阔端与萨班凉州会谈》，甘肃人民出版社，1997，第 84 页。
[②] 胡蓉、杨富学：《元代畏兀儿双语作家考屑》，《民族文学研究》2016 年第 5 期，第 14 页。
[③] 杨富学：《裕固族对敦煌文化的贡献》，《河西学院学报》2017 年第 4 期，第 12~14 页。

征，在东迁过程中，逐渐与汉藏语系诸民族语言文化接触。河西走廊因特殊的地理位置古来即为文化交融的大舞台，裕固族先民受河西走廊地区丰富多彩的政治、宗教、生活习俗等多重因素的影响，渐渐形成了独具特色的文化系统，而多元性正是其文化系统的最显著特征之一。从借词的使用不难窥见河西走廊乃至丝绸之路沿线诸文化与裕固族的交互影响。

首先看部落首领与职官称谓。在裕固语中，"qan"表示部落最高统治者"可汗"，使用时一般在前面加上限定修饰，例如"moŋəl qan"（蒙古可汗）、"joɣur qan"（裕固可汗）、"geser qan"（格萨尔汗）。西部裕固语中，"gadən"表示"可汗""可敦、夫人"；在蒙古语中也有发音与语义类似的词语，蒙古语读作"gatann"，表示"皇后、夫人"。由是以观，对统治者及其夫人的称呼，裕固语与蒙古语存在相同的表达方式，不能简单地断定是哪一方向另一方借入的词语，但像这样历史悠久的词语一般有共同的原始起源。《周书》载："土门遂自号伊利可汗，犹古之单于也。号其妻为可贺敦，亦犹古之阏氏也。"[①] 是知，裕固族中的"可汗""可敦"相关词语当借自突厥语。裕固语常以"peɣ"表示"头目、首领"，早期突厥地方官称"bäg"，汉语"伯克"乃其音译词。这个词语对裕固族上层称呼的影响很大，出现了一系列与之相关的词语，如 peɣlək = 官职、peɣləɣ = 有头目的、peɣle - = 封官、peɣşej = 大头目的家（这里指安姓家族），像这样与头目、首领相关的派生词还有很多。另外，有一个很有意思的现象，裕固语中表示头目的词语除了"peɣ"，还有"təumu""taumu"，这个词明显是汉语音译词，但不能将其归为汉语借词，因为"头目"一词本身并非来源于汉语，是古代少数民族官职称谓。表示少数民族官职称谓的词语使用汉语音译词是一种比较特殊的语言交流现象，从中可以看出其他民族对裕固族文化的影响以及裕固族对外来文化包容吸收的民族心理。

借词对裕固语宗教文化上的影响也十分广泛。有关佛教用语在裕固族中普遍使用，一些专有的佛教用语频繁出现于日常生活中。裕固族的

---

① 《周书》卷五《突厥传》，中华书局，1971，第909页。

从借词看裕固族文化的多元性特征

民间文学十分丰富，如有关民族迁徙的传说，育人、惩恶扬善的民间故事，还有短小精练的谚语等。在各种各样的文学作品中也出现了与佛教内容相关的词语，例如《裕固族历史传说（一）》中，第一句就写道：

pərənda məz lomGa bahqdo dro, andan la island ʤoɣa bahqdamen dro.

早年我们是信奉（佛）经的，不信伊斯兰教。

这里出现的"lom"表示佛经的意思，是早期粟特语借词"nom"发生了一些语音变化，粟特佛教是回鹘佛教的来源之一。① 这个词反映出回鹘语中早期粟特语借词一直被裕固语沿用，在民间历史传说中出现说明使用率比较高。还有与佛教用词有关的谚语：

ahGalarda tʃyvek joq, baGalarda Guzuruq joq.
和尚无发辫，蛤蟆无尾巴。
ahGa jərlaɣandan soŋ jaɣa dekgəş, aq donnəŋ jərlaɣandan soŋamər bolɣəş.
和尚唱过后，纠纷不断，俗人唱过后，平平安安。

像这样关于佛教的民间文学内容还有很多，佛教术语借词的使用使民间文学内容更加多样。从裕固族社会交际、日常生活中使用的宗教信仰相关词语可见，佛教思想逐步融入本民族的思维方式、价值观念、审美情趣等，从而使哲学思想、文学艺术乃至建筑结构等各领域都能展现出其文化多元性。

受到佛教的冲击，原始信仰萨满教逐渐消失。20世纪初期，马洛夫在肃州附近考察时发现，佛教思想导致萨满教消失。但受萨满教影响的一些风俗习惯并没有随之消失，例如农历二月的祭祀活动。祭祀活动使

---

① 牛汝极：《回鹘文佛教文献：佛典总论及巴黎所藏郭煌回鹘文佛教文献》，新疆大学出版社，2000，第5页。

用大量专有词汇，如缠着彩带的木杆叫"yaxka"，意思是"通天柱，直向高空的"，祭祀活动叫作"yaxka tey"，插到祭祀羊头上的两根筷子叫作"surei"，"通天柱"栽在房子正南墙的空地上，树前摆放的谷物称作"moɣmi"，谷物上放着九盏灯，叫作"yola"。①

与祭祀活动有关的词语随着萨满教的传入得到广泛使用。萨满教的宗教仪式还有祭"乌垒"仪式、祭汗点格尔仪式，完整的萨满教祭祀活动现在基本没有了，但在现有的祭祀活动中仍然能看到其遗留的痕迹。例如，现如今婚丧嫁娶等大型活动中，拜火习俗一直沿用至今。拜火习俗在裕固族古往今来的民俗中均占有重要地位，在许多方面突出了裕固族民俗文化特色。裕固族婚礼独具民族特色，而婚礼的特点之一就是举行拜火仪式，此仪式是整个婚礼中不可或缺的重要环节。②

裕固族文化的多元性除了在上层首领、官职称谓，宗教仪式、宗教文学作品中有所体现之外，更多的是在普通百姓和日常生活中表现。自古以来，裕固语在社会生活方面的借词就有很多，例如，亲属称谓词，nana < Han. 奶奶（祖母、外祖母），sunzi < Han. 孙子（孙辈的）；社会称谓词，ganbu < Han. 干部，kuoddaŋ < Han. 科长；市场经济词语，suanpan < Han. 盘，ʤiŋ < Han. 斤；文化教育词语，vənxua < Han. 文化，ʤojy < Han. 教育等。陈宗振先生指出："裕固族的帽子有好些种，统称为perək 或pørek，这个词来自古代突厥语的børk，其差别主要是单音节词变成了多音节词。男子带的毡帽叫 emben perək，这种帽子为白色细毡所制，帽边上有黑布镶边，它是来自汉语'沿边'的借词。"③借词在传入使用过程中语音会发生一些变化，语义也会有一定的引申和转移，但完全融入本族语词语。这些借词所表现的文化现象是极其丰富的，如亲属和社会称谓等词语表现出社会组织结构的文化现象，经济类词语表现了贸易、买卖、交易过程中的文化现象。如果将近当代的借词也作为参考对象，那

---

① С. Е. Млове, *Остатки шаманства у желтых уйгуров*, Живая Старина, Санкт-Петербург，1912，стр. 61 – 74.
② 贺卫光、钟福祖：《裕固族民俗文化研究》，民族出版社，2008，第67页。
③ 陈宗振：《试释西部裕固语中关于服饰的某些词语》，《民族语文》1998年第5期，第59页。

么其所表现的文化种类更加丰富。语言作为文化载体，必然会对各个领域的文化产生影响。

结　语

本文将裕固语从其他民族借入以及异质文化汇入的多元化词语构成加以整理和分析，与裕固语中借词来源的多种途径相结合，从中可以看出，西部裕固语中的借词是在其先民回鹘与粟特、吐蕃、汉族等民族和后期裕固族与周边汉、藏、蒙古等民族密切交往过程中吸收的词语，还有受萨满教、佛教、祆教和景教等宗教文化的影响而借入使用的宗教用语。从历史学和语言学角度出发，梳理裕固语借词引入和使用的发展脉络，可以看到，裕固族多元文化包含了早期北方民族印度佛教、藏传佛教、原始信仰萨满教以及对祭祀活动影响深刻的拜火教等宗教元素。多元化借词在生产生活、日常交流、文学作品中也频繁出现，涉及称谓、服饰、工具等衣食住行的方方面面。换言之，不同类型、不同领域借词的使用透视出它们所反映的多元文化现象。

语言是文化的重要载体之一，异质文化和外来文化可以通过语言体现，裕固族自其先民回鹘时期就不断扩大自己的活动范围，与其他民族的语言、文化相互接触、交融。在漫长的交流、吸收、融合过程中，借词的不断汇入丰富了裕固族的文化内涵，也反映出裕固族对外来文化的包容，不断吸收丰富的外来文化内容来充实本民族文化。裕固族这种兼容并蓄的态度，使本民族文化呈现出多元一体的特征。

陇中地区金花仙姑信仰相关宝卷初探

答小群[*]

内容提要：甘肃陇中地区流传着许多零散宝卷，其中金花仙姑信仰相关宝卷较为典型，其文本篇幅虽短，但仍是地方民间信仰的重要表现形式。本文在收集整理金花仙姑相关宝卷文本的基础上，将其分类为神灵出世经本、内丹功修经本、神谕劝世经本、民间佛道经本、世俗世情经本，并对部分宝卷的诞生年代、文本思想进行辨析与阐释。金花仙姑信仰相关宝卷内含地方神祇出世的历史记忆，以及儒释道多元文化元素，是传统社会伦理思想的重要载体，现时期仍有必要对其开展非物质文化遗产的保护工作。

关键词：金花仙姑　宝卷　民间信仰　文化遗产

宝卷是在唐代佛经俗讲基础上经民间变文发展而来，至明清已在民间广泛流传。中国宝卷的发展以清康熙朝为界，此前以宗教性宝卷为主，此后则以世俗性宝卷为主。[①] 明清时期，伴随移民的大量迁入和社会经济

---

[*] 答小群，西北民族大学历史文化学院副教授，主要从事宗教学理论与宗教文化方面的研究。

[①] 车锡伦等：《宝卷·弹词》，春风文艺出版社，1999，第 1~6 页。

的快速发展，宝卷在甘肃境内的传播范围不断扩大，流传最多的是民间故事、历史故事、世情人事、小曲小调等世俗文本，亦有神灵出世、内丹功修、神谕劝世、民间佛道等经本，在一定故事情节及说唱中反映神灵救世、因果报应、为善劝孝、敬神功德、世情民风等内容。这些宝卷或由省外传入甘肃，或由本地人士自创，对民间文化影响极广。目前，甘肃省内河西地区是宝卷流布最广泛的区域，洮岷地区也有部分播散。而在河西与洮岷之间的陇中部分区域，如永靖、永登、河口等地，则流传着一些较为零散的短小宝卷，部分是河西、洮岷、河湟等地宝卷的截本，部分是地方民间人士自创的讲述地方神灵出世的短小宝卷，还有一些是民间小曲。①

金花仙姑信仰是在甘肃陇中地区尤其是永靖地区有着广泛影响力的民间信仰，其文化圈内流布着诸多宝卷，文献记载及实地调查所见主要有《金花仙姑小五更》《金花仙姑点玄妙真经》《金花仙姑难五更》《吧咪山金花仙姑谕》《带雨菩萨降忠孝经》《十麻木》《十渡法船》《十报恩》《醒世歌》《三公主妙经》《大圣劝善文》《鹦鸽真经宝卷》《烧香经》《亡人经》《土地经》《拜佛经》《修心经》《地母经》《交灯经》《王母经》《西方佛经》《洒净水经》《回神经》《交香灯》《朝山词》《种瓜经》《枣儿经》《诚心开门钥匙经》《想念莲花点灯经》《想念王母经》《佛说喜话经》《十月怀胎经》《司命皂君真经》等。此外，有《戒烟经》《戒酒经》《士人经》《工匠经》《商人经》《合家平安真经》《劝世人》《劝孝歌》《织手巾》《绣荷包》《不生气歌》等世俗性经本。这些经本多在信众中传抄，其成文年代、作者等难以明断，文字叙述以韵文为主，多为6字、7字、10字（往往点断为3字、3字、4字）一句，以7字、10字最为常见，偶尔有较长的散韵形式相结合的经本。永靖当地人称相关宝卷为"嘛呢经"②，传唱群体以中老年妇女为主，传唱地点可在庭院，可在庙会，较为灵活。永靖吧咪山等地庙会中的宝卷宣唱规模较大，也无太多讲究。入夜时分，民众聚于殿廊下或围坐在炕头，宣卷者全情投入，

---

① 陇中、洮岷宝卷流布情况为2011~2015年笔者的实地调研。
② 大量宝卷经本结尾处标记"唵嘛呢叭咪吽"，某卷经本唱完，众人也会接唱"唵嘛呢叭咪吽"。估计民间"嘛呢经""念嘛呢""嘛呢会"等称谓即源于此。这也从侧面反映了佛教六字真言在民间传诵后嵌入民间所创宝卷。

听卷者在每段唱白结尾处接唱"唵嘛呢叭咪吽"或"南无阿弥陀佛"。宝卷宣卷不停不歇,常至拂晓,构成民众参与民间信仰活动的重要形式。

目前,学界对陇中地区相关宝卷的研究较少,主要原因在于:一是汇集宝卷的出版物较少①;二是大量宝卷流散民间,不易获得;三是精品长卷较少,零散短卷较多,易被忽视。本文在已有文献资料基础上,实地调查金花仙姑信仰相关庙场及家宅,根据所获宝卷内容对其进行初步分类,分为神灵出世经本、内丹功修经本、神谕劝世经本、民间佛道经本以及世俗世情经本,呈现相关宝卷的核心内容,总结其现实流散特点及文化内涵。

一 神灵出世经本

地方性神灵的创生离不开民众对其出世经历的宝卷传唱,从中往往能探查其附道附佛的过程。在永靖及周边地区,流传着很多与金花仙姑出世相关的宝卷,多以韵文为主,往往几十行成文,篇幅不长,将金花仙姑降生凡尘、道功修行与深山成仙的经历描写得栩栩如生。正是在宝卷的传诵中,金花仙姑传说得以代代相承,也正是在这样的传诵中,金花由普通民女演变为神仙世界的一员。所见宝卷中,《金花仙姑神经》《金花仙姑小五更》是较为典型的描述金花仙姑出世经历的经本。《金花仙姑神经》讲:

> 我是洪武时节人,金(井)儿街上有家门;万历成化四年中,七月七日子时生……自幼我爱捻线绳,一十六岁离家门;打破人间蝴蝶梦,摆脱红尘孽海根(风);线杆(绳)拴在灶爷板,黑夜三更摸不清……山高盘路苦难行,手挂火棍往上(山)蹬……我的哥哥随后跟(后面行),叫声妹妹哪里行;不是线绳难以寻,成仙作佛你

---

① 目前,金花仙姑信仰相关宝卷收录较多的印刷物主要有中国人民政治协商会议甘肃省永靖县委员会编《永靖县文史资料选辑(第二辑):金花仙姑及吧咪宝山》,内部资料,1999。

陇中地区金花仙姑信仰相关宝卷初探

讲明；火棍插在青石板，青枝绿叶扎下根……一心想落吧咪山，宝莲洞中我安身……道成我有仙姑名，金身化在宝莲洞……仙姑速上天宫去，天师俯奏灵霄殿；玉帝面前接旨意（了旨），封你（我）带雨菩萨名；仙姑谢恩离宝殿，接（按）落云头吧咪山；我的亲人来往行，远望不见我金身；回头眼泪流不尽，金（井）儿街上讲姑名。①

经文共30行420字，对金花出生时间、降生地点、离家原因、出行所经之地、道功修成之地、受封名号等过程进行了较为平实的叙述。从仙姑、天师、玉帝等名号可以看到明显的附道痕迹。由于经本来自民间传抄，故文字多有不同或错讹。民间称此传抄经本产生于明代，无名氏所作。但民间传抄经本年代多难断定，据文中所述金花出生"万历成化四年中"，推断此经不会早于万历年间。金花出生年月何以可能跨越成化、万历数百年，很明显这是民间传唱者对明代帝王年号记忆错误所致。

《金花仙姑小五更》（民间又传抄为《金花仙姑出世词章》《吧咪山金花仙姑带雨菩萨真经》《金花仙姑出世词》），经文比《金花仙姑神经》长，共72行，每行两句，每句7字，共1008字，民间不同传抄版本行数略有不同。整体经文以民间常用五更词形式叙事，以一更至五更为5个关键的时段划分，每更由若干行构成，描述金花仙姑出世的经过。

一更接旨离南海，三教共议下凡来……兰州府地金（井）儿街，丹凤朝阳寻母来；观音老母八（入）圣台（胎），抽爻换象老嫩来；神仙下凡清了街，太白金星陪驾来……早朝晚拜行孝道，日有三餐吾自造……捻（炼）麻功果在家中，龙玉（女）显圣（身）黄婆通；城里城（关）外闹哄哄，因此成亲出火坑……麻线拴在灶爷板，越墙飞身出家院（奔前程）。二更到了大岭山，望见兰省心刀剜……

---

① 中国人民政治协商会议甘肃省永靖县委员会编《永靖县文史资料选辑（第二辑）：金花仙姑及吧咪宝山》，内部资料，1999，第103~104页。同一经卷，民间传抄多有不同，此处取民间别本之不同，勘对于括号之中。

慧眼一转哥到前（一看哥哥赶），进前（前进）三步退后难……天地宝藏日月现，成化四年吾出现；观音救劫下了凡，迷人不知（识）隔千里（山）；若还不信显（现）手段，火棍插在青石板；仙天（先天）一气枝叶现，一棵松树在眼（目）前……三更到了吧咪山，功果圆满麻线完……无形（影）洞里把身隐（安），金花仙姑有真形……双足踏破水晶宫，五龙捧圣百脉通……四更传旨回天宫（上天宫），众位仙佛（仙佛会）早来等；跨鹤到了瑶池中（宫），三拜九叩见祖真（真宗）……八卦呈（仙）衣紫罗袍，金帽玉带真稀罕；凤冠霞帔不差点（毫），登云朝靴在（赐）面前；王母真祖来封赠，万万菩萨你为尊；所有仙佛在其中，无数神将你一统；三期接（劫）旨教你治，细观细问（闻）早谢恩……三拜九叩两离分，吾接玉旨下天宫。五更接（候）旨回天（了）宫，众位仙佛来一统……三期大会吾引舟（行舟），善男信女上法船（早回头）；四大部洲吾引（游）完，一到兰省我府（门）前……忽然母子相逢（重相）见，好似青天日月现；金帽玉带霞光闪，好似天仙女状元……吾领玉旨度众（群）仙，无数真人回宫殿；度了天仙度地仙，世（人）间有缘早上船……①

一更观音降尘世，二更逃婚显神通，三更吧咪功果成，四更天宫受封赠，五更领旨度众仙。内中观音老母、太白金星、韦陀、王母、玉皇、雷公电母等神佛名称兼有，以道教神祇为主。民间认为金花乃慈航分形显现为观音，再降于尘世。

---

① 中国人民政治协商会议甘肃省永靖县委员会编《永靖县文史资料选辑（第二辑）：金花仙姑及吧咪宝山》，1999，第100~102页。此处择民间别本之不同，勘对于括号之中。民间传抄最后几行差别较大，文史资料中记为："吾劝天下各县衙，黑白是非要清查；贫穷富贵有上下，王法面前耍戏耍！吾劝世人莫奸诈，忠孝善恶个家拿；一举一动吾记下，因果报应没麻达。"而民间诸多抄本记为："吾劝世人越高起，四大部洲翻一交；须弥一动那里逃，忠孝善德路两条；千军万马往来费，大鹏展翅无敌对；三期劫运不细推，踏上云头往西归。"

二　内丹功修经本

内丹是道教炼养的重要形式。以人体为丹鼎，精气神在体内流转汇聚，结而成丹，达至调息养生、天人合一的境地。内丹修行有一定的气息运行步骤，需环环相扣，否则易致真气紊乱。为方便记忆与运功，内丹功修步骤往往附以口诀。由于金花仙姑的附道特征，民间也流传着一些以金花仙姑为题名的内丹功修经本。例如，《金花仙姑上丹功经》虽冠以金花仙姑之名，实则内中全无金花仙姑之述，都是内丹功修步骤。此经仍以小五更形式叙述，7字一句，共20行340字。一更先扫去三心，二更躯安在黄庭，三更寸九界找寻，四更太极而居中，五更四海里传令。每更之下又有相关功修步骤，对气息、五行、水火、阴阳进行调定，最终"养活黄芽才出根，叫我万物而发生"。另一内丹功修经本为《金花仙姑点玄妙真经》，10字一句，点断为3字、3字、4字，除去4行首尾诗偈后，尚有90行900字，该经本描述的功修步骤比《金花仙姑上丹功经》更为细致。

> 先下手，盘膝坐，舌顶玉泉；内四相，要分现，手捏中间；分四海，在内中，各界发现；运回光，日月照，精花水面；正气腾，北海动，东海旋转；正气腾，水流行，南海浇灌……火光照，石门开，摧主进前；前为午，后为子，端然行前；关原乡，气海穴，后有三关；尾闾关，夹脊关，玉枕三关……①

可以看出，所有功修步骤全以经诀形式呈现，讲精气神在人体各个部位的运转，此经文可能为道教内部人士日常内丹功修之用，便于诵记。整体词句字面充满比喻色彩，文字隐晦，内容深奥，没有宗教功修、传统医学知识之人难以全部理解。类似经卷尚有《金花仙姑十朵

---

① 中国人民政治协商会议甘肃省永靖县委员会编《永靖县文史资料选辑（第二辑）：金花仙姑及吧咪宝山》，内部资料，1999，第105~108页。

莲花》①《无字真经》《十二月要修心》《宣阳真人》《玄门临坛》《纯阳帝君降》《五坐毯毯》《四修词》《坐蒲团经》等，内容深浅不一，多与炼养有关。

三　神谕劝世经本

神谕劝世经本在民间最为常见，以金花仙姑题名的劝世经本也有不少，如《带雨菩萨降忠孝经》《吧咪山金花仙姑谕》《吧咪宝山金花仙姑诰妙》《金花仙姑难五更》②等。此类经本或以金花仙姑之名劝人尽忠孝、行善举，或以仙姑之名道出世事纷乱，劝人修庙拜神。

《带雨菩萨降忠孝经》在金花仙姑相关宝卷中篇幅最长，约有万字，内中散韵兼备，以神谕劝世人尽忠行孝。目前所见以《带雨菩萨降忠孝经》为名的民间抄本，内容大多不全，唯有《永靖县文史资料选辑》第二辑所收文本内容最全，所出宝卷原本被确定为善本，其经卷形式及标注时间如表1如示。

表1　《带雨菩萨降忠孝经》经卷形式及标注时间

经卷结构及名称		卷首标注时间	散韵及长短	卷文时代相关信息
第一部分	开卷词	天运丙寅三月初八日降（1926年）	韵文，短卷	卷后部，"演教弟子史元真"，"师尊临夏道长江永禄"
第二部分	带雨菩萨降忠孝经上卷	天运乙丑四月三十日（1925年）	散韵结合，长卷	卷中部，"三教祖师"一节，"乾隆道光又开三期天会。处处方方设教。光绪二十七年。妖星下下世。作乱三教法门。宣统元年（1909）光绪二十七年（1901）"

---

① 以下未注明出处的宝卷文本皆来自笔者实地调研所记民间抄本。
② 《带雨菩萨降忠孝经》《金花仙姑难五更》《吧咪山金花仙姑谕》等经本参见中国人民政治协商会议甘肃省永靖县委员会编《永靖县文史资料选辑（第二辑）：金花仙姑及吧咪宝山》，内部资料，1999，第82~99、109~110、112~115页。未注明出处的宝卷文本皆来自笔者实地调研所记民间抄本。

续表

经卷结构及名称		卷首标注时间	散韵及长短	卷文时代相关信息
第三部分	忠孝经中卷	天运戊辰年正月十二日降（1928年）	散韵结合，长卷	卷首词曰："……元化行舟史元真……" 卷中话曰："戊辰巳巳旋旋转。戊亥作头心莫宽……"
第四部分	忠孝经（纯阳帝君降）	己巳年三月十六日（1929年）	散韵结合，长卷	
第五部分	无卷名	丁卯年二月十六日亥时降（1927年）	韵文，短卷	
第六部分	吧咪宝山金花圣母演教谕	天运乙丑年四月十二日元真开化替圣演教（1925年）	韵文，短卷	
第七部分	无卷名	民国十七年三月十六日（1928年）	韵文，短卷	
第八部分	无卷名	民国十五年四月初六日（1926年）	韵文，短卷	卷首词，"……又收了，史弟子，开化演教……"
第九部分	无卷名	中华庚午年七月十六日（1930年）	韵文，短卷	

注：表中公元年份均为笔者根据宝卷内容标示。

资料来源：中国人民政治协商会议甘肃省永靖县委员会编《永靖县文史资料选辑（第二辑）：金花仙姑及吧咪宝山》，内部资料，1999。

表1所列经卷内容中，"带雨菩萨降忠孝经上卷""忠孝经中卷""忠孝经"（可视为下卷）是《带雨菩萨降忠孝经》的核心，最后五部分短小经卷与忠孝经无内在关联，应是宝卷抄录或整理时附缀于忠孝经后的其他短小宝卷，主要内容是慈船引渡、劝化人心。第一部分开卷词文首标注"天运丙寅年三月初八日降"，有请神词、志心皈命礼，又有开坛演教人史元真、师尊临夏道长江永禄以及扶坛主、舍地坛主等信息。考察历史地名变迁，临夏古称枹罕、河州，其地域名称多有沿革，改称临夏是在民国年间。此外，附缀经卷演教词（第八部分）中又有"民国十五年"（1926）及仙姑收"史弟子"等内容。据此推断，史元真开坛演教时间是在民国，天运丙寅年是1926年。上卷起首标注时间为乙丑年，而该卷正文中段"三教祖师"节末又出现"乾隆道光"、"宣统元年"（1909）、"光绪二十七年"（1901）字样，说明此卷文本的形成不会早于清末，史

元真开坛演教时间是在1926年。中卷卷首词有"元化行舟史元真",正文中又有"戊辰己巳旋旋转""戌亥作头心莫宽"等字样,说明经卷的成文时间至晚是在民国,是对上卷的续写。整个经卷并未明确标示下卷,由于与上卷、中卷经本在内容上有连贯性和统一性,故亦将"纯阳帝君降己巳年三月十六日记忠孝经"视作下卷,其创作年代无从考证,演教时间应在己巳年(1929)。

上卷起首标注时间为乙丑年(1925)四月三十日,主要讲忠孝的来源及忠孝的关系。第一,忠孝的来源。经文沿袭传统思想,将天地万物生化关系概括为天地—万物—男女—夫妇—父子—君臣,并将调节父子、君臣关系的规范系于忠孝。第二,忠孝是人的天性禀赋。经文认为道蕴于性,发于心,达于意,践于事。而道的践行在于忠孝,忠孝是行道之始,是人的禀赋,人人应为孝子、忠臣。第三,忠孝的社会作用及具体践行。经文强调,若人人为孝子、忠臣,则世间永无忤逆反乱,是以天运增福。但人性中的忠孝在人成长过程中多为财帛利禄得失所惑,以致忠孝皆失。故世人应读书明理、持敬积诚,在举念行动之中处处察以忠孝。第四,忠孝的关系。忠孝相依,关系密切。孝先于忠而忠出于孝,"能孝即能忠"。忠与孝二者虽不同名,但其理相通为一。天地赋人以道,人当以道还于天地。第五,忠孝与成仙成佛的关系。忠孝是仙佛的本源,仙佛必自忠孝来。离开忠孝,无论如何修仙修佛,均无法成就仙佛之道。经文称,忠孝之至,可以感天动地,可以成圣贤、成仙佛。忠孝可成善果,可致吉祥。然而,现实世界乾坤颠倒,社会纷乱,教门大乱,儒失纲常,道释犯戒,以致玉帝案前恶册簿堆积如山。仙佛祖师开坛演教,各度有缘人。经文称,忠孝善德之人持诵《带雨菩萨降忠孝经》即可救难,演说此经,即可家门兴旺。

中卷起首注明"天运戊辰年正月十二日降忠孝经中卷",经文主要阐述忠。正文开始前,经本叙述三教纷乱,玉帝差三教开坛演教,收尽妖邪,度化有缘。正文分为三大部分。第一,无君、失忠的危害。经文称,天子承上帝好生之意,统率海内,有天子则有公卿百职。但群贼蜂起,伦常颠倒,上不知天,中不知人,下不知地,有如混沌未分之时。此时必择一积功累仁、修德行义之人正以名分,降其于大任,使民心顺,历数归。而上帝也必倾心护佑，使阴阳、五行、八音等调和有序。但治世少、忠臣少，人之不忠之念常致自身、家庭、宗族不保，贻害社会。第二，忠与百职。经文称，忠虽为一，但人各有其职，以至有王侯将相、士农工商等百职之忠。例如，士以"敦笃人伦""倡先凡庶"为忠，农以"三时无失""早输国课"为忠，工以"朝夕作勤""居肆成业"为忠，商以"有无相易""逢关必税"为忠。只要人人各尽其职便都是忠。第三，忠与治的关系。百职之士如若不能恪尽其守，则天下各业不兴。若世人为忠，则天下太平。故忠便是治。经文以神圣劝化世人，使忠者闻之欣然，不忠者闻之惕然，以至世人全都为忠。

下卷起首注明"纯阳帝君降己巳年三月十六日记忠孝经"。经本主要内容包括五个方面。第一，孝与成仙成佛的关系。经文再次将孝与仙佛相挂钩，称"天地敬孝""乾坤敬道"，世人敬孝则能成仙作佛。第二，孝是人性的根本。经文在进一步阐述中，层层推进，提出孝是德之基、忠之门、天之心、地之程、人之本。第三，父母养儿不易，为子者应及时行孝。父母养育儿女，时时察其生长所需，期盼其成家立业。人之寿不过百岁，而其为子辛劳却花费半世心血，故儿孙应及时行孝，不然子欲养而亲不待，悔之晚矣。具体应从日常饮食起居生活方面加以孝行实践。第四，行孝的目的。富贵名分虽有不同，但孝心一般无二。行孝的目的不是求赞誉和美名、邀福。但只要行孝，人心自然忠德，人心自然安泰，而众人自然誉之，鬼神自然佑之。第五，纯阳帝君降十孝。以承颜、顺令、宽心、敬身、善养、继美、格非、调疾、尽哀、追思十孝来说明人本乎父母。

下卷之后又紧跟五部分标注不同时间的短小经文。其一，"丁卯年二月十六日亥时降"，主要讲仙姑临坛，度化凡民，离孽难，求平安，发善念，治忠孝。其二，"天运乙丑年四月十二日元真开化替圣演教"，主要讲魔王下凡，四路有难，三教主收尽妖邪，"处处开坛度愚顽"。其三，"民国十七年三月十六日"，内容隐喻难懂。其四，"民国十五年四月初六日"，讲仙姑收"史弟子"开化演教，劝世人改恶迁善，仙姑十下凡尘普救众生。其五，"中华庚午年七月十六日"，金花圣母"慈船"渡"愚顽"。

《带雨菩萨降忠孝经》卷本标注时间前后错乱，可能是抄录者或整理者将几次演教时间不一的经本合为一册的结果。尽管经本排序较为凌乱，但瑕不掩瑜，仍不失为金花仙姑相关宝卷中的精品。而演教者史元真也定是一位精通儒、释、道三教的高士，其演教内容讲论忠孝，层层推进，谈养儿之难娓娓道来，说众神下凡绘声绘色。可以想象，当时的宝卷宣讲定是上宣下和，宣者滔滔不绝，声情并茂，听者闻于心，达于行，畏于神。将忠孝伦理赋予神圣的说教在某种程度上增强了神圣对伦理道德的保障，具有很强的说教性。

《吧咪山金花仙姑谕》（部分手抄本又名《金花仙姑降世警言》）除开篇四句七言诗偈外，共82行，均为3字、3字、4字一行，计820字。经本以仙姑口吻道出天下乱象，如纲常无存、朝纲大乱、科考不存、礼仪失序等。巡游神遍查三界，以致所记恶册簿堆积如山。经本行文恳切，字字珠玑，将人间苦难归于人心向恶，上天大怒，降劫于世，十八路魔王下凡。金花仙姑数次奏本玉帝，准其下凡度化世间，劝民敬神佛、行忠孝、改过从善。《吧咪宝山金花仙姑谐妙》32行，每行为3字、3字、4字断开，计320字。经文称，今之世不如古，人心大变。金花仙姑救苦救难，度化众生，劝世人诵经消业，早上法船。值得注意的是，相关经本中充满了"期""三期""救劫""龙华会"等字样，明显受明清时期民间教门三期末劫思想的影响，认为世界已至第三期，此期众仙佛下界普度众生。《金花仙姑难五更》则历数山林遭砍、茶树不见、经殿被毁、火棍松不见、大泉干涸、总庙未起等神圣遭难现象，劝人多行善事，尽早恢复圣景。

除以金花仙姑之名劝谕世人改恶向善、践行忠孝、虔心佛道、救劫度化等方面的经本外，其他题名的劝世救劫经本亦有很多。《三公主妙经》历数行凶杀人、搬弄是非、贪恋钱财、不存好心等不是，称生死难免，钱财皆空，劝世人看透世事，及早觉醒，积攒阴德，仁善宽德，以修来身。《十渡法船》"奉劝男女行善人，存心向善拜观音"。《老母卖梅花》讲述以老母卖梅为机缘，度化民女玉莲。《十报恩》讲述人应报答天地、日月、皇王、父母、祖师、明师、坛、八方、九祖、十殿之恩。《醒世歌》讲人生无常，功名利禄莫争，钱权酒色不贪，谦让勤劳不欺，持诵佛经种善根，"敬德敬孝报国恩"。《十麻木》讲父母养育儿孙不易，但人心麻木，父母到老却无所靠，劝世人存好心，自我行善。文中以阴曹地府"样样刑全"威慑世人，以免罪孽深重而入地狱受刑。也有以齐天大圣为名的《大圣劝善文》，文首称该文降于"一九九五年八月十六日子时（乙亥年）"。文中称："三教者，不分家，都是一尊。万民心，要红者，听党一明。共产党指明路一条，三教归一他为尊。吃饭不忘种谷人，翻身不忘毛泽东。"文中又对当前社会的诸种不良现象进行了一番描述，"三尘世，乱混混，弟子们查明。走一步，看分明，不要乱行。抽大烟，做买卖，胡骗装人"，"造假钱，倒假货，看不分明"，"做买卖，秤上秤，挖空了心思"，奉劝世人"善恶有分胡不行"，"今日有事捧吾神"。文本内容完全反映当代的社会现象，乃今人所创民间经本。将世俗伦理加以宗教性说教，既是世俗伦理宗教化的表现，又是宗教伦理对世俗伦理的吸收。

在诸多劝善敬孝经本中，以《鹦鸽真经宝卷》[①]为精品，其产生年代较为久远，在甘肃及以外地区均有广泛流传。宝卷以小鹦鸽为病母寻梨为线索展开，将小鹦鸽分别置身于张家、包家、皇家等不同环境，富贵虽增，然小鹦鸽思念病中母亲，孝母之情不改当初，茶饭不思，一心期盼回家孝母。最终小鹦鸽重获自由，衔梨回至家中，未料母亲黄莺却在忧思疾病中离世。小鹦鸽日夜恸哭，悲痛中气绝身亡。其孝心感动南海观世音并为其还魂，于是"敬孝的，小鹦鸽，成了真人。莲台下，早晚间，长受香灯"。"忠臣孝子眼前放，礼义廉耻心中藏。善人神佛常拥护，恶人自有恶人当。"整个宝卷以飞鸟寓化世人，使人不忘二十四孝。此宝卷虽长，但其故事在民间影响广泛，宣扬了孝亲思想，鹦鸽尚能持孝，更何况身为万物最灵之人。

四　民间佛道经本

在永靖等地流传着许多与祭拜神佛有关的民间抄本，如《烧香经》

[①] 中国人民政治协商会议甘肃省永靖县委员会编《永靖县文史资料选辑（第二辑）：金花仙姑及吧咪宝山》，内部资料，1999，第158~179页。

《亡人经》《土地经》《拜佛经》《修心经》《地母经》《交灯经》等。在格式方面，大型宝卷正文前多有香赞、开经偈、净心净手净身咒、神咒、请神念、志心皈命礼等，其后才是经本正式内容，往往散韵结合，中间夹以诗偈评述等。而民间流传的诸多散在宝卷并无严格的诵读敬神礼赞，往往直抒其意，经文内容短小精悍，除极个别大型宝卷外，极少有礼赞持诵、散韵结合等经本格式。从搜寻到的经本来看，部分经本可能截取自历史上流传的大型宝卷。《十炷香》是民间非常流行的唱词形式，永靖等地流行的《十炷香》有多个版本，有的截抄自大型宝卷起首的香赞部分（截抄部分有的改名为《观音念》）；有的以相关格式为蓝本重新演绎创作而成，如《十二炷烧香》中十二炷香分别敬玉皇、地母、三官、四大部洲、五方土主、南斗六部、北斗七星、八大金刚、九天卫方、十殿阎君、家神灶君、本境城隍。《地母真经》是农村传唱较多的经文，相较正式经本开卷前的诸多赞偈、咒词外，此经内容简约，开宗明义，全篇讲论持诵《地母真经》便得风调雨顺。虽然此《地母真经》与道教相关经典的主旨相同，但表述文字完全不同："一僧一道一俗门，佛留八万四千路。要得风调和雨顺，开坛宣念地母经。"《司命皂君真经》亦与道教经本不同，全为10字一行，断句为3字、3字、4字。文本以皂君上天禀报人间善恶，玉皇赐善者风调雨顺、福禄安康为核心内容。此外，尚有《王母经》《西方佛经》《洒净水经》《回神经》《交香灯》《朝山词》《种瓜经》《枣儿经》《诚心开门钥匙经》《想念莲花点灯经》《想念王母经》《佛说喜话经》《十月怀胎经》等，种类杂多。这些经本或是围绕某种神圣仪式展开，或是表达对神圣的敬赞，或是抒发虔心敬神的情感，或是围绕某一具体事项加以神圣解说，内中充满三教合流、敬神得福等思想。

除了上述民间性宝卷及各种抄本外，佛道部分经本在民间也有传抄，如佛教的《大明般若波罗蜜六字真经》，道教的《太上洞渊说请雨龙王经》《太上洞玄灵宝十方救苦妙经》《太上亡灵灯科经》等。这些经本多为民间居士、正一道士所抄，经文较长，结构较为复杂，不如其他宝卷及文本易于传诵。相关经文的民间出现亦反映了佛道教人士对民间信仰活动的参与。

五　世俗世情经本

在永靖等地，还流传着一些与神佛关系不大的世俗性手抄文本，基本内容以劝善导民、描述民众日常生活为主。《戒烟经》谈鸦片烟对社会的危害，《戒酒经》讲酒醉伤身惹祸。亦有从士农工商等社会阶层出发来讲述相关社会群体行为准则的经本。例如，《工匠经》称工匠应以业为精，凭忠厚良善立足社会；《商人经》述商人离乡别家、起早贪黑易货之不易，又劝商人不可起贪念，利用歪道贪占钱财；《士人经》讲读书的重要性，士人应寒窗苦读，讲求礼义，成为国家栋梁，不可贪赌淫谤。宝卷等相关文本中的劝善说教有加以神佛说明的，亦有加以世俗性表述的。《合家平安真经》劝导青年、学生要学好，姑娘针线要学好，买卖人要诚信，庄稼人种好庄稼。《劝世人》一劝世人孝顺父母，二劝夫妇和好，三劝姑嫂和睦，四劝兄弟相爱，五劝朋友信义，六劝人勤节俭。《十劝人心》劝儿女孝敬父母，弟兄和好，妯娌和好，邻居和好。《劝孝歌》称天上人间以孝为先，孝顺不分身份等级，行孝便是播种福田，行孝便可国泰民安、遇难呈祥，"普劝大家都行孝"。这些思想使中国传统文化中的仁、义、礼、智、信等思想在现实中得以重新张扬。相关经本中亦有一些无关神佛、完全描述社会日常生活的内容。如《织手巾》《绣荷包》讲织绣过程，内中充满姐妹情深、青年男女相思之情，反映了人们的美好情感世界。《不生气歌》认为生气有害，既伤和气，又伤身体，人生如戏，珍惜缘分，有缘方能相会。现今新的反映世情人事、节令生产等内容的世俗性宝卷及小曲仍在不断产生，彰显了民众在民间信仰活动中的创造性主体地位。

六　余论

从目前收集到的区域宝卷及相关文本来看，甘肃民间所见宝卷以手抄为主，亦杂有打印、复印等载体形式。从现实流传看，同一经本常存在异名及内容不尽一致之处,这与宝卷传唱抄写过程中的误、漏、衍等因素有关。整体来看,陇中地区金花仙姑信仰相关宝卷大型经卷少、短散韵文多,其间又杂以民间小调唱曲等形式。由此看来,似乎区域高质量的精品宝卷相对缺乏。尽管如此,这些宝卷仍是基层民众信仰世界的集中体现,有着丰富的文化内涵。

首先,宝卷内含地方神祇出世的历史记忆。从金花仙姑相关宝卷内容来看,以金花逃婚为基本核心,在代代传承濡化中,演绎出丰富的神祇出世史,在捻线功修、逃婚离家、插木为松、脚踏成泉、成道山野、普降甘霖等故事情节的串接下,人物形象日渐丰满,情节不断丰富,故事逻辑渐趋完整,成就了金花仙姑这一段仙话传奇。从中我们可以倾听古代妇女要求摆脱包办婚姻枷锁的抗争与呐喊,感受由民女至女神的神灵出世的艰难坎坷。而宝卷中井儿街、松树岘、吧咪山等地名的每一次讲述,也都会唤起世人对金花仙姑的历史记忆并勾画出区域信仰的传播关系。

其次,宝卷内容中多宗教因素并存。民间信仰常常表现为儒、释、道三教或多教的融合,此特点不仅反映在庙宇修建及神灵供奉上,亦明显体现于宝卷之中。一是以佛道为名的各类宝卷杂多,信众不加识别,神佛一气;二是三教神灵与思想在同一宝卷内的混杂,所涉神灵的随意性较强、体系性较弱,当然这也是宝卷的民间性使然。从宝卷的信仰属类来看,金花仙姑出世经本、内丹功修经本明显呈现出金花仙姑信仰附会道教的特征。对于基层民众而言,无论何方神圣,多一个神灵就多一份护佑,体现了汉民族信仰的多元性。

再次,宝卷也是传统社会伦理思想的重要载体。各种劝善经本反映了传统伦理思想的社会教化,从中可以感知神灵保障道德的宗教说教,亦可看到劝善敬孝等中华传统美德的传承。而在金花仙姑信仰中,无论是宝卷内容还是神佛思想体系,都将抑恶扬善作为最基本的教化内容,加之儒家思想对相关宗教的弥散,儒家伦理思想"包裹"神灵的保障,以至孝老爱亲、讲信修睦等都成为宗教伦理调节的内容,相关思想对社会风气的淳化直至今天依然发挥着一定作用。在民众心目中,去恶扬善是"菩萨爷"(仙姑)的主张,违背于此,必受神灵惩罚。出现类似违反法律、社会公德之事，相关人员即便在乡风淳朴的村社中也无容身之地，民众的舆论道德拷问时时高悬于头顶。可见，宝卷是儒家伦理思想在民间简明通俗传播的重要载体，其传唱抄写对民间社会风气的淳化、传统道德观念的维系能够产生一定的积极作用。

统观陇中地区金花仙姑信仰相关宝卷，虽然文句较为简单，多为神灵出世、内丹功修、神谕劝世、民间佛道、世俗世情等文本，但满足了基层民众现实信仰、心理慰藉、伦理教化等多方面的社会需求。由于相关宝卷中包含大量调节世俗伦理关系的内容，如孝敬父母、夫妇和好、姑嫂和睦、兄弟相爱、邻里和谐、朋友信义、人勤节俭等，其传唱客观上有利于传统伦理思想的传承与社会公序良俗的维持。目前，民间能够说唱宝卷的人士逐年减少，部分宝卷也只是在庙会节庆时有所宣唱，宝卷中有益社会教化内容的广泛传唱存在困难。一方面需要加强宝卷的收集、整理、出版工作，另一方面要加大宝卷传唱的非物质文化遗产传习力度。对于其中一些短小、世俗性的内容，若内容健康，有益乡风建设，基层组织可以传单、板报、广播等形式进行传播。此外，可以组织民间人士撰写适合新时代发展的新编宝卷及小曲歌谣。这些工作的施行，虽难以用经济效益衡量，但其淳化乡风等方面的功用是毋庸置疑的。当然，这还需要文化建设的有心人、爱乡恋土的热忱人士积极参与，时代也呼唤具有现代气息的新乡贤的诞生，与社会各界共同营造风清气正、乡风祥和的新农村。

甘肃回中山王母宫历史沿革考述

——以碑刻资料为中心[*]

吴 通[**]

内容提要：综合考古与文献资料来看，西汉时期回中山即出现了奉祀西王母的场所。魏晋以降，汉武帝会见西王母的故事与回中山王母宫的营建联系起来。在神化与历史的交织形塑下，回中山王母宫逐渐成为一处奉祀西王母的圣地。回中山现存宋、元、明时期的碑刻资料，反映了唐、宋、金、元、明时期王母宫在官僚士绅、道俗民众支持下屡次重修的情况，以及其对地方社会的影响。清同治三年，王母宫毁于兵燹。1992年泾川县重修王母宫建筑群，这处存续了两千年的西王母祭祀地在新时代依然发挥着重要作用。

关键词：回中山王母宫 碑刻资料 明代

---

[*] 本文系西北民族大学2020年度中央高校专项资助项目"丝绸之路与少数民族历史文化研究"（项目编号：31920200112）、西北民族大学引进人才项目"明代韩王与陇山左右宗教的发展"（项目编号：Z16137）、西北民族大学校级创新团队"历史时期中国西北边疆治理与社会发展研究创新团队"的成果之一。

[**] 吴通，西北民族大学历史文化学院教师，主要从事佛教史、佛教考古研究。

甘肃泾川县城西，泾、汭二河交汇处有回中山（亦称"回山""宫山"），山之东麓为北魏永平三年（510）开凿的王母宫石窟，山脚有"回中降西王母处"的回屋，山巅则建有奉祀西王母的王母宫建筑群。我国现存王母宫众多，但回中山王母宫以始建之早、规模之大，加之有文献、碑刻、文物、古迹、民俗等多重佐证，被认为是西王母祖庙。其中，尤以碑刻资料最为翔实可靠。因此，本文拟以回中山王母宫现存碑刻资料为中心，结合相关考古资料及文献记载，对回中山王母宫的历史沿革进行简要考述，以期为回中山王母宫研究勾勒出明晰的历史脉络。

一 明代之前的回中山王母宫

关于回中山王母宫的创建时间，北宋乐史在《太平寰宇记》卷32有关泾州保定县（今泾川县）西王母祠的记载中，引北周所修《周地图记》：

> 王母乘五色云降于汉武，其后帝巡郡国，望彩云以祠之，而云浮五色，屡见于此。汉书上之□□□也，因立祠焉。每水旱，百姓祷祈，时有验焉。①

这处记载将回中山王母宫的创立与汉武帝联系起来。因西王母见汉武帝时乘五色云而降，此后汉武帝巡游时，见到五色云即祭祀，而五色彩云屡见于泾州回中山，因而在此立西王母祠。西王母的主要神格功能是降雨、救灾。天顺五年《大明一统志》有关回中山王母宫的记载沿用了这一说法：

> 王母宫，在泾州西五里。旧志，武帝时，西王母乘五色云降，后帝巡郡国，望彩云祀之。而五色云屡见于此，因立祠。后改为宫。②

---

① （宋）乐史：《太平寰宇记》卷32《泾州》，中华书局，2007，第692~693页。
② （明）李贤等纂《大明一统志》卷35《平凉府·寺观》，天顺五年内府原刻本。

到清朝时，明确认定回中山王母宫的创建年代为汉武帝元封元年。乾隆《甘肃通志》载："王母西真宫，在泾州回中山，汉元封元年建。"①《古今图书集成》卷553载："王母西真宫，在回山，汉元封元年建。"②

历代重修回中山王母宫留下的碑刻资料关于其创建年代一直是模糊的。元代《重修王母宫碑》云："山之脊有宫焉，即汉武帝尝祠西王母于此。陶谷有碑纪之详矣，此不复云。"③明嘉靖元年（1522）《重修王母宫碑》云："宫在泾原西五里回中山巅，祠所谓西王母，盖古迹也。世传周穆王、汉武帝皆尝西游与王母会，故有宫于兹，又谓之王母宫。宋陶学士秀实记之详矣。"但北宋开宝元年（968）陶谷所撰《重修王母宫颂》④只是以钩索文献关联的方式提到周穆王会见西王母、汉武帝西巡朝那之事，称"回中有王母之庙，非不经也。年禩寖远，栋宇堕坏"，并未明晰王母宫的创建年代。由于缺少可靠资料，在《陇右金石录》中，张维对回中山王母宫的创建年代存疑，称："王母宫建于何时，今无可考。（陶）谷文作于宋初，即云年禩寖远、栋宇堕坏，盖其来久矣。顾宋前金石，竟无一字。"⑤

虽然已无法准确得知回中山王母宫的建设年代，但文献记载及碑刻资料都认为回中山王母宫的建设缘起是西王母与汉武帝会面的故事。

西王母的传说"或许是中国古代神话中最为复杂的课题之一"⑥，其复杂性主要源于早期文献对西王母记载的多样性，这些文献本身的真伪及成书年代，西王母被道家、道教逐渐仙化等问题。殷墟卜辞中就出现了具有神格的"西母"，但学界对其与传世文献中"西王母"的关系争论未定。关于"西王母"详细而明确的记载，以《山海经》为最早，《庄子》《竹书纪年》《穆天子传》等文献中也有记述。西王母形象自战国时

---

① （清）许容等修《甘肃通志》卷12《祠祀·平凉府》，《景印文渊阁四库全书》第557册，台湾商务印书馆，1986，第389页。
② （清）陈梦雷编《古今图书集成》第105册，中华书局，1934，第29页。
③ 张维：《陇右金石录》卷5，甘肃省文献征集委员会校印，1943，第8页。
④ 陶谷撰文的这方碑刻，历史情形比较复杂，具体见后文解释。
⑤ 张维：《陇右金石录》卷3，甘肃省文献征集委员会校印，1943，第22~23页。
⑥ 〔美〕巫鸿：《论西王母图像及其与印度艺术的关系》，李凇译，《艺苑》1997年第3期，第36页。

期出现伊始，就集人、兽、神特质于一身，身份神秘、复杂。但发展到西汉时期，西王母已经由神话传说演变为受人信仰、崇拜的偶像。西汉中期焦延寿所著《焦氏易林》中有多处祈求西王母消灾赐福的记载。[①]《汉书》记载，汉哀帝建平四年（公元前3年），由于旱灾，关东民众纷纷"传行西王母筹"，席卷26个郡国，齐聚京师祭祀西王母。[②] 从目前考古发现的材料看，与西王母有关的图像以西汉中晚期昭帝与宣帝之间的洛阳卜千秋墓室壁画上所见为最早[③]，时间稍后的西王母图像见于河南南阳、郑州等地西汉后期画像砖。东汉时期，西王母图像更为普遍，画像石、画像砖、墓葬壁画、铜镜、摇钱树、灯座及漆画等考古资料中均有发现，分布于河南、山东、陕西、四川、山西、浙江、江苏、湖南等广大地域。汉代西王母图像所表现的主题基本上为祈求长生、升天登仙。"这些图像实物的规模大大超过了文献中对西王母信仰的描述，在很多地区得到了集中而完整的体现，使我们惊奇地看到西王母图像在当时的普及和重要程度。"[④] 而最迟到东汉后期，早期道教已经明确将西王母列为尊奉的神仙。东汉道经《老子中经》记载的55位神仙中，西王母居东王父之后，列第4位，仙阶极高。[⑤] 总之，两汉时期，对西王母的仙化已经初步形成，西王母信仰与崇拜在社会上广泛流行。

1992年重修回中山王母宫时，故址上出土许多残砖断瓦，其中有残长15厘米、厚1.2厘米的灰陶粗绳纹大板瓦。文博工作者将其与平凉静宁县李店乡、泾州古城出土的大量西汉板瓦进行对比，指出回中山王母宫遗址出土的板瓦为西汉之物。[⑥] 这说明西汉时回中山山顶是有建筑物的。鉴于汉代西王母信仰流行的历史背景，回中山山顶的汉代建筑物很可能就是奉祀西王母的场所。

---

① （汉）焦延寿：《焦氏易林》，《丛书集成初编》本，商务印书馆，1937。
② 《汉书》，中华书局，1962，第342、1312、1476页。
③ 洛阳博物馆：《洛阳西汉卜千秋壁画墓发掘简报》，《文物》1977年第6期，第8～12页；孙作云：《洛阳西汉卜千秋墓壁画考释》，《文物》1977年第6期，第19页。
④ 李淞：《论汉代艺术中的西王母图像》，湖南教育出版社，2000，第3页。
⑤ 张泽洪、熊永翔：《道教西王母信仰与昆仑山文化》，《青海社会科学》2010年第6期，第3页。
⑥ 刘玉林：《泾川王母宫建筑的有序传承》，《平凉日报》2013年11月。

但关于汉武帝会见西王母的记载直到汉末魏晋时才出现。《汉武故事》《汉武帝内传》《博物志》《汉武洞冥记》《十洲记》等文献对汉武帝会见西王母之事大多细致演绎，但西王母并不是乘五色云而降，也没有提到泾川回中山。将回中山王母宫的创建与汉武帝会见西王母的故事直接联系起来，最迟始于北周《周地图记》，这种联系也不是凭空而来。据《汉书》记载，汉武帝曾 4 次 "行幸回中"，4 次到达安定。① 关于 "回中" 的地理位置，古人为《史记》、《汉书》和《后汉书》作注时已经出现分歧，应劭、颜师古认为在安定，服虔、孟康认为在北地，徐广、李贤等则认为在汧县。考定 "回中" 的准确所在已极为困难，泾川回中山何时得名也已无从可考，但泾川回中山在西汉时属于安定郡是不争的事实。汉武帝对长生不死之术十分狂热，多次巡幸安定，汉武帝会见西王母的故事又已经广为流传，人们将回中山王母宫的建设与汉武帝会见西王母的故事联系起来便成为可能，又在此基础上继续演绎，将周穆王会见西王母的故事也纳入回中山王母宫建设渊源。在神化与历史交织的形塑下，回中山王母宫逐渐成为一处奉祀西王母的圣地。

现存碑刻资料中对回中山王母宫的记述最早见于北宋翰林学士、刑部尚书陶谷撰写的《重修王母宫记》。② 陶谷记文存有两碑，一是僧人梦英所书的《重修王母宫记》，高四尺，宽二尺二寸，篆额 "泾州回山修王母宫记"，原存王母殿南廊，碑文后有 "宫主道士元□□" 等字。③ 二是上官佖所书《重修王母宫颂》④，篆额 "重修回山王母宫颂"，碑阴有上官佖自题记文。据此可知，陶谷为重修回中山王母宫所作记文，最初刊立于北宋开宝元年（968）。咸平元年（998）柴禹锡知泾州时削去旧字，请南岳宣义大师梦英重书其文；至天圣二年（1025），军州知州上官佖认为梦英所书字多舛误，笔迹讹俗，有碍陶谷名文传世，于是以小篆重书，

---

① 参见《汉书》卷 6《汉武帝本纪第六》，中华书局，1962。
② 天顺《大明一统志》及嘉靖《陕西通志》俱载，泾州回中山王母宫内有唐代崔立诗碑，其诗也涉及西王母故事，碑已佚。张维据《宋史·崔立传》考证，认为曾任泾州知州的开封鄢陵人崔立当为诗碑作者，明代方志 "讹宋为唐"。参见张维《陇右金石录补》卷 1，《地方金石志汇编》第 26 册，国家图书馆出版社，2011，第 568~569 页。
③ 张维：《陇右金石录》卷 3，甘肃省文献征集委员会校印，1943，第 14 页。
④ 此碑通高 283 厘米，宽 86 厘米，厚 17 厘米，今存泾川县王母宫石窟文物管理所。

刊立于王母殿北楹。

陶谷记文文辞绚烂，但涉及重修王母宫具体情状的内容并不多，仅知王母宫"年禩寖远，栋宇堕坏。坛䃰杏朽，蔽荆棘于荒庭；井废禽亡，噪鸟鸢于古堞"，镇守泾州的张铎"申命主者，勾工缮修。薙蔓草于庭除，封植嘉树；易颓檐于廊庑，缔构宏材。丹青尽饰于天姿，黼藻增严于羽帐"。这次重修是在北宋开宝元年，具体负责工程修建的是王母宫"宫主道士元□□"，可见王母宫当时虽然破败，但也没有完全荒废，宫观中还有道士活动。从王母宫"年禩寖远，栋宇堕坏"的故址来看，王母宫在唐代还是一处颇具规模的灵庙。1992年重修王母宫时出土的两件唐代莲纹瓦当是唐代回中山建有王母宫的明证。[①] 而王母宫在开宝元年重修之后更为壮丽，《重修王母宫颂》碑阴有宋代皇祐、元丰、元祐、大观、宣和年间的10处题名及金大定二十五年题名可见，回中山王母宫在宋金时期深受地方官员重视及民众崇奉。

此后回中山王母宫的情况见于元代《重修王母宫碑》。据此碑记载，元初，泾州一带因长期战乱，城邑凋敝，人烟稀少。泾、邠二州都达鲁花赤史阔阔徒广行仁政，泾州人口增加，生产恢复。虽然回中山王母宫在战乱中有所损毁，但尚存许多屋宇，史阔阔徒倡议重修，得到官吏、士庶的积极响应。史阔阔徒邀请一位有影响力的道门中人主持重修之事，"闻秦陇教门提点洞阳真人卢公阐教西土，德望素著，即日□□□□□□□□□□□敬知宫门事，率徒侣以效营造，盖戊戌岁正月也。郭公既领师旨，食息弗遑，剪棘除□□□□□□□□□□□之未安者以次而崇饰之，期□□已一切完整"。[②] 秦陇教门提点洞阳真人卢公派弟子"郭公"主持王母宫重修工作。《重修王母宫碑》"碑末有道正郭德敬，当即碑文所谓郭公"。[③]

此碑文多漫漶，创立时间因此不明。张维认为碑中"戊戌岁"为"蒙古太宗戊戌，当宋嘉熙二年"。[④] 其实，碑中所言泾、邠二州都达鲁花

---

① 刘玉林：《泾川王母宫建筑的有序传承》，《平凉日报》2013年11月。
② 张维：《陇右金石录》卷5，甘肃省文献征集委员会校印，1943，第7~9页。
③ 张维：《陇右金石录》卷5，甘肃省文献征集委员会校印，1943，第9页。
④ 张维：《陇右金石录》卷5，甘肃省文献征集委员会校印，1943，第9页。

赤史阔阔徒,在嘉靖《陕西通志》及嘉靖《平凉府志》中有载,"史阔阔徒,大德间为泾邠二州都达鲁花赤。公节用爱人,军民畏爱"。[1] 因此,元代这次对王母宫的重修应该是在同为戊戌纪年的元大德二年(1298)。这次重修是史阔阔徒为了笼络人心,顺应民情,维系新生政权在地方上的统治,而借助民间素来奉祀的王母宫推行教化。从客观影响来说,这次重修不仅使王母宫建筑焕然一新,而且秦陇教门提点洞阳真人卢公的弟子郭德敬率徒众来到泾州,担任泾州道正司道正,促进了元代泾州道教的恢复与发展。

二 明代韩昭王支持重修回中山王母宫

明朝立国后,朱元璋将除太子朱标外的其他24个儿子陆续分封到全国各地的名邑重镇,以藩屏国家。平凉府地理位置重要,先后封有两府藩王。最初封到平凉的是安惠王朱楹(朱元璋第22子),因无子嗣而未能延续。永乐二十二年(1425),原封辽宁开原的韩王改封平凉。第一代韩王为朱元璋第20子朱松,未之国。从第二代韩王韩恭王到末代韩王朱亶塉,韩王在平凉共传10王,历时218年,其间又繁衍分封35府郡王,对平凉及周边地区的政治、经济、文化、民生等产生了深远影响。相关文献记载与考古资料表明,历代韩王及韩府宗室成员大多崇信佛教、道教,他们在平凉府城周围先后建立了10余座佛寺道观,长期支持崆峒山营建,奠定了崆峒山寺观群落的主体格局。明代庄浪云崖寺等石窟的开凿、天水仙人崖的营修也与韩王关系密切。可以说,明代甘肃东部地区佛教、道教以及民间信仰的发展都深刻地打上了韩王家族的历史印记。

今存泾川回中山,刻立于明嘉靖元年(1522)、由兵部尚书彭泽撰文的《重修王母宫碑》[2] 反映了正德、嘉靖年间韩王对重修王母宫的支持。

---

[1] (明)马理:《陕西通志》卷28,《中国西北稀见方志续集》第2册,中华全国图书馆文献缩微复制中心,1997,第627页;(明)赵时春:《平凉府志》卷5《官师》,《西北稀见方志文献》第41卷,兰州古籍书店,1990,第408页。

[2] 此碑为红砂岩质,碑身高220厘米,宽101厘米,厚30厘米;龟跌高106厘米,长205厘米。今镶嵌于泾川县王母宫石窟文物管理所碑墙上。

现录明代《重修王母宫碑》碑文如下①：

宫在泾原西五里回中山巅，祠所谓西王母，盖古迹也。世传周穆王、汉武帝皆尝西游与王母会，故有宫于兹，又谓之王母宫。宋陶学士秀实记之详矣。路当孔道，古今名士登览祇谒，题咏甚富，蔼然为郡之胜迹。然自胜国初重修，迄今逾二百载，渐以颓毁。郡之耆旧屡欲修之，未能也。属泾太学生闾君沂，念父兄师友尝绩学卒业于斯，资其幽僻闲远，以游以息，经明行修，登高第而跻膴仕者后先相望，乃慨然谓诸耆旧曰："仙家之荒唐无足言，周穆汉武之游览无足取，第兹宫为吾郡千余年之胜迹。自我国朝奄有万方，陕为西北巨藩，自关辅以达西南诸夷，不啻万里。延宁甘肃诸镇文武重臣，以及奉命总制、经略、抚按、册封出使外夷，大儒元老，名公硕士，百五十年来经此者不知其几，而吾泾缙绅士民得以亲炙而交游之，皆以斯宫之在兹。而吾泾自国初抵今，藏修于兹以登仕途者，又不特寒族父兄子侄也。必欲重修，吾当为之倡，其视倾资破产于佛老虚无寂灭之教以资冥福者，当有闻矣。"于是出私帑若干缗以先之，诸耆旧士庶欢然合谋，鸠材僝工。一时宗藩韩王亦乐施助，期终其事。经始于正德丙子五月上旬，落成于嘉靖壬午五月中旬。为王母殿、玉皇阁者各五楹，周穆王、汉武帝行祠六楹，其余雷坛及玄帝等殿有差，则皆乡者之意，欲为旱潦疫疠之祷而设也。规制整严，轮奂丽美，大非昔比。

工既讫，乃走书于兰，属泽为之记。夫圣人不师仙盘游者，圣帝明王之深戒，吾儒之教也。第闾生沂之论，盖不溺于其说而自有说之可取。故不辞芜陋叙述之，以纪岁月。后之游览于此者，观此其亦有取也。夫闾生也，能由此而克充之，敦天伦，重礼教，足法

---

① 乾隆《泾州志》录有彭泽《重修王母宫记》，但其中有多处讹误，记文也不够完整，参见（清）张延福《泾州志·艺文志》，《西北稀见方志文献》第42卷，兰州古籍书店，1990，第435~438页。《陇右金石录》著录此碑时，完全照录乾隆《泾州志》，并无增补改订，参见张维《陇右金石录》卷8，甘肃省文献征集委员会校印，1943，第47~48页。本文依照原碑录文，彭泽之文最后一段为彭泽过泾州时所作七律一首，与本文关系不大，且有几处字迹残泐难辨，因此该段碑文未录。

于家而遗范于党里,则斯举为可称矣。不然,则昧先师务民之义、敬鬼神而远之之训,是亦佛老之流耳,奚足为世轻重哉!

彭泽此文前半部分,交代了重修王母宫的背景以及缘由。此次重修王母宫的倡议者是泾州籍太学生(即国子监生员)闫沂。有感于父兄曾在幽僻清静的回中山读书治学,最终经学博洽,德行美善,科举中试,相继荣登高位,闫沂召集泾州乡耆士绅,倡议重修王母宫。闫沂主要从两个方面强调了回中山王母宫的重要性:其一,泾州地处交通要道,王母宫又为临近州城、历史悠久的名胜古迹,长久以来,西北诸镇文武重臣、因战事特设职官以及来往使臣等达官名士经过泾州时大多慕名登览拜谒,泾州缙绅士民得以与他们结交;其二,王母宫所在的回中山是一个可供读书治学的清静之所,许多寒门、望族子弟从这里走上科举仕途,重修王母宫有纪念先贤、激励后学的作用。

据明成化十四年(1478)《故修职郎闫君(瑛)墓表》[①] 以及嘉靖《平凉府志》、乾隆《泾州志》记载,闫氏一族世居泾州,闫瑛曾祖闫仲贤是元至正十三年进士,任延安府知府;祖父闫斌,洪武八年乡举,任山东胶州知州。闫瑛曾任四川保宁府经历,赠知府。闫瑛生闫鉴、闫铎、闫钲、闫锐、闫钊、闫铠六子。闫钲,成化八年进士,官至贵州布政使,成化十三年死于贵州米鲁叛乱,赠礼部尚书;闫锐,成化十九年举人,补州序廪膳生;闫铠,弘治五年举人,官至贵州思南府知府。[②] 闫钲子闫潼,荫父荫入国子监学习。[③] 闫铠子闫漳,嘉靖年间以岁贡入太学,好古力学,事亲至孝。[④] 闫钊子闫瀛,弘治年间岁贡,后入国子监,官至湖广

---

① 墓表汉白玉材质,四周阳刻卷草纹边饰,今镶嵌于泾川县王母宫石窟文物管理所碑墙上。
② (明)赵时春:《平凉府志·泾州志》,《西北稀见方志文献》第41卷,兰州古籍书店,1990,第409~410页;(清)张延福:《泾州志》,《西北稀见方志文献》第42卷,兰州古籍书店,1990,第358、378~381页。
③ 《明武宗实录》记载:"贵州右布政使闫钲死于贼难,荫子潼为国子生。潼没,其弟子瀛为后,奏乞补荫。许之。"参见《明武宗实录》卷22,正德二年闰正月丙辰条,"中研院"历史语言研究所校印,1963,第618页。
④ (清)张延福:《泾州志》,《西北稀见方志文献》第42卷,兰州古籍书店,1990,第383、369页。

竹山知县。① 此外，闾氏族中还有一位闾洁，"成化丙午乡魁，癸丑进士，授监察御史，升山东按察司提学副使"。② 闾沂的亲属关系尚不明确，彭泽称其父兄"登高第而跻膴仕者后先相望"，闾氏族中虽多仕宦之人，但符合彭泽此语的只有闾钲、闾洁，闾沂的父兄应该就是此二人。

自元代起，泾州闾氏一族在科举仕宦上就人才辈出，到闾钲、闾洁辈时，这个素来以儒家礼法、忠孝之道安身传家的门族声望已臻鼎盛，闾沂因此得以号召重修王母宫。闾沂的倡议得到了泾州士绅百姓的热烈响应，"一时宗藩韩王亦乐施助，期终其事"。此时在位的韩王为韩昭王朱旭櫏，据《明史》及嘉靖《平凉府志》记载，朱旭櫏秉性忠孝，雅嗜诗书，是一位能行仁政的贤明藩王。③ 韩昭王对泾州重修王母宫之事非常重视，欣然施财助工，希望此次重修工程能够顺利竣工。此次重修"经始于正德甲子五月上旬，落成于嘉靖壬午五月中旬"，从正德十一年（1516）至嘉靖元年（1522），整个营修工期长达6年。

彭泽文称，王母宫"自胜国初重修，迨今逾二百载，渐以颓毁。郡之耆旧屡欲修之，未能也"。"胜国"指亡国、前朝，于明朝而言，"胜国"即为元朝。自元初大德二年（1298）王母宫重修，至明正德十一年（1516），正"逾二百载"。显然，这次营造是自元初大德二年以来王母宫的首次重修，在泾州望族闾家的倡导、驻藩平凉的韩昭王的大力支持之下，这项历时6年的工程才得以开展并最终完成，使王母宫逐渐衰落的局面得以改观，宫观规模扩大，"规制整严，轮奂丽美，大非昔比"，为以后的发展奠定了基础。

值得注意的是，因为闾氏一族从科举入仕途的家族传统，以及家族成员在科举功名上取得的荣耀，闾沂从倡导重修王母宫伊始就强调此次重修意在宣扬儒家礼教，表现出与"倾资破产于佛老虚无寂灭之教以资

---

① （清）张延福：《泾州志·选举志》，《西北稀见方志文献》第42卷，兰州古籍书店，1990，第382页。闾瀛之父不明，《明武宗实录》称闾钲"弟子瀛"补荫为国子生，闾钲有闾钊、闾铠二弟，闾铠有子闾漳（嘉靖时以岁贡入太学），闾瀛应为闾钊之子。

② （明）赵时春：《平凉府志》卷5《泾州·进士》，《西北稀见方志文献》第41卷，兰州古籍书店，1990，第409页。闾洁之父不明。

③ 《明史》卷118《诸王三·韩王松》，中华书局，1974，第3605页；（明）赵时春：《平凉府志》卷1《藩封》，《西北稀见方志文献》第41卷，兰州古籍书店，1990，第274页。

冥福者"相区别的态度。彭泽在文末也重申了敦天伦、重礼教、轻佛道的宗旨。此外，碑阴还刻有闫钲、闫铠、温应璧、刘汉、杜举、刘汲、闫洁、脱腾、刘浩等约 30 位泾州官吏的姓名及官职[①]，以现实的例子宣扬读书修身、科举仕宦的入世价值取向。乾隆《泾州志》记载回中山上有文昌阁[②]，应该就是建于此时。

回中山王母宫是一处历史久远的奉祀西王母的道教宫观，其禳灾降福的灵威神佑功能早已深入人心，所以在此次重修中，一批奉祀王母、玉皇等道教神仙的殿宇建成，"为王母殿、玉皇阁者各五楹，周穆王、汉武帝行祠六楹，其余雷坛及玄帝等殿有差，则皆乡耆之意，欲为旱潦疫疠之祷而设也"。据乾隆《泾州志》载，回中山上还有三清楼。[③] 从明嘉靖到清乾隆，再不见关于回中山王母宫营建的记录，三清楼应该也是建于此次重修之时，用于奉祀道教最高尊神玉清、上清、太清。

明代《重修王母宫碑》碑阴，在"乡耆姓氏"文忠、李梅等 49 人姓名之后，还刻有王母宫三辈 14 位道人姓名：

本宫□□□□正安演洪

住持景演□、牛演深

杨演泞、□演□、□演澄

温全忠、李全安

钱教成、□教□、米教珠、

闫教荣、张演洁、□全义

全真道华山派之传代派字，前两句为"至一无上道，崇教演全真"。显然，明代中期的回山王母宫为一处华山派道观，上述《重修王母宫碑》碑阴题名中的王母宫道人是华山派第 7 代、第 8 代、第 9 代弟子，道人规

---

① 其中 10 余人可与嘉靖《平凉府志·泾州志》及乾隆《泾州志·选举志》中所载科举人物对应。

② （清）张延福：《泾州志·地舆志》，《西北稀见方志文献》第 42 卷，兰州古籍书店，1990，第 272 页。

③ （清）张延福：《泾州志·地舆志》，《西北稀见方志文献》第 42 卷，兰州古籍书店，1990，第 272 页。

模已相当可观。其中，安演洪应该是泾州道正司道正，而景演□为王母宫住持道人。嘉靖元年（1522）王母宫重修，为泾州道教发展开创了新的局面。

结　语

通过上文对回中山王母宫现存碑刻、考古资料以及相关文献的梳理，西汉至明代王母宫历史沿革的基本脉络已较为明晰。西汉时，回中山即出现了奉祀西王母的场所。魏晋以降，汉武帝会见西王母的故事与回中山王母宫的营建联系起来。在神化与历史的交织形塑下，回中山王母宫逐渐成为一处奉祀西王母的圣地。北宋《重修王母宫记》反映了北宋开宝元年（968）王母宫的重修及其影响，碑上宋金时期的十余处题记直观表现了王母宫在当时深受地方官员的重视及民众崇奉。元代《重修王母宫碑》记述了大德二年（1298）泾、邠二州都达鲁花赤史阔阔徒重修王母宫以推行教化的情状；秦陇教门提点洞阳真人卢公的弟子郭德敬应邀担任泾州道正司道正，促进了元代泾州道教的恢复与发展。明代《重修王母宫碑》记载了嘉靖元年（1522）驻藩平凉的韩昭王对泾州士绅重修王母宫的支持。此次重修意在宣扬儒家礼教，标榜读书修身、科举仕宦的价值取向，同时修建了一批奉祀王母、玉皇等道教神仙的殿宇，宫中道人渐众，泾州道教发展出现了新的局面。

明代嘉靖年间重修之后，据泾川县博物馆藏清代《共成善果册》记载，王母宫毁于清同治三年（1864）兵燹。1992年泾川县重修王母宫，陆续建成西王母大殿、东王公大殿、配殿等主体建筑。现每年农历三月举办的西王母庙会，吸引了不少台湾同胞寻根祭拜，成为海峡两岸人民情感交流的纽带。2008年，泾川"西王母信俗"被国务院列入第二批国家级非物质文化遗产名录。2015年，甘肃回中山王母宫被中共中央台办、国务院台办授予"海峡两岸交流基地"。这处存续了两千年的西王母祭祀地在新时代依然发挥着弘扬传统文化、维系民族情感的重要作用。

·北方民族史·

和世㻋西行与察合台后裔拜答里家族

〔日〕赤坂恒明/著　刘晨亮/译[*]

内容提要：元武宗海山长子和世㻋起兵失败后，向西逃亡至阿尔泰山附近，并进入察合台汗国。笔者认为，察合台宗室出伯之弟脱黑帖木儿后裔为和世㻋与察合台汗国联络的中间人；脱黑帖木儿为拜答里之末孙，而拜答里为察合台之末子，故很有可能因脱黑帖木儿身份的特殊性，他的后裔继承了察合台初封时的游牧地阿尔泰山西南地区，和世㻋东归称帝后，脱黑帖木儿之孙亦怜真八因拥立之功受封为柳城王。笔者猜测，反叛元朝的"脱火赤"并非一人，实为两人。其一为攻击岭北行省的脱火赤丞相（脱火赤拔都儿），另一为脱黑塔之子、出伯之孙宁肃王家族的脱火赤，《元史》误将两人合为一人。此外，有可能在脱火赤丞相率元军击败察合台汗国之前，脱黑帖木儿后裔就已进入畏兀儿地区。和世㻋进入察合台汗国后，支持和世㻋的脱黑帖木儿后裔亦倒向察合台汗国，畏兀儿地区再次成为察合台汗国的领地。然而，合班（出伯之兄）之子宽彻依然

---

[*] 赤坂恒明，日本早稻田大学大学院文学研究科博士毕业，任早稻田大学第一文学部助手；2000年起任早稻田大学文学学术院等讲师；2018年起任内蒙古大学蒙古历史学系特聘研究员。主要研究领域为蒙古帝国西方三汗国史。刘晨亮，西北民族大学历史文化学院硕士研究生，主要研究领域为专门史。

控制着哈密且未倒向察合台汗国。因此，察合台汗国与元朝当时的边界应在哈密与畏兀儿地区之间。拙文中，笔者推测和世㻋西行及其对元朝、察合台汗国的影响与拜答里后裔的行动密切相关。

关键词： 元代　和世㻋　察合台汗国　畏兀儿

延祐三年（1316）十一月，元武宗海山（Qaišan）的长子周王和世㻋（Qošila，即元明宗）为反抗叔父仁宗爱育黎拔力八达（Ayurbarwada）的迫害，在延安起兵失败后，西行至阿尔泰山一带。公认的说法是他逃亡到察合台汗国，并在"天历之乱"中依靠察合台汗国的军事力量登上帝位。

笔者在《拜答里裔系谱信息与黑水城汉文文书》一文中分析了归属元朝的察合台后裔拜答里（Baidar）家族，也就是出伯（Čübei）一族的谱系情况，推定肃王、宁肃王、柳城王的王统是无法确定的，推测出伯之弟脱黑帖木儿的子孙（柳城王家族）是支持和世㻋西行的势力之一。但在该文中没有讨论在当时的政治环境下，出伯一族成员是如何行动的。

本文旨在明确在元朝和察合台汗国的关系中，出伯一族处于怎样的立场，尝试论述时至今日仍有诸多不明确之处的14世纪前半叶河西到天山东部地区的政治形势。另外，关于和世㻋西行及其引发的政治变动，因史料不足，掌握个体的活动是很困难的。管见所及，在如今已知的中亚、西亚史料中没有关于此事的记载。在汉文史料《元史·仁宗本纪》中没有关于以支持和世㻋的陕西行省丞相阿思罕等起兵为起点的"关陕之变"与和世㻋西行的记载。① 因此，依据数量很少的史料断片明确模糊的事件使本文依赖推测的部分增加，但为阐明未详问题，不揣谫陋，以俟批评指正。

一　流离阿尔泰的和世㻋背后的支持力量

和世㻋起兵失败后，《元史·明宗本纪》记载："帝遂西行，至北边金山。西北诸王察阿台等闻帝至，咸率众来附。""西北诸王察阿台"

---

① 杉山正明「大元ウルスの三大王国（上）—カイシャンの奪権とその前後—」，『京都大學文學部研究紀要』第34号，1995，115、124、128頁。

一直被认为是察合台汗国君主,即当时的察合台汗也先不花。① 这个推定是准确的。但当时察合台汗国的势力未及阿尔泰山一带,很难想象也先不花等察合台汗国的人可轻易到阿尔泰地区"率众来附"。

成宗铁穆耳末年,怀宁王海山(即武宗)率领元军与察合台家族族长、也先不花之父笃哇(Do'a)一道,夹攻包括海都(Qaidu)诸子在内的窝阔台家族,平定窝阔台家族后,元军控制了阿尔泰山西麓至博尔塔拉、准噶尔盆地北部地区。② 笃哇军控制了伊犁盆地至天山东部的畏兀儿地区的广袤土地,甚至已达哈密附近,毗邻阿尔泰山西南地区。但到笃哇之子也先不花时,驻扎在阿尔泰西部的元将脱火赤丞相(脱火赤拔都儿)等率军夺取了畏兀儿地区。③ 哈沙尼(Qāšānī)在《完者都史》中指出:"脱火赤的军队扫荡敌军达三月路程之远,并置于自己的控制之下。而出伯诸子的军队则(驱敌)四十日程,直至占据哈密,叛军远离自己的禹儿惕为止。"④ 从这条史料看,脱火赤丞相西征的同时,"出伯诸子的军队"好像也占据了至哈密一带的地域。然而,在《完者都史》中

---

① 刘迎胜:《察合台汗国史研究》,上海古籍出版社,2006,第399~400页;植村清二「察合台汗国の興亡 (三)」、『蒙古』第8卷第12号、1941、67、72頁;杉山正明「大元ウルスの三大王国(上)—カイシャンの奪権とその前後—」、『京都大學文學部研究紀要』第34号、1995、206-207頁。

② qāšānī, tārīx-i ūljāytū, Istanbul: Süleimaniye Kütüphanesi, Aya Sofya 3019/2, f. 225b; qāšānī, tārīx-i ūljāytū, The History of Uljaytu by Abu'l Qasem Ibn 'Ali Ibn Mohammad al-Qashani, Mahin Hambly, ed., Tehran: Šerkat-e entešārāt-e 'elmī va farhangī, 1969, p. 205;杉山正明「西暦一三一四年前後大元ウルス西境をめぐる小札記」、『西南アジア研究』第27号、1987、45-46頁;杉山正明『モンゴル帝國と大元ウルス』、京都大学学術出版会、2004、358-359、365頁;刘迎胜:《察合台汗国史研究》,上海古籍出版社,2006,第383~384页;村岡倫「オゴデイ=ウルスの分立」、『東洋史苑』第39号、1992、34-35、41頁。

③ 刘迎胜:《脱火赤丞相与元金山戍军》,《南京大学学报》(哲学·人文科学·社会科学版)1992年第4期,第34~42页;刘迎胜:《皇庆、至治年间元朝与察合台汗国和战始末》,载蔡美彪主编《元史论丛》第5辑,中国社会科学出版社,1993,第13~49页;刘迎胜:《察合台汗国史研究》,上海古籍出版社,2006,第381~396页。

④ qāšānī, tārīx-i ūljāytū, Istanbul: Süleimaniye Kütüphanesi, Aya Sofya 3019/2, f. 227a; qāšānī, tārīx-i ūljāytū, The History of Uljaytu by Abu'l Qasem Ibn 'Ali Ibn Mohammad al-Qashani, Mahin Hambly, ed., Tehran: Šerkat-e entešārāt-e 'elmī va farhangī, 1969, p. 208;杉山正明「西暦一三一四年前後大元ウルス西境をめぐる小札記」、『西南アジア研究』第27号、1987、49頁;杉山正明『モンゴル帝國と大元ウルス』、京都大学学術出版会、2004、360頁。

的其他地方，关于也先不花与元军开战之前的记述："他们［钦察族出身的床兀儿（Jūnqūr Wānk）等人］的下边是出伯的儿子们，即南木忽里和不颜塔失，还有合班的儿子宽彻跟十二万户（Tūmān）一起，在肃州的禹儿惕，居住在哈密至畏兀儿地区。"① 此外，还记载了"合班的儿子和大军一起驻扎在哈密"②。可以确认，"出伯诸子"包括出伯之兄合班的儿子宽彻，同属元朝的出伯一族。故开战之前，哈密和畏兀儿地区，也就是别失八里、哈剌火州、鲁古尘等地区应已被他们占据。《完者都史》的记载存在矛盾③，但至少可以说明，在也先不花战败后的延祐三年，畏兀儿地区已经脱离了察合台汗国的控制。④

---

① qāšānī, *tārīx-i ūljāytū*, Istanbul: Süleimaniye Kütüphanesi, Aya Sofya 3019/2, f. 225b; qāšānī, *tārīx-i ūljāytū*, The History of Uljaytu by Abu'l Qasem Ibn 'Ali Ibn Mohammad al-Qashani, Mahin Hambly, ed., Tehran: Šerkat-e entešārāt-e 'elmī va farhangī, 1969, p. 202; Parvisi-Berger, ed. and tr., *Die Chronik des Qāšānī über den Ilchan Ölğäitü* (1304–1316), Ph. D. Dissertation, Georg-August-Universtät Göttingen, 1968, p. 205; 杉山正明「西暦一三一四年前後大元ウルス西境をめぐる小札記」、『西南アジア研究』第 27 号、1987、27 頁；杉山正明『モンゴル帝國と大元ウルス』、京都大学学術出版会、2004；刘迎胜：《皇庆、至治年间元朝与察合台汗国和战始末》，载蔡美彪主编《元史论丛》第 5 辑，中国社会科学出版社，1993，第 363 页。

② qāšānī, *tārīx-i ūljāytū*, Istanbul: Süleimaniye Kütüphanesi, Aya Sofya 3019/2, f. 225b; qāšānī, *tārīx-i ūljāytū*, The History of Uljaytu by Abu'l Qasem Ibn 'Ali Ibn Mohammad al-Qashani, Mahin Hambly, ed., Tehran: Šerkat-e entešārāt-e 'elmī va farhangī, 1969, p. 202; Parvisi-Berger, ed. and tr., *Die Chronik des Qāšānī über den Ilchan Ölğäitü* (1304–1316), Ph. D. Dissertation, Georg-August-Universtät Göttingen, 1968, p. 206; 杉山正明「西暦一三一四年前後大元ウルス西境をめぐる小札記」、『西南アジア研究』第 27 号、1987；杉山正明『モンゴル帝國と大元ウルス』、京都大学学術出版会、2004；刘迎胜：《皇庆、至治年间元朝与察合台汗国和战始末》，载蔡美彪主编《元史论丛》第 5 辑，中国社会科学出版社，1993，第 363 页。

③ 杉山正明「西暦一三一四年前後大元ウルス西境をめぐる小札記」、『西南アジア研究』第 27 号、1987、49 頁；杉山正明『モンゴル帝國と大元ウルス』、京都大学学術出版会、2004、360-361 頁。《永乐大典》卷 19421 所引《经世大典·站赤》延祐元年闰三月六日条："中书省奏，宽彻言，塔失之城立站。"杉山正明指出，宽彻最迟在 1313 年已经占据了合迷失地区。

④ 《高昌王世勋碑》汉文碑面载，仁宗封纽林的斤为高昌王后，"领兵火州，复立畏兀儿城池"，应正是此时所发生的事。参见 Thomas T. Allsen, "The Yüan Dynasty and the Uighurs of Turfan in the 13th Century", in Morris Rossabi, Berkeley-Los Angeles, eds., *China among Equals: The Middle Kingdom and Its Neighbors, 10th–14th Centuries*, London: University of California Press, 1983, p. 259; 杉山正明「西暦一三一四年前後大元（转下页注）

187

和世㻋西行正是在这样的情况下发生的。因此"西北诸王察阿台",也就是察合台汗国的人可以会见来到阿尔泰山的和世㻋应得到了控制着从阿尔泰山西麓到畏兀儿地区的元军的默许。《完者都史》中记载,当时,元朝一方,在察合台汗国最前线的是在准噶尔盆地和布克一带驻军的脱火赤丞相及床兀儿,在哈密和畏兀儿地区一带驻防的出伯一族的南木忽里和不颜塔失、宽彻等。①

脱火赤丞相在和世㻋西行后,越过阿尔泰山,针对仁宗政权开展了军事行动。脱火赤的军队席卷了以和宁为中心的岭北行省,大肆屠杀仁宗朝官员②。脱火赤丞相是和世㻋的支持者,但在和世㻋西行之前,脱火赤丞相曾与察合台汗国军队爆发激烈的战争,当时硝烟还未散去。而且,察合台汗王也先不花和元朝爆发战争的理由之一是对脱火赤丞相的个人

(接上页注④) ウルス西境をめぐる小札記」、『西南アジア研究』第 27 号、1987、50 頁;杉山正明『モンゴル帝國と大元ウルス』、京都大学学術出版会、2004、361 頁;刘迎胜:《皇庆、至治年间元朝与察合台汗国和战始末》,载蔡美彪主编《元史论丛》第 5 辑,中国社会科学出版社,1993,第 38~39 页;刘迎胜:《察合台汗国史研究》,上海古籍出版社,2006,第 394 页。但与"领兵州,复立畏兀儿城池"对应的语句在畏兀儿碑面没有出现,参见耿世民《回鹘文亦都护高昌王世勋碑研究》,《考古学报》1980 年第 4 期,第 515~529 页。移往永昌已久的畏兀儿王家族的复兴应已经无法实现,依靠军事力量入主的出伯一族应该能在畏兀儿地区建立有效的统治。

① qāšānī, *tārīx-i ūljāytū*, Istanbul: Süleimaniye Kütüphanesi, Aya Sofya 3019/2, f. 225b; qāšānī, *tārīx-i ūljāytū*, The History of Uljaytu by Abu'l Qasem Ibn 'Ali Ibn Mohammad al-Qashani, Mahin Hambly, ed., Tehran: Šerkat-e entešārāt-e 'elmī va farhangī, 1969, p. 202; Parvisi-Berger, ed. and tr., *Die Chronik des Qāšānī über den Ilchan Ölǧäitü*(1304-1316), Ph. D. Dissertation, Georg-August-Universtät Göttingen, 1968, p. 205;杉山正明「西曆一三一四年前後大元ウルス西境をめぐる小札記」、『西南アジア研究』第 27 号、1987、27 頁;刘迎胜:《皇庆、至治年间元朝与察合台汗国和战始末》,载蔡美彪主编《元史论丛》第 5 辑,中国社会科学出版社,1993,第 363 页;杉山正明『モンゴル帝國と大元ウルス』、京都大学学術出版会、2004、276、285、331、360 頁。

② 松井太「和寧郡忠愍公廟碑」、『内陸アジア諸言語の解讀によるモンゴル帝国都市発展と交通に関する総合研究』、番號 17320113、平成 17 年度-19 年度科学研究費補助金基盤研究(総合研究 B)、2007 年 6 月、25-35 頁;党宝海:《元朝延祐年间北方边将脱忽赤叛乱考——读〈大元赠岭北行省右丞忠愍公庙碑〉》,《西域研究》2007 年第 2 期,第 62、67 页。

憎恶。① 因此，脱火赤丞相是也先不花与和世㻋的中间人明显不符合历史事实。床兀儿也与脱火赤丞相一道深入察合台汗国，和世㻋西行后他站在仁宗一侧，镇压了脱火赤的叛乱。② 怎么也无法想象这是也先不花与和世㻋联合产生的力量。

与此相对，出伯一族与察合台汗国之间存在婚姻关系。③ 元军和察合

---

① qāšānī, *tārīx-i ūljāytū*, Istanbul: Süleimaniye Kütüphanesi, Aya Sofya 3019/2, f. 224b; qāšānī, *tārīx-i ūljāytū*, The History of Uljaytu by Abu'l Qasem Ibn 'Ali Ibn Mohammad al-Qashani, Mahin Hambly, ed. , Tehran: Šerkat-e entešārāt-e 'elmī va farhangī, 1969, p. 203; 刘迎胜：《察合台汗国史研究》，上海古籍出版社，2006，第 364~365 页；杉山正明「大元ウルスの三大王国（上）―カイシャンの奪権とその前後一」、『京都大學文學部研究紀要』第 34 号、1995、131 页。上述研究指出，"阿尔泰方面的元军"和"察合台汗国"之间爆发军事冲突是因为"仁宗政权缺乏处理错误的能力"，"两军之间并没有根本性分歧"，这与鄙见并不同。

② 《元史·仁宗本纪》延祐四年七月庚辰条。杉山正明「西暦一三一四年前後大元ウルス西境をめぐる小札記」、『西南アジア研究』第 27 号、1987、31–32 页。

③ 《完者都史》中记载，怯别接受也先不花的命令，为了打败 yīsūr，"怯别马不停蹄，赶往出伯姊妹 SNKRKAJ 的斡鲁朵。怯别达到后立即将她（出伯姊妹 SNKRKAJ）为 yīsūr 部下的消息送出，以此向 yīsūr 告知怯别的意图与已经抵达之事。参见 qāšānī, *tārīx-i ūljāytū*, Istanbul: Süleimaniye Kütüphanesi, Aya Sofya 3019/2, f. 228b; qāšānī, *tārīx-i ūljāytū*, The History of Uljaytu by Abu'l Qasem Ibn 'Ali Ibn Mohammad al-Qashani, Mahin Hambly, ed. , Tehran: Šerkat-e entešārāt-e 'elmī va farhangī, 1969, p. 211。又，《五族谱》中，出伯的姊妹 īrjān/iricen 拥有"自己的兀鲁思"，此人后嫁于 kūdākā kūrakān。"自己的兀鲁思"应是察合台兀鲁思，但无法判断究竟是在察合台汗国还是河西察合台系的集团。参见 *šu'ab-i panjgāna*, Istanbul: Topkapı-Sarayı Müzesi Kütüphanesi, Ahmet 2934, f. 122a。时至今日，还无法确认察合台汗国是否存在朵儿边（Dörben），但可以确定帖木儿帝国存在朵儿伯特（朵儿边的复数）族。宏达迷儿《传记之友》中记载，帖木儿朝赫拉特政权的君主 sulṭān ḥusayn mīrzā 的祖母 Amīr-zāda iskandar 是燕只吉台族（Qawm-i īljīkadāy）出身，"以六世到成吉思汗"，此人为帖木儿帝国中朵儿伯特族出身的有权势的人，参见川口琢司『ティムール帝國支配層の研究』、北海道大学出版会、2007、86 页；Xwāndamīr, Tārīx-e ḥabīb al- siyar fī axbār afrād al-bašar. Jalāl al-Dīn-e Homā'ī & Moḥammad Dabīr Siyāqī, ed. , Vol. IV, Tehrān, 1333, p. 113; Khwandamir, Habibu's-Siyar, Tome Three, Part Two, W. M. Thackston, tr. and ed. , Cambridge: Dept. of Near Eastern Languages and Civilizations, Harvard University, 1994, p. 412a。燕只吉台族包括朵儿伯特、乃蛮、钦察、捏古思等部族，是察合台汗王燕只吉台所创立的集团（参见 Ando Shiro, *Timuridische Emire nach dem mu'izz al-ansāb, Untersuchung zur Stammesaristorkratie Zentralasiens im 14. und 15. Jahrhundert*, Berlin: Klaus Schwarz Verkag, 1992），同时也是"（燕只吉台）麾下有由多个部族组成的混成千人队"（参见川口琢司『ティムール帝國支配層の研究』、北海道大学出版会、2007、86 页）。因此，与出伯有姻戚关系的朵儿伯特族有可能是在保护和世㻋西行后，为察合台汗王燕只吉台纳为麾下，并组成了燕只吉台部。不出意外的话，iskandar 很可能是出伯的姊妹 īrījān 之孙。

台汗国军队爆发战争之时，他们并未像脱火赤与床兀儿一样积极进攻察合台汗国。① 因此，很可能察合台汗王也先不花与和世㻋的中间人是出伯一族。

关于出伯一族的族长南木忽里，在脱火赤起兵时，延祐四年（1317）闰正月壬辰，元朝政府"给豳王南忽里部钞十二万锭买马"，延祐五年九月丙寅，因"豳王南忽里等部贫乏"，故"命甘肃省市马万匹给之"。可知，南木忽里很早就旗帜鲜明地站在仁宗一侧。② 关于在哈密驻军的宽彻，仁宗之子、英宗硕德八剌统治时期的至治元年（1321）四月丙午，赐"宽彻、忽塔迷失等王府铜印，秩从三品"。因此，宽彻和仁宗敌对（英宗为其赓续者）是不符合历史事实的。③

在前文，笔者推测出伯一族中积极支持和世㻋的是出伯之弟脱黑帖木儿的子孙。脱黑帖木儿之孙亦怜真八在"天历之变"中被明宗和世㻋授予"柳城王"爵位，这是明宗在短暂在位时期中对蒙古王族赐予的唯一王爵。可知，脱黑帖木儿后裔可能立有大功，最有可能的功劳便是向陷入困境的和世㻋伸出援手。

根据黑水城汉文文书F116：W553④，大德四年（1300）六月二十九日，参与对海都战争的"脱忽帖木儿大王"应为"脱黑帖木儿"；《元史·武宗本纪》记载，至大元年（1308）正月己卯下赐金、银、钞，受赐者中包括"也先亨可"，应为脱黑帖木儿之子也先亨可。据此可知，脱黑帖木儿后裔在归属元朝的出伯一族中保有一定势力。那么，他们的根据地又在何处？首先，因为所谓"柳城王"是以畏兀儿地区的鲁古尘命名的⑤，他们

---

① 杉山正明「西暦一三一四年前後大元ウルス西境をめぐる小札記」、『西南アジア研究』第27号、1987、50頁。"即使1314年后大动干戈，与北方的激战相反，南方是否爆发战争存疑。即使在南木忽里之父出伯时代，南方也极少有实战记录，在大元皇帝与海都之战中，笃哇、出伯很可能是被迫站队的。但是，1314年后，高昌王家族'领兵火州，复立畏兀儿城池'。"参见杉山正明『モンゴル帝國と大元ウルス』、京都大学学術出版会、2004、361頁。
② 延祐六年（1319）一月附黑水城汉文文书F116：W561，参见李逸友编著《黑城出土文书：汉文文书卷》，科学出版社，1991，第136页。
③ 但因宽彻以较远的哈密为根据地，故在和世㻋西行之际，可能暂时采取了中立态度。
④ 参见李逸友编著《黑城出土文书：汉文文书卷》，科学出版社，1991，第138页。
⑤ 赤坂恒明「バイダル裔系譜情報とカラホト漢文文書」、『西南アジア研究』第66号、2007、60－61頁。

在鲁古尘拥有采邑（奄出，īnjū/emčü）和分民（忽必，qubi），而且很可能脱黑帖木儿后裔驻军于宽彻驻军的哈密之西，即新占领的畏兀儿地区。[1]但在元朝恢复对畏兀儿地区的控制之前，从脱黑帖木儿后裔已经拥有一定的军事实力推断，他们在畏兀儿地区以外仍有供养军队的游牧地。

别失八里的北方、阿尔泰山西南地区可推测是察合台初封时的游牧地区。[2]成宗末年，元军将阿尔泰地区的窝阔台势力驱逐出去之后，有权继承这片地区的察合台后裔分封于此是合理的。[3]笔者认为，继承这片游牧地区的应是脱黑帖木儿本人或他的子孙，为何是脱黑帖木儿一族？因为脱黑帖木儿一族来自察合台末子的家族。

根据《史集·察合台纪》及《五族谱·蒙古分支》，察合台的末子是拜答里[4]，拜答里的儿子只有阿鲁忽一人[5]。但是，根据《贵显世系》，拜答里还有一个名为斡赤（ūtjī）的儿子[6]。成吉思汗的末弟铁木格斡赤

---

[1] "柳城王"的封号与其说特指鲁古尘，不如说是一个与畏兀儿地区存在渊源的王号。

[2] 杉山正明「豳王チュベイとその系譜―元明史料と〈ムイッズルーアンサーブ〉の比較を通じて―」、『史林』第1号、1982、1-40頁；杉山正明『モンゴル帝國と大元ウルス』、京都大学学術出版会、2004、53頁。

[3] 据元明善《太师淇阳忠武王碑》，笃哇和海都之子察八儿与元朝讲和之后，因贵由之孙秃苦灭和察八儿不和，察八儿移住"金山之阳"，元军在金山之北屯田。此后，察八儿和秃苦灭无奈出奔继承察合台汗位的宽彻，宽彻不敢接纳，察八儿等只得向元朝投降。因此，至少在察八儿、秃苦灭等窝阔台系诸王来降之后，出伯之弟脱黑帖木儿的子孙才有居于阿尔泰山西南地区的可能。参见《元史》卷119《博尔忽传》；刘迎胜：《察合台汗国史研究》，上海古籍出版社，2006，第351~352頁。

[4] "伦敦写本"和"巴黎写本"属于同一个《史集》的版本系统，参见杉山正明『モンゴル帝国の興亡（下）―世界経営の時代―』、講談社、1996。在此《史集》版本系统中，拜答里之下，察合台还有两个儿子，此处应是察合台长子木秃坚的后裔合答乞（qadāqī）和拜忽（bāyqū）窜入了。

[5] Rašīd al-Dīn-e Faḍl Allāh-e Hamadānī, *Jāme'al-tavārīx*, İstanbul: Topkapı-Sarayı Müzesi Kütüphanesi, Revan 1518, ff. 170a, 171b; Rašīd al-Dīn-e Faḍl Allāh-e Hamadānī, *Jāme'al-tavārīx*, Moḥammad Roušan, Moṣṭafā Mūsavī, ed., 4 vols, Tehrān: Alburz, 1373, p. 761; *šu'ab-i panjgāna*, İstanbul: Topkapı-Sarayı Müzesi Kütüphanesi, Ahmet 2934, f. 122a.

[6] 赤坂恒明「バイダル裔系譜情報とカラホト漢文文書」、『西南アジア研究』第66号、2007、47、48頁。此斡赤并没有子嗣。

191

斤被称为"斡赤那颜"（ūtjī nūyān）①，"ūtjī"与斡赤斤应为同义。在同时期史料中没有相关记载，此"ūtjī"可能是察合台末子拜答里独子阿鲁忽的异名。《贵显世系》中有一人异名重复记载的情况。在察合台的子孙中，除此例以外没有叫斡赤斤或斡赤的。因此，可以推定察合台拜答里后裔斡赤斤的家系。脱黑帖木儿是阿鲁忽的末子，根据"末子相继"，脱黑帖木儿及其子孙很有可能是察合台初封时游牧地的继承者或继承权所有者。② 相对于他的两位兄长合班、出伯在中亚南部大为活跃③，在《史集》等波斯文史料中几乎没有记载脱黑帖木儿的活动。这可能是因为他留在阿尔泰山附近。若真如此，海都、笃哇向东方扩张势力之时，脱黑帖木儿也退出了阿尔泰山，与归顺了元朝的出伯等人一同行动。④ 在这之后，海山率领的元军和跟随元军的笃哇军平定了窝阔台一族后，脱黑帖木儿一族回到了祖宗的游牧地阿尔泰山西南地区。

　　根据以上记述，在阿尔泰迎接和世㻋并成为他与"西北诸王察阿台"联络中间人的是出伯之弟脱黑帖木儿子孙的可能性很大。《元史·明宗本纪》记载，和世㻋"至其部，与定约束，每岁冬居扎颜，夏居斡罗斡察

---

① Rašīd al-Dīn-e Faḍl Allāh-e Hamadānī, *Jāmeʻal-tavārīx*, Tehrān: Ketāb-xāne-ye Majles-e šourāy-e mellī, 2294, f. 54b; Rašīd al-Dīn-e Faḍl Allāh-e Hamadānī, *Jāmeʻal-tavārīx*, İstanbul: Topkapı-Sarayı Müzesi Kütüphanesi, Revan 1518, f. 60a; Rašīd al-Dīn-e Faḍl Allāh-e Hamadānī, *Jāmeʻal-tavārīx*, Mohammad Roušan, Mostafā Mūsavī, ed., 4 vols, Tehrān: Alburz, 1373, p. 280.

② 拜答里参加了拔都西征并战死，阿鲁忽继承其地。阿鲁忽在蒙哥即位时尚年少，故免于蒙哥对察合台、窝阔台系的打压，兀鲁思亦未被褫夺。阿鲁忽在忽必烈与阿里不哥的战争之初属阿里不哥一派，这是因为阿里不哥的忽里台大会召集了周边的王族和有势力的人，以阿尔泰山西南地区为根据地的阿鲁忽应也被召集，不得不参加大会。窝阔台末子灭里和他的子孙也在阿尔泰山附近。因术赤早亡，术赤家族初封时的阿尔泰游牧地被长男斡儿答继承，包含最年少的升古木（十四男）在内的年少诸子与斡儿答一同留在了阿尔泰地区。参见村岡倫「オゴデイ＝ウルスの分立」、『東洋史苑』第 39 号、1992、20－48 頁；赤坂恒明『ジュチ裔諸政権史の研究』、風間書店、2005。

③ 关于他们的活动，详见杉山正明「嗣王チュベイとその系譜—元明史料と〈ムイッズルーアンサーブ〉の比較を通じて—」、『史林』第 1 号、1982、1－40 頁；杉山正明「ふたつのチャガタイ家」、『京大人文科共同研究班報告〈明清時代の政治と社会〉』、1983 年 3 月、651－700 頁。

④ 出伯来降可能是当时已归属元朝一方的脱黑帖木儿做了联络的中间人。

山，春则命从者耕于野泥，十余年间，边境宁谧"。① 和世㻋在察合台汗国度过了安稳的十余年。以上就是脱黑帖木儿之孙亦怜真八被东归即位的明宗和世㻋封为柳城王的历史背景。

二 叛王脱火赤和宁肃王家族脱火赤的关系

接下来，考证以阿思罕起兵到和世㻋西行的"关陕之变"为起因的脱火赤之乱。关于这场叛乱，杉山正明指出有可能是要拥立和世㻋②，党宝海指出其与"关陕之变"有直接的关系。③

虽然脱火赤叛乱是一件大事，但《元史》等汉文史料中没有关于此事的完整记载，仅有一些不明因果的只言片语，明确提到脱火赤之名的史料更是少之又少。

① 《元史》卷二十六《仁宗本纪三》延祐四年（1317）二月丙寅，"以诸王部值脱火赤之乱，百姓贫乏，给钞十六万六千锭，米万石以赈之"。

② 《元史》卷二十六《仁宗本纪三》延祐四年六月壬子，"安远王丑汉、赵王阿鲁秃为叛王脱火赤所掠，各赐金银、币帛"。

③ 《元史》卷二十六《仁宗本纪三》延祐五年（1318）二月庚申，"赏讨叛王脱火赤战功，赐诸王部察罕等金银币钞有差"。

---

① 关于和世㻋的居所，广泛认可的是屠寄《蒙兀儿史记》中的说法，参见杉山正明『モンゴル帝國と大元ウルス』、京都大学学術出版会、2004、62頁。然此并非确论，直至今日也无法确定其居所的确切位置。和世㻋亡命时，生于延祐七年（1320）的惠帝妥懽帖睦尔（顺帝）的生母为哈喇鲁族，此人为归顺了成吉思汗的阿儿斯兰的后代。《元史·顺帝本纪》卷首记载："顺帝名妥懽帖木尔，明宗之长子，母乍禄鲁氏，名迈来迪，郡王阿儿斯兰之裔孙也。初，太祖取西北诸国，阿儿斯兰率其众来降，乃封为郡王，俾领其部族。及明宗北狩，过其地，纳罕禄鲁氏。延祐七年四月丙寅，生帝于北方。"和世㻋很可能从哈喇鲁族的居所向继续西进，若"野泥"是"Yaŋi"，甚至可能已到达塔拉斯附近。

② 杉山正明「西暦一三一四年前後大元ウルス西境をめぐる小札記」、『西南アジア研究』第27号、1987、51頁；杉山正明『モンゴル帝國と大元ウルス』、京都大学学術出版会、2004、362頁。

③ 党宝海：《元朝延祐年间北方边将脱忽赤叛乱考——读〈大元赠岭北行省右丞忠愍公庙碑〉》，《西域研究》2007年第2期；松井太「和寧郡忠愍公廟碑」、『内陸アジア諸言語の解讀によるモンゴル帝国都市発展と交通に関する総合研究」、番號17320113、平成17年度-19年度科学研究費補助金基盤研究（総合研究B）、2007年6月。

④《和宁郡忠愍公庙碑》:"会强将脱忽赤叛命作难。"

⑤《元史》卷二十六《仁宗本纪三》延祐四年七月庚辰,"赏讨叛王有功句容郡王床兀儿等金银、币帛、钞各有差"。杉山正明、党宝海指出此条记载也与脱火赤叛乱有关。①

在上述几条记载中,叛乱者脱火赤在史料④中被称为"强将",在撰述性质的史书《元史·仁宗本纪》第①~③条和第⑤条记载中都被称为"叛王"。关于脱火赤的身份,屠寄《蒙兀儿史记》以下,至植村清二、杉山正明、松井太、党宝海等人都认为是在阿尔泰驻军、击败察合台汗国的脱火赤丞相②。延祐二年(1315)十月丁丑,脱火赤丞相"为威宁郡王,赐金印",应是因打败察合台汗王也先不花而获褒赏③。脱火赤丞相是郡王,所以被当作"叛王"。④

把"强将脱忽赤"推定为"脱火赤丞相"是没有问题的。但脱火赤丞相并非出身宗室,爵位也不过是郡王,这样一个部将发起叛乱后仍被称为"王",这不得不让人产生疑惑。有可能"叛王脱火赤"是同名的蒙

---

① 杉山正明「西暦一三一四年前後大元ウルス西境をめぐる小札記」、『西南アジア研究』第 27 号、1987;党宝海:《元朝延祐年间北方边将脱忽赤叛乱考——读〈大元赠岭北行省右丞忠愍公庙碑〉》,《西域研究》2007 年第 2 期。
② 参见植村清二「察合台汗国の興亡 (三)」、『蒙古』第 8 卷第 12 号、1941;杉山正明「西暦一三一四年前後大元ウルス西境をめぐる小札記」、『西南アジア研究』第 27 号、1987;杉山正明『モンゴル帝國と大元ウルス』、京都大学学術出版会、2004;松井太「和寧郡忠愍公廟碑」、『内陸アジア諸言語の解讀によるモンゴル帝国都市発展と交通に関する総合研究』、番號 17320113、平成 17 年度 - 19 年度科学研究費補助金基盤研究(総合研究 B)、2007 年 6 月;党宝海:《元朝延祐年间北方边将脱忽赤叛乱考——读〈大元赠岭北行省右丞忠愍公庙碑〉》,《西域研究》2007 年第 2 期。但是,杉山正明还提出,阔端系的荆王脱火赤有可能是"叛王脱火赤",参见杉山正明「大元ウルスの三大王国(上)—カイシャンの奪権とその前後—」、『京都大學文学部研究紀要』第 34 号、1995、131 頁。另外,关于脱火赤丞相的先行研究有周清树《汪古部统治家族——汪古部事辑之一》,载李侃主编《文史》第 9 辑,中华书局,1988;刘迎胜《皇庆、至治年间元朝与察合台汗国和战始末》,载蔡美彪主编《元史论丛》第 5 辑,中国社会科学出版社,1993。
③ 植村清二「察合台汗国の興亡 (三)」、『蒙古』第 8 卷第 12 号、1941、66 頁;刘迎胜:《察合台汗国史研究》,上海古籍出版社,2006,第 397 页。
④ 党宝海:《元朝延祐年间北方边将脱忽赤叛乱考——读〈大元赠岭北行省右丞忠愍公庙碑〉》,《西域研究》2007 年第 2 期,第 63 页。在屠寄的《蒙兀儿史记》中,不仅将脱火赤丞相与"叛王脱火赤"视为一人,而且前后皆表述为"诸王"。

古王族"脱火赤",而非"脱火赤丞相"。因此,为了考证《元史》中是否存在发动叛乱的郡王被称为"叛王"的事例,表1中列举了《元史》中全部"叛王"。

表1 《元史》中的"叛王"事例

序号	史料出处	人物	人物所属部族或身份
(1)	《元史》卷十四《世祖本纪十一》	叛王阿赤思	出处未详
(2)(3)	《元史》卷十五《世祖本纪十二》	叛王火鲁火孙·合丹秃干	左翼
(4)(5)	《元史》卷十五《世祖本纪十二》	捏坤·忽都答儿两叛王	
(6)	《元史》卷十八《成宗本纪一》	以西北叛王将入自土蕃	海都、笃哇等
(7)	《元史》卷二十二《武宗本纪一》	叛王斡罗思	海都之子斡罗思
(8)	《元史》卷二十二《武宗本纪一》	叛王也孙秃阿	《南村辍耕录》一《大元宗世表》第十二条;叛王也孙秃阿或为合丹王之子也孙脱王*
(9)	《元史》卷二十三《武宗本纪一》	诸王也只里昔尝与叛王通	海都等?
(10)	《元史》卷二十二《武宗本纪二》	叛王海都	海都
(11)	《元史》卷二十六《仁宗本纪三》	叛王脱火赤	脱火赤
(12)	《元史》卷二十六《仁宗本纪三》	赏讨叛王有功句容郡王床兀儿等	脱火赤
(13)	《元史》卷二十六《仁宗本纪三》	叛王脱火赤	脱火赤
(14)	《元史》卷一百十五《显宗列传》	叛王岳木忽儿	阿里不哥之子岳木忽儿
(15)	《元史》卷一百十七《牙忽都列传》	又以叛王察八儿亲属赐之	海都之子察八儿
(16)	《元史》卷一百十七《牙忽都列传》	叛王察八儿举族来归	海都之子察八儿

续表

序号	史料出处	人物	人物所属部族或身份
(17)(18)	《元史》卷一百一十八《特薛禅列传》蛮子台	叛王海都、笃哇	海都、笃哇
(19)	《元史》卷一百一十八《特薛禅列传》脱怜	叛王乃颜	乃颜
(20)	《元史》卷一百一十八	叛王之党撒里蛮	失烈吉
(21)(22)	《元史》卷一百一十九《博尔忽列传》月赤察儿	叛王海都、笃娃	海都、笃哇
(23)	《元史》卷一百一十九《博尔忽列传》月赤察儿	叛王灭里铁木儿	阿里不哥之子灭里铁木儿
(24)	《元史》卷一百二十一《按竺迩列传》国安	叛王吐鲁	贵由之子忽察之子脱克箋？**
(25)(26)	《元史》卷一百二十一《博罗欢列传》	叛王药木忽儿、兀鲁速不花	阿里不哥之子药木忽儿，蒙哥之孙兀鲁速不花
(27)	《元史》卷一百二十二《铁迈赤列传》	命从征叛王于失木土之地	阿里不哥
(28)	《元史》卷一百二十二《槊直腯鲁华列传》	腯虎从世祖北征叛王	阿里不哥
(29)	《元史》卷一百二十五《铁哥列传》	叛王塔不台	左翼
(30)	《元史》卷一百二十八《阿术列传》	叛王昔剌木	左翼？
(31)	《元史》卷一百二十八《土土哈列传》	叛王"也"铁哥	左翼
(32)	《元史》卷一百二十八《土土哈列传》	叛王哈儿鲁	左翼
(33)	《元史》卷一百二十八《土土哈列传》	叛王兀塔海	左翼
(34)	《元史》卷一百二十八《土土哈列传》	叛王火鲁哈孙	左翼
(35)	《元史》卷一百二十八《土土哈列传》	叛王哈丹	左翼
(36)(37)	《元史》卷一百二十八《土土哈列传》床兀儿	叛王秃麦、斡鲁思	灭里之子秃满；斡鲁思应是海都之子斡罗思***
(38)	《元史》卷一百二十八《土土哈列传》	叛王也先不花	察合台汗王也先不花

和世㻋西行与察合台后裔拜答里家族

续表

序号	史料出处	人物	人物所属部族或身份
(39)	《元史》卷一百三十一《伯帖木儿列传》	叛王乃颜	乃颜
(40)	《元史》卷一百三十三《旦只儿列传》	叛王捏怯烈	左翼？
(41)	《元史》卷一百三十三《旦只儿列传》	叛王兀庐	右翼？
(42)	《元史》卷一百三十五《口儿吉列传》	叛王乃颜	乃颜
(43)(44)	《元史》卷一百三十五《李儿速列传》答答呵儿	叛王乃颜、也不干	乃颜 塔察儿之子也不干
(45)(46)	《元史》卷一百三十五《失剌拔都儿列传》	叛王斡罗思 察八儿	海都之子斡罗思和察八儿
(47)	《元史》卷一百三十五《失剌拔都儿列传》	叛王脱脱	辽王脱脱
(48)	《元史》卷一百三十五《失剌拔都儿列传》	叛王乃颜	乃颜
(49)	《元史》卷一百三十五《曷剌列传》	叛王乃颜	乃颜
(50)(51)	《元史》卷一百三十五《乞台列传》	叛王失烈吉及乃颜	失烈吉和乃颜
(52)	《元史》卷一百三十八《康里脱脱列传》	叛王海都	海都
(53)	《元史》卷一百五十四《洪福源列传》	叛王哈丹	左翼
(54)	《元史》卷一百五十四《洪福源列传》	与叛王兵战于兀术站	左翼
(55)	《元史》卷一百六十五《孔元列传》	叛王失里木	失烈吉？
(56)	《元史》卷一百六十七《刘好礼传》	叛王召好礼至欠欠州	失烈吉等北方诸王
(57)	《元史》卷一百六十七《刘好礼传》	遇叛王军	失烈吉等北方诸王
(58)	《元史》卷一百六十七《刘好礼传》	遂以衣服略叛王千户	失烈吉等北方诸王
(59)	《元史》卷一百六十七《王国昌列传》王通	叛王乃颜	乃颜

续表

序号	史料出处	人物	人物所属部族或身份
(60)	《元史》卷二百三《方技列传》靳德新	叛王乃颜	乃颜
(61)	《元史》卷二百六《叛臣列传》王文统	叛王阿里不哥	阿里不哥

注：* 刘迎胜：《察合台汗国史研究》，上海古籍出版社，2006，第337页。

** 村岡倫「オゴデイ゠ウルスの分立」、『東洋史苑』第39号、1992、30頁；松田孝一「オゴデイ諸子ウルスの系譜と継承」、『ペルシア語写本史料精査によるモンゴル帝国の諸王家に関する総合的研究』、番号05301045、『平成7年度科学研究補助金（総合研究A）研究成果報告書』、21‑65頁。

*** 刘迎胜：《察合台汗国史研究》，上海古籍出版社，2006，第337页。

这些叛王中，除了身份未确定的，几乎都是成吉思汗及其诸弟的子孙，也就是蒙古王族，若排除脱火赤的事例（第11～13例），则没有明确非成吉思汗一门（qaračus, qara terigün）出身的人。当然，也没有把郡王称为"叛王"的前例。《元史》中叛王的用例正如表1所见，故"叛王脱火赤"有可能并非"脱火赤丞相"，而是蒙古王族中一人。14世纪上半叶，能够在元朝西北地区发动叛乱、名为"脱火赤"的蒙古王族可举出四人。

一是窝阔台末子灭里（Malik）的儿子秃鲁昌（Tūrjāqān，或 Turčaqan，Tūrčān）之子脱火赤（Tūqajī，Tūqjī）。此人在《五族谱·蒙古分支》中有记载①，但未见于《史集·窝阔台纪》②。灭里和他的子孙以阿尔泰山西南地区也儿的石河上游流域（乌伦古河流域），即窝阔台初封时的游牧地为根据地③。大德十年（1306）八月，海山到达也儿的石河附近后，灭里的儿子秃满④（Tūmān）投靠了海山。杉山正明推测灭里一族的游牧之地后来被脱火赤丞相控制⑤。但《元史·阿鲁辉帖木儿传》记载，至大元

---

① 参见 šuʻab-i panjgāna, İstanbul: Topkapı-Sarayı Müzesi Kütüphanesi, Ahmet 2934, f. 127b。
② 松井太：「ウィグル文クトルグ印文書」、『内陸アジア言語の研究 13』、中央ユーラシア学研究會、1998、41頁。
③ 杉山正明「モンゴル帝國的原像—チンギス・カンの一族分封をめぐって—」、『東洋史研究』第37巻第1号、1978。
④ 村岡倫指出，秃满并不是灭里的曾孙，参见村岡倫「オゴデイ゠ウルスの分立」、『東洋史苑』第39号、1992、32‑33頁。
⑤ 杉山正明「西暦一三一四年前後大元ウルス西境をめぐる小札記」、『西南アジア研究』第27号、1987；杉山正明『モンゴル帝国と大元ウルス』、京都大学学術出版会、2004。

年，秃满"始封阳翟王，赐金印螭纽，俾镇北藩"。此后他的子孙就以灭里以来的游牧地为根据地。① 灭里的一部分子孙与中亚的蒙古势力保持着相当密切的联系②，秃鲁昌的家系可以作为佐证。根据《五族谱》，秃鲁昌的女儿，也就是脱火赤的姊妹（Būqān qūlī，或 Buqan qul-i）嫁给了速勒都思（Sūldūs）族出身、名为札剌亦儿台（Jalāyirtāy）之人，他是海都的大异密（Amīr-i buzurg）③。《贵显世系》记载，异密·合扎罕拥立的西察合台汗国汗王答尼失满都察④就是脱火赤之甥。因此与中亚有密切关系的秃鲁昌家系的脱火赤不太可能在元朝发动叛乱。

二是脱火赤荆王。荆王是窝阔台二子阔端子孙拥有的王爵。杉山正明认为（叛王）脱火赤身份有两种可能性，他可能是前文提到的将军脱火赤丞相，或以甘肃凉州为根据地的窝阔台系阔端王族的族长脱火赤。⑤ 察合台系出伯一族以肃州周边为根据地，势力从甘肃至哈密，甚至到别失八里地区，从出伯一族卷入这次动乱来看，叛王脱火赤为窝阔台系阔端王族的族长脱火赤之说更有说服力，但以现在的史料情况尚无法定论，所以提出了叛王脱火赤可能是脱火赤荆王的说法。但脱火赤荆王的活动

---

① 村岡倫「オゴデイ＝ウルスの分立」、『東洋史苑』第 39 号、1992、38 頁；松田孝一「オゴデイ諸子ウルスの系譜と継承」、『ペルシア語寫本史料精査によるモンゴル帝国の諸王家に関する総合的研究』、番号 05301045、『平成 7 年度科学研究補助金（総合研究 A）研究成果報告書』、50 頁。关于他们在"天历之变以后的政治立场，有深入探讨的必要"。
② 村岡倫「オゴデイ＝ウルスの分立」、『東洋史苑』第 39 号、1992、33 頁。
③ šuʿab-i panjgāna, İstanbul: Topkapı-Sarayı Müzesi Kütüphanesi, Ahmet 2934, f. 127b.
④ "印度系"诸写本中有"dānišmandča uɣlan"，"土耳其系"巴黎写本中有"dānišmanja xān"，但在巴黎写本注记部分有"异密·合扎罕（amīr qazāɣan）拥立 dānišmandja 为察合台汗王"之语。参见 muʿizz al-ansāb, London : British Library, Or. 467, f. 44b; muʿizz al-ansāb, Aligarh: Aligarh Muslim University Maulana Azad Library, No. 41, f. 87; muʿizz al-ansāb, Aligarh: Aligarh Muslim University Maulana Azad Library, No. 42, f. 85; muʿizz al-ansāb, London: British Library, Or. 14306, f. 74; muʿizz al-ansāb, Paris: Bibliothèque Nationale de France, Ancien fonds persan 67, f. 43b; История Казахстана в персидских источниках, III том. Муʿизз ал-ансаб (Прославляющее генеалогии). Введение, перевод с персидского языка, примечания, подготовка, факсимиле к изданию Ш. Х. Вохидова. Алматы: Издательство "Дайк-Пресс", 2006, p. LXXXVIII。
⑤ 杉山正明「大元ウルスの三大王國（上）―カイシャンの奪権とその前後―」、『京都大學文學部研究紀要』第 34 号、1995、92–150 頁。

是在脱火赤叛乱（1316～1317年）之后①，这亦为难解之处。

三是至正八年（1348）的《莫高窟造像记》载有"脱花赤大王"②，事迹不可考，时代较晚。笔者认为他有可能与脱火赤荆王或者脱黑塔的儿子脱火赤为同一人。

四是出伯之子脱黑塔的儿子脱火赤（Tūqajī）。在《贵显世系》中，此人的名字因为文字混乱，无法正确释读，根据昔班尼朝早期的察合台语文献《胜利之书的选史》中的拜答里后裔系谱，判断这个脱火赤是宁肃王脱黑塔之子，黑水城文书中出现的宁肃王亦令只失加普（īrīnj iškab）之父。③ 这个脱火赤在时代、地域方面都可以满足"叛王脱火赤"的条件。

因此，接下来考证宁肃王家族的脱火赤能否推定为"叛王脱火赤"。关于宁肃王的根据地，根据黑水城汉文文书中宁肃王阿黑不花（aq-buqa）每个月支出小麦若干的记录，笔者认为宁肃王可能是以黑水城附近为根据地。现存黑水城文献中出现最多的王号是宁肃王，从中也可以窥知宁肃王和黑水城也就是亦集乃总管府之间存在密切关系。在此再次尝试确认宁肃王家族以甘肃行省亦集乃路为根据地这一结论。

从亦集乃总管府领取定例的米、面、羊、酒等常食的桑哥失里大王（sanggasiri köbegün）、卜鲁罕妃子（buluɣan qatun）、纳敦（纳冬）妃子（natun visi）应居住在亦集乃总管府管辖地域内。④ 卜鲁罕、纳敦两妃子出现在Y1：W22文书中：

一件

---

① 关于荆王脱火赤的事迹，参见杉山正明「東西文献によるコデン王家の系譜」、『史窓』第48号、1991、186、199－201頁；杉山正明『モンゴル帝國と大元ウルス』、京都大学学術出版会、2004、464－465、484－488頁。

② 根据弗兰克文章中的碑文释文，脱火赤大王不能比定为人名。参见 Herbert Franke, "A 14th Century Mongolian Letter Fragment", *Asia Major*, Vol. XI, part 2, 1965。

③ 赤坂恒明「バイダル裔系譜情報とカラホト漢文文書」、『西南アジア研究』第66号、2007、52頁、54－55頁。

④ 李逸友：《黑城出土文书：汉文文书卷》，科学出版社，1991，第128～135页；吉田順一・チメドドルジ編「ハラホト 出土モンゴル文書の研究」雄山閣、2008、Nos, 018, 021－024, 029, 037, 040, 042, 044－047。

和世㻋西行与察合台后裔拜答里家族

> 亦令只失加普大王位下渐丁军粮
> 分例
> 纳冬妃子分例
> 　　一件米面　　一件羊酒
> □□失妃子分例
> 　　一件米面　　一件羊酒
> 卜鲁罕妃子分例
> 　　一件米面　　一件羊酒
> 倒剌的斤妃子分例
> 　　一件米面　　一件羊酒
> 军人支粮①

她们与宁肃王亦令只失加普的名字一起出现，很可能是因为她们嫁入了宁肃王家族。因此，宁肃王家族的所在地应是亦集乃路。

大英博物馆所藏黑水城汉文文书 No 518. – KK. I. 0231（f）记载：

> ……○迷失苔海苔○
> ……等三人前赴
> 撒昔宁肃王位下
> 开读
> 　　圣旨本路位至十五……

此文书中的"本路"应是亦集乃路，对宁肃王撒昔"开读"的发令要经过亦集乃总管府。② 据此亦可推定宁肃王居住在亦集乃总管府管辖地区。综上所述，宁肃王的根据地应位于亦集乃路，因此出身宁肃王家族的王族脱火赤也应在亦集乃路或者在相邻地区活动。

---

① 李逸友编著《黑城出土文书：汉文文书卷》，科学出版社，1991，第85页。
② 本文书的记载内容，参见舩田善之「元代の命令文書の開讀使臣について—その人的構成と巡歷ルートを中心に—」、『東方学』第111辑、2006、89 – 106頁，开读使臣名单中也进行了列举，"开读"的"地点"是"撒昔宁肃王位下"，内容是"圣旨"，"发令对象"是"撒昔宁肃王"。

忙兀部忽亦勒答儿（quyildar）的后代伯都（baidu）于延祐三年冬"抵岐王府谋议①，檄各镇兵执叛党，修武备，得民间马五百匹以助进讨"②，可知甘肃发生了叛乱。"和世㻋在陕西发动的兵变，其影响绝不局限于陕西，在甘肃行省也有策应。"③《元史·仁宗本纪》记载，延祐四年（1317）闰正月壬辰，"给豳王南忽里部钞十二万锭买马"，应是应对此次甘肃动乱。延祐五年九月丙寅，"豳王南忽里等部贫乏，命甘肃省市马万匹给之"，可知豳王南忽里因战乱应该遭受了相当大的损失④。虽然史料中没有明确记载，但可以推测这是"叛王脱火赤"的叛乱导致的。⑤

根据以上分析，"叛王脱火赤"有可能是出伯之孙、出身宁肃王家族的王族脱火赤。王族脱火赤应像脱火赤丞相一样，也发动了叛乱，呼应西行的和世㻋。和世㻋若由纳怜道经亦集乃西行⑥，王族脱火赤很可能在亦乃集为其提供了方便，随后在甘肃发动叛乱。王族脱火赤发起叛乱应存在必然性。

王族脱火赤有可能因宁肃王继承问题对仁宗政权心怀不满。也就是说，1309～1311年，继承宁肃王之位的并不是脱黑塔之子脱火赤，而是

---

① 岐王是弘吉剌族昌吉驸马的后裔，以青海西宁为根据地，参见杉山正明『モンゴル帝国と大元ウルス』、京都大学学術出版会、2004、462頁。
② 吴澄：《故光禄大夫江南诸道行御史台大夫赠银青荣禄大夫江浙等处行中书省左丞相上柱国鲁国元献公神道碑》，载吴澄《临川吴文正公集》卷三十二，《元人文集珍本丛刊》第3册，新文丰出版公司，1985，第545页。
③ 党宝海：《元朝延祐年间北方边将脱忽赤叛乱考—读〈大元赠岭北行省右丞忠愍公庙碑〉》，《西域研究》2007年第2期，第66～67页。
④ 参见杉山正明「大元ウルスの三大王国（上）—カイシャンの奪権とその前後—」、『京都大學文学部研究紀要』第34号、1995、131頁。
⑤ 杉山正明「西暦一三一四年前後大元ウルス西境をめぐる小札記」、『西南アジア研究』第27号、1987、51頁；杉山正明『モンゴル帝國と大元ウルス』、京都大学学術出版会、2004、362頁，也有"甘肃—陕西的叛乱恐怕是为了推立Toγaci的Qošila"。
⑥ 许有壬：《至正集》卷第34《晋宁忠襄王碑序》中记载，"至王以沉毅详审为武皇亲臣，继事明皇于雷雨盈满之际，盘桓屯难，草行露宿"。这只是修辞，并不能以此为根据认为和世㻋完全没有利用驿站。许有壬：《至正集》卷34《晋宁忠襄王碑序》，《北京图书馆古籍珍本丛书》第95册，书目文献出版社，1998，第174页；《全元文》第30册卷962，凤凰出版社，2004，第117～118页。

脱黑塔之弟阿黑不花。① 至大四年（1311）正月，元武宗海山驾崩，元仁宗爱育黎拔力八达即位，假如宁肃王之位更迭在此之后，脱火赤的不满似乎转向了仁宗政权。事实上，有史料可以证明上述情况，即出身哈喇鲁族的柏铁穆尔传记《太傅文安忠宪王家传》。延祐四年八月，"上谕王（柏铁木儿）曰：'昔我太祖皇帝肇造区夏，大建宗室，以为藩屏，剖符裂土，锡以王爵，所以培养元气、敦叙彝伦也。近闻其子孙嗣袭多不以序，得非翰林臣僚职其事者以私乱法乎？朕念之久矣，今命汝掌翰林，以厘正之。'遂拜学士承旨，进阶银青荣禄大夫，兼职如故（兼大都屯田事）"。②

延祐四年八月，从前引第③条、第⑤条史料可知，脱火赤的叛乱应已被镇压或者声势已衰。柏铁穆尔对西行的和世㻋抱有同情，仁宗亦已知晓。③ "其子孙嗣袭多不以序"，未继承父亲王爵的脱火赤才应当承袭宁肃王之位。因此，上引仁宗敕谕很有可能是联想到支持和世㻋发动叛乱的王族脱火赤。

综上所述，叛王脱火赤是宁肃王家族的脱火赤，甘肃叛乱是由他发动的，这一结论的证据是较充分的。但还存在疑问，即前引第②条史料"安远王丑汉、赵王阿鲁秃为叛王脱火赤所掠，各赐金银、币帛"，明确记载"叛王脱火赤"的掠夺波及安远王丑汉。安远王丑汉是出身弘吉剌的驸马，《元史·仁宗本纪》记载，皇庆元年正月庚戌，"封知枢密院事丑汉为安远王，出总北军"。《元史·特薛禅传》记载，仁宗朝，丑汉"封安远王，以兵守莽来"。④ 换言之，他和脱火赤丞相一样是驻屯于阿尔

---

① 赤坂恒明「バイダル裔系譜情報とカラホト漢文文書」、『西南アジア研究』第66号、2007、59頁。
② 黄溍：《金华黄先生文集》卷43《太傅文安忠宪王家传》，四部丛刊本，上海商务印书馆，1926，第448页；《全元文》第30册卷962，凤凰出版社，2004，第26~36页。
③ 黄溍：《金华黄先生文集》卷43《太傅文安忠宪王家传》，四部丛刊本，上海商务印书馆，1926，第449页；《金元文》第30册卷962，凤凰出版社，2004，第33页；党宝海：《元朝延祐年间北方边将脱忽赤叛乱考——读〈大元赠岭北行省右丞忠愍公庙碑〉》，《西域研究》2007年第2期，第66页；姚大力：《元仁宗与中元政治》，载南京大学元史研究室编《内陆亚洲历史文化研究：韩儒林先生纪念文集》，南京大学出版社，1996，第137页。
④ 参见党宝海《元朝延祐年间北方边将脱忽赤叛乱考——读〈大元赠岭北行省右丞忠愍公庙碑〉》，《西域研究》2007年第2期，第63页；杉山正明「西暦一三一四年前後大元ウルス西境をめぐる小札記」、『西南アジア研究』第27号、1987、31-32頁；杉山正明『モンゴル帝國と大元ウルス』、京都大学学術出版会、2004、341頁。

泰地区元朝边疆最前线的部将之一。因此，攻掠安远王丑汉的几乎不可能是宁肃王家族的脱火赤，这明显是脱火赤丞相所为。因此，《元史·仁宗本纪》中的"叛王脱火赤"事迹应包含脱火赤丞相的事迹。

但前已考证，将发动叛乱的部将称为"叛王"是异例。关于这个问题，在《元史》编纂过程中，若"强将"脱火赤丞相和"叛王"脱火赤被混为一人，统一表述为"叛王脱火赤"，那么《元史》中脱火赤丞相被称为"叛王"又得到一新解。

从前引第②条史料可知，"叛王脱火赤"的掠夺波及汪古部的直系赵王阿鲁秃。与此关联思考，《永乐大典》卷一万九千四百二十一所引《经世大典》"站赤"延祐四年正月九日条记载："通政院末吉等奏，苦盐泊至迭连不剌九站，消乏，数内宽迭连不剌喃塔儿两站，马户为叛户所夺。"苦盐泊和宽迭连不剌是进入岭北行省木邻道的驿站，因脱火赤叛乱受到损失。① 占领了和宁的脱火赤②应沿木邻道一边掠夺，一边南下，攻掠至汪古部的根据地。③

虽然脱火赤的叛乱在相对短的时间就被镇压，但给元朝北部至西部地域带来了大混乱。脱火赤叛乱包括两股势力：一是脱火赤丞相叛乱，在阿尔泰山以西起兵，东进以和宁为中心的岭北行省，并给该地区带来巨大损失，占领和宁后南下攻掠汪古部赵王，波及范围极广；二是以亦集乃路为根据地的出身宁肃王家族的出伯后裔王族脱火赤在甘肃行省起兵的地方规模叛乱。在《元史》中，并非察合台后裔脱火赤丞相被称为"叛王脱火赤"，笔者推测是因为与同样发动叛乱的王族脱火赤混淆。关于脱火赤叛乱的史料极少，故依靠推测的部分比较多，还无法确定历史

---

① 党宝海：《蒙元驿站交通研究》，昆仑出版社，2006，第285页。
② 党宝海：《元朝延祐年间北方边将脱忽赤叛乱考——读〈大元赠岭北行省右丞忠愍公庙碑〉》，《西域研究》2007年第2期，第62～63、67～69页；松井太「和寧郡忠愍公廟碑」、『内陸アジア諸言語の解讀によるモンゴル帝国都市発展と交通に関する総合研究』、番號17320113、平成17年度-19年度科学研究費補助金基盤研究（総合研究B）、2007年6月。
③ 屠寄《蒙兀儿史记》卷第11《爱育黎拔力八达可汗本纪》记载，延祐四年六月壬子（十八丁里），安远王丑汉、赵王阿鲁秃为叛王脱火赤所掠各赐金银币帛（由此可知，脱火赤为乱之地在兴和路汪古部和宁之间），很可能此条是因脱火赤丞相的郡王号"威宁"是兴和路地名。

事实，上述推论至少与现存史料没有矛盾。①

三 和世㻋西行的影响与畏兀儿地区

以上，推定以察合台初封时的游牧地（阿尔泰山西南地区）为根据地，而且有可能在畏兀儿地区驻军的脱黑帖木儿后裔支持在"关陕之变"中失败的和世㻋，推测以甘肃行省亦集乃路为根据地的出身宁肃王家族的王族脱火赤亦支持和世㻋，并发动了针对元仁宗的叛乱。

从延祐三年年末到翌年，从"关陕之变"到脱火赤之乱，因仅存只言片语，很难了解事件的经过与影响等。但脱火赤政治动乱对元朝和察合台汗国都造成极大的影响。

第一个影响是钦察族床兀儿势力抬头，因脱火赤叛乱，可以推测元朝北部、西部地区陷入混乱，平定叛乱的是阿尔泰山以西元朝驻屯军中脱火赤丞相的副将床兀儿。床兀儿有可能在和世㻋西行之际采取了与脱火赤丞相一样的支持立场。若是这样，床兀儿就像在"关陕之变"中背叛了陕西行省丞相阿思罕的平章政事塔察儿（《元史·明宗本纪》延祐三年十一月条）那样倒戈投靠仁宗政权，打败了脱火赤丞相。虞集的《句容郡王世绩碑》中记载了床兀儿功绩，但其中没有记载镇压脱火赤叛乱，这似乎是不想被人触碰的事情。② 镇压"脱火赤之乱"是床兀儿及其家族在元朝军事化立场进一步强化、成为元朝一大政治势力的重要一步。③

第二个影响是察合台汗国恢复了对畏兀儿地区的统治。察合台汗王也先不花大败之后，元朝应夺回了畏兀儿地区。但在那之后察合台汗国

---

① 宁肃王家脱火赤之子的儿子亦令只失加普后来继承了宁肃王王位，这可能是因为明宗和其子惠宗妥懽帖睦尔（顺帝）即位，恢复了和世㻋派脱火赤的声誉。
② 虞集：《雍虞先生道园类稿》卷38，《元人文集珍本丛刊》第6册，新文丰出版公司，1985，第199~207页；《全元文》第27册卷871，凤凰出版社，2004，第229~237页。大德二年（1298）冬，笃哇偷袭耽于酒宴而大意的床兀儿，大破床兀儿，此类床兀儿的反面记载无一见于《句容郡王世绩碑》。参见刘迎胜：《察合台汗国史研究》，上海古籍出版社，2006，第296~297页。
③ 众所周知，在此之后，床兀儿之子燕帖木儿发动"天历之变"，夺取政权，并暗杀了东归的明宗和世㻋。床兀儿打败了和世㻋的支持者脱火赤丞相，或许是历史发展的一条暗线。

并没有对元朝大规模用兵，不知何时恢复了对畏兀儿地区的统治。从畏兀儿语免税请愿文书 USp22 中列举的历代统治畏兀儿地区的察合台汗王，现存最古老的察合台汗王发行的蒙古语文书 BTT XVI, Nr. 76（1326 年，此文书由时任察合台王的怯别发行），可知在也先不花之弟怯别统治时期，察合台汗国已恢复了对畏兀儿地区的有效统治。① 在此期间，在畏兀儿地区，什么时候发生了怎样的变化？据笔者所知，前人的研究中并没有涉及此问题。② 但不容置疑的是和世㻋西行带来了巨大的转机。③ "脱火赤之乱"使岭北、甘肃两行省陷入混乱，仁宗朝廷几乎很难控制西部更远的土地。若如此，驻扎畏兀儿地区的元朝势力支持和世㻋，归属察合台汗国，这直接导致察合台汗国恢复了对畏兀儿地区的统治，这种解释与当时的历史形势没有矛盾。进驻畏兀儿地区的和世㻋派元朝势力是后来被封为柳城王的脱黑帖木儿后裔。在畏兀儿地区东邻哈密驻军的是出伯兄长合班之子宽彻。他在延祐元年（1315）闰三月六日至至治元年（1321）四月丙午的活动并不见于现存史料。和世㻋西行之际，他是否积极支持仁宗朝廷还无法判断，但至少可以推测他没有归属察合台汗国。这时，元朝和察合台汗国的边境应位于哈密和畏兀儿地区之间，笔者推

---

① 松井太「ウィグル文クトルグ印文書」、『内陸アジア言語の研究 13』、中央ユーラシア学研究會、1998、9 - 10 頁。USp 见 W. W. Radloff, S. E. Malov, eds., *Uigurische Sprachdenkmäler*, Leningrad, 1928; BTT XVI 见 D. Cerensodnom, M. Taube, *Die Mongolica der Berliner Turfansammlung*, Berlin, 1993; 关于 USp22 之现代汉语译注，参见杨富学《元代回鹘文献—农奴免赋请愿书研究》，《新疆文物》1988 年第 4 期，第 69 ~ 76 页；BTT XVI, Nr. 76 之现代汉语翻译，参见党宝海《蒙元驿站交通研究》，昆仑出版社，2006，第 344 ~ 345 页。

② 比如，安部健夫『西ウィグル国史の研究』、彙文堂書店、1955、126 - 130 頁；松井太「ウィグル文クトルグ印文書」、『内陸アジア言語の研究 13』、中央ユーラシア学研究會、1998、9 頁；佐口透「吐魯番城の成立と発展」、『金沢大学文学部論集 史学科篇』第 2 号、1982、1 - 31 頁；梅村坦「一三世紀ウィグリスタンの公権力」、『東洋学報』第 59 卷第 1・2 号、1977、31 頁。可以看出，这一时期元朝和察合台汗国的关系及天山东部地域的政治形势尚存颇多不明点。

③ 关于阿尔泰以西的状况，杉山正明提出："阿尔泰方面元朝驻留军压制着察合台汗国的军队，并继续向西快速推进。"因为和世㻋西行，"形势发生了巨大转变"，"事实上，关于此后阿尔泰以西的形势，东西史料皆混淆不清，并没有明文记载。但整体形势是明了的，察合台汗国恢复原有疆域。另一方面，阿尔泰方面驻扎的元军并没有败北的痕迹"。参见杉山正明「大元ウルスの三大王國（上）—カイシャンの奪権とその前後—」、『京都大學文學部研究紀要』第 34 号、1995、130 - 131 頁。

测这与出伯系诸王的意向有极大关系。此后，英宗硕德八剌被弑，泰定帝也孙帖木儿即位，和世㻋和元廷的对立解除①，和世㻋西行后形成的势力范围已是既成事实，元朝政府不得不追认。

第三个影响是，"西行受到察合台汗国庇护的和世㻋给阿尔泰山以西带来了一个'政治联合体'"，此处列举杉山正明的见解是有必要的。②但和世㻋迁徙地还未确定，关于这个问题有待后考。

如上所述，和世㻋的西行给元朝、察合台汗国带来了极大的政治影响。特别是在阿尔泰山、天山一线保持守势的察合台汗国恢复了对畏兀儿地区的统治，这应对中亚史研究有着重要意义。那么，察合台汗国恢复对畏兀儿地区的统治后，脱黑帖木儿一族的情况又如何呢？因史料有限，无法进行基于证据的论证。有关脱黑帖木儿一族的记载可见于蒙古帝国初期的畏兀儿文书中，"阿哈亦尼（Aqa ini）诸王（tigid-lär）""阿哈亦尼王子们（oγul-lar）""斡黑兰（Oγlan）诸王"在察合台汗国的统治下仍在畏兀儿地区拥有"公权力"③，脱黑帖木儿应该在确保自己采邑奄出（īnjū/emcü）收益的基础上，在元朝（仁宗朝及英宗朝）边境地区扩张势力，同时在阿尔泰山西南的游牧地区作为和世㻋派与元廷对峙。

至治三年（1323）八月癸亥，英宗被弑，同年九月四日泰定帝也孙帖木儿即位，元朝与察合台汗国的关系也发生了变化。在泰定帝短暂的统治时期，构成蒙古帝国的几个政权在皇帝的统治下再次结合，流亡的和世㻋与元廷的对立关系也随之解除。基于上述情况，畏兀儿地区的蒙古王族和在畏兀儿高昌王采邑征收的赋税很可能再次回到元朝手中。换言之，泰定元年（1324）二月甲戌，诸王怯别、孛罗各遣使来贡。同日高昌王帖木儿补化遣使来贡，进献葡萄酒，高昌王帖木儿补化（当时正

---

① 《元史》卷31《明宗本纪》泰定元年五月条，《元史》卷29《泰定帝本纪》泰定二年五月辛未条、十一月戊申条，《元史》卷30《泰定帝本纪二》泰定四年七月乙丑条。
② 杉山正明「大元ウルスの三大王國（上）―カイシャンの奪權とその前後―」、『京都大學文學部研究紀要』第34号、1995、131頁；杉山正明『モンゴル帝国の興亡（下）―世界経営の時代―』、講談社、1996、206–207頁。"泰定帝时期，和世㻋在其父驻留过的阿尔泰山西麓创造了属于自己的势力圈，和察合台家形成了'联合国家'"。
③ 梅村坦「違約納官文言のあるウイグル文書―とくにその作成地域と年代の決定について―」、『東洋学報』第58卷第3・4号、1977、14–15、17、23頁；梅村坦「一三世紀ウィグリスタンの公權力」、『東洋学報』第59卷第1・2号、1977、3頁。

在襄阳驻军①，离开了根据地永昌）使臣进献的葡萄酒很可能是在畏兀儿地区高昌王采邑生产的。另外，《元史·泰定帝本纪》记载，泰定元年四月丁卯，"以忽咱某丁为哈讃忽咱，主西域户籍"，这里的"西域"很可能包含"西域诸王"之一察合台汗王②统治下的畏兀儿地区，此地区元朝的蒙古王族拥有采邑和分民。

致和元年（1328）七月庚午，泰定帝崩，同年八月四日，由于床兀儿之子燕帖木儿等起兵，"天历之变"爆发，和世㻋与"诸王察阿台"也就是察合台汗王燕只吉台等援军一同东进，天历二年（1329）正月十八日，在和宁之北登基。此后和世㻋继续南下上都，同年八月六日，在王忽察都被暗杀。杉山正明认为，在此之后，"为支援和世㻋而东进的察合台汗国军从燕帖木儿处得到一份极大的'礼物'，因此返回了中亚。这个时候恐怕包含吐鲁番盆地的东部天山一带在内的察合台汗国领地正式被大元兀鲁思中央政府'转让'"。③ 但是，《元史·文宗本纪》记载，至顺元年九月癸巳，"复立总管府于哈剌火州"。"天历之变"后，至顺元年（1330）九月，重新设立哈剌火州总管府，这意味着元朝对畏兀儿地区的控制加强，这与杉山正明所主张的"元朝'转让'了'东部天山一带'"存在矛盾，那么该如何理解呢？

在此，我们再观察一下脱黑帖木儿裔的动向。如上文推测的那样，脱黑帖木儿裔在察合台汗国统治下的畏兀儿地区仍拥有"公权力"。脱黑帖木儿之孙亦怜真八因支持和世㻋之功于天历二年（1329）五月壬申被封为柳城王，脱黑帖木儿裔应追随和世㻋归顺元朝。之后，元朝力量也投射到畏兀儿地区，因此元廷重新设立了哈剌火州总管府。④ 但正如畏兀儿文书所示，察合台汗国仍维持对畏兀儿地区的统治。在此，笔者认为

---

① 《高昌王世勋碑》："至治中，与喃答失王同领甘肃诸军，且治其部。泰定中召还，与宽彻不花威顺王、买奴宣靖王、阔不花靖安王分镇襄阳。"
② 比如，《元史·文宗本纪》天历二年正月丙寅、九月戊午，"西域诸王燕只吉台"；至顺二年八月壬子，"西域诸王答儿麻（失里）袭朵列帖木儿之位"，他们都是笃哇的儿子，察合台汗国的继任者。
③ 杉山正明『モンゴル帝国の興亡（下）—世界経営の時代—』、講談社、1996、213 頁。
④ 笔者认为，"至少在'天历之变'之后，鲁古尘很可能被元朝控制"，是以上述推测为基础的，参见赤坂恒明「バイダル裔系譜情報とカラホト漢文文書」、『西南アジア研究』第 66 号、2007。

畏兀儿地区恢复了对元廷和察合台汗国的"两属"关系①，这样才能自洽地解释当时畏兀儿地区的情况。②

结　语

本文推测了周王和世㻋西行之际，察合台末子拜答里子孙的出伯一族（出伯和他的兄弟及其子孙）动向，还尝试探讨了在阿尔泰山、畏兀儿地区元廷与察合台汗国的政治动向，大致提出以下四点推测。

第一，出伯之弟脱黑帖木儿的子孙以察合台末子家族的身份继承了察合台初封时的游牧领地（阿尔泰山西南地区），并进驻了元军攻破察合台汗王也先不花时所占据的畏兀儿地区。接着，迎接了到达阿尔泰山附近的和世㻋，作为他和察合台汗王也先不花的中介人，为和世㻋开辟了进入察合台汗国的道路。

第二，"脱火赤之乱"包括两股势力：起事于阿尔泰山以西，席卷岭北行省，攻掠至汪古部赵王的脱火赤丞相的大规模军事行动；以甘肃行省亦集乃路为根据地的出身宁肃王家族的王族脱火赤（出伯之孙）在甘肃发动的地方规模叛乱。《元史》中把脱火赤丞相称为"叛王脱火赤"是因为误将脱火赤丞相与王族脱火赤两人视为一人。

---

① 《史集〈忽必烈纪〉》第二部分第九章中；哈剌火州（qarā xūjū）位于合罕与海都之间。这里的人们与两人的交往都很友好且同时侍奉两人。参见 Rašīd al-Dīn-e Faḍl Allāh-e Hamadānī, *Jāme'al-tavārīx*, İstanbul: Topkapı-Sarayı Müzesi Kütüphanesi, Revan 1518, f. 208a; Rašīd al-Dīn-e Faḍl Allāh-e Hamadānī, *Jāme'al-tavārīx*, Moḥammad Roušan, Moṣṭafā Mūsavī, ed., 4 vols, Tehrān：Alburz, 1373, p. 913。

② 也许有人会反驳，元朝和察合台汗国的边境应在哈密和畏兀儿地区之间，此结论与《经世大典·舆地图》龃龉。但《经世大典》编纂时参考了《脱卜赤颜》，从《元史》卷35《文宗本纪四》至顺二年四月戊辰条、《元史》卷181《虞集传》可知，编者无法触及国家机密。因此，关于元朝和察合台汗国的关系也无法得到最新的正确消息，所以《经世大典·舆地图》应没有标明泰定帝时期的边境线。尤其是无法看出哈剌火州总管府的复兴和元朝对畏兀儿地区控制的恢复。笔者推测总管府很可能只不过是从在察合台汗国实控区的元朝王族采邑取得收益（包含葡萄酒等特产）与进献等相关的事务的临时派出机构。这种状况下，元朝和察合台汗国的边境是与《经世大典·舆地图》吻合的，前注与前稿关于鲁古尘的推测都有必要修正。即使如此，脱黑帖木儿裔的采邑可能是在鲁古尘这一推论仍较为妥当。

第三，由于脱火赤丞相和床兀儿的攻势，察合台汗王也先不花的势力范围向西方收缩，元朝夺回了畏兀儿地区。和世瑓西行后，因脱黑帖木儿后裔倒向察合台汗国，畏兀儿地区再次被察合台汗国控制。哈密在出伯兄长合班之子宽彻统治下仍受元朝控制。

第四，在畏兀儿地区，"天历之变"后，因脱黑帖木儿后裔归顺元朝，元朝对该地区的管控加强，重新设立了哈剌火州总管府。

虽有不少史料上的空白，不得不反复推测，但本文基于证据基本复原了史实，这些推论亦可与现存已知史料自洽。但本文所提出的推测，今后仍需要进一步检验和修正。

本文列举的事件皆发生于蒙古帝国走向解体迎来大转变的时期，发生在元廷和察合台汗国之间。同时代、同地域的蒙古语与畏兀儿语及其他语言的出土文献和碑刻文献等史料可以说绝不是很少的，但因明确记载年代的史料不足，有时这些历史的时间先后关系并不清晰。希望本文能为分析原始史料提供帮助或参考。

附

察合台第六子拜答里后裔世系图

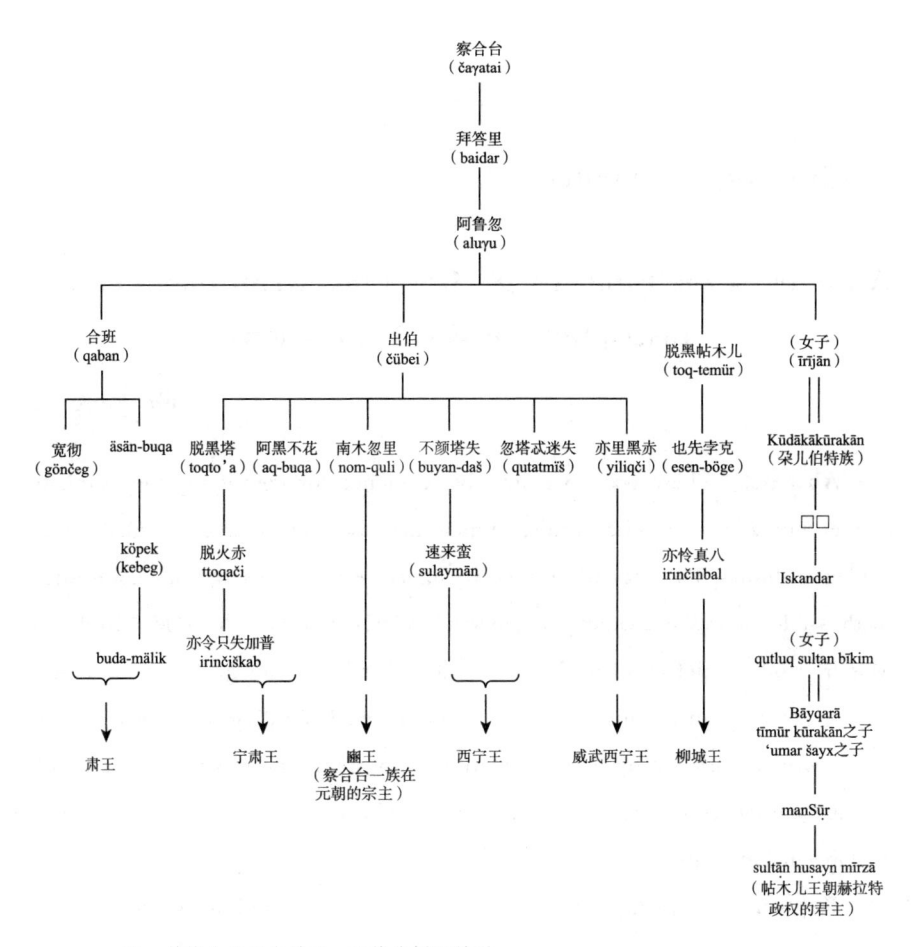

```
                              察合台
                             (čaγatai)
                                 |
                              拜答里
                             (baidar)
                                 |
                              阿鲁忽
                              (aluγu)
    ┌──────────┬──────────────┴──────────────┬──────────────┐
   合班                出伯                  脱黑帖木儿        (女子)
  (qaban)            (čübei)                (toq-temür)      (Īrījān)
    │                   │                      │                │
 ┌──┴──┐    ┌──┬──┬──┬──┬──┐               ┌──┴──┐         Kūdākākūrakān
宽彻  äsän-buqa 脱黑塔 阿黑不花 南木忽里 不颜塔失 忽塔忒迷失 亦里黑赤 也先孛克   (朵儿伯特族)
(gönčeg)      (toqto'a)(aq-buqa)(nom-quli)(buyan-daš)(qutatmïš)(yiliqči)(esen-böge)   │
       │          │                                     │       │         □□
     köpek      脱火赤                                 亦怜真八              │
    (kebeg)    ttoqači                              irinčinbal           Iskandar
       │          │                                                        │
   buda-mälik  亦令只失加普                                                (女子)
       ↓       irinčiškab                                          qutluq sulṭān bīkim
      肃王        ↓          ↓        ↓         ↓            ↓              │
              宁肃王        廊王     西宁王    威武西宁王    柳城王         Bāyqarā
                        (察合台一族在                                  tīmūr kūrakān之子
                         元朝的宗主)                                  'umar šayx之子
                                                                            │
                                                                         manSūr
                                                                            │
                                                                   sulṭān husayn mīrzā
                                                                   (帖木儿王朝赫拉特
                                                                     政权的君主)
```

注：单线为父子女关系，双线为婚配关系。

211

Table of Contents & Abstracts

· Tibetology Research ·

A Study on the Ethnicity of 'Gos Chos Grub Based on the Inscriptions of His Translations

Cai Rang / 1

Abstract: There was no conclusive evidence for identifying the ethnicity of the translator 'Gos chos grub, which has also engendered controversy in academic studies. The way of putting his signature in the inscriptions conformed to the style of the translators of Tibetan imperial period, the title "Buddhist Master" and "Chief translator" also revealed that 'Gos chos grub had extremely high social status in the history of imperial dynasty. According to the inscriptions in the works translated by 'Gos chos grub, appearently he was the native monk of Tibet rather than a monk of Tang dynasty who lived under the occupied area of Tibetan kingdom.

Keywords: 'Gos Chos Grub; Chief Translator; Buddhist Master

Official Selection and It's Standard in Tibetan Dynasty

Zhu Yuemei   Wang Hongjuan / 13

Abstract: During the Tibetan Dynasty, the administrative management of official system start to appear and develop with the development and the maturity of the official system which according to the necessaries of social management of Tibetan ruler. In the early of the Tibetan Dynasty, there should be no strict division between the official system and the tribal system, that is, the grassroots managers of the society are the tribal leaders, so the important noble tribal leaders always been the important cabinet officials in the imperial court and they should be relied on by Tibetan btsan-po. Following the requirements of the concentration of power, Tibetan btsan-po has broken the situation of that tribal leaders to control government affairs and military tasks and, btsan-po began to choice the administrative officials. In the process of selecting officials, they developed the selection criteria that the officials should be talents and bravery. As the official system is becoming more and more abundant, monks and Han people have also become the targets of official selection.

Keywords: Tibetan Dynasty; Official System; Official Administration

Tubo Prime Minister Shanghe Xin'er New Exploration of Dunhuang Western Region Deeds

Ma De   Wanma Xiangjie / 48

Abstract: Shanghe xin'er, the prime minister of The Tubo kingdom, was the main general of the Tubo kingdom who occupied large territories of Dunhuang and the Western Regions and led troops to fight against the Tang Dynasty for a long time, making certain contributions to the social and economic development of Dunhuang and the Western Regions and the communication between the East and the West. Dunhuang as a Buddhist shrine also became his spiritual sustenance. After he was older, Shanghe xin'er himself in Dunhuang tubo monks and officials specially held relevant dharma meetings for him, when the rate of troops in the Eastern Expedition special envoy in Dunhuang for its tanna conference. The Buddhist activities of Shanghe xin'er in Dunhuang influenced the development of Dunhuang Buddhism and society, and had a profound influence on Chinese society。

Keywords: Shanghe Xin'er; Dunhuang; Buddhism; Buddhist Activities

· Documentary Interpretation ·

A Preliminary Study of Yi Nan Zhu (Inalčuq) Concentrated on Inner Asian History

Yin Lei / 69

Abstract: Yi Nan Zhu is a Chinese transliteration for the title of Inalčuq which originated in the ancient turk language. Through analyzing its meaning and the group it refers to, the interpretation and the role it played in the historical context of Eurasia steppes, the isogenous words found in the texts during Tang, Five dynasties, Song and Yuan, and the examples in both Chinese and non-Chinese documents, I intend to made conclusion that Inalčuq refers to a group of intimate kinsman of kaghan who have some privileges which based on their blood connection with the kaghanate family. Furthermore, I'm trying to discuss the political importance in the steppe, and the involution process in the different environment of eastern and western part of central Eurasia.

Keywords: Inalčuq; Steppe Regime; Uyghur Title

A Study on an Old Uygur Document

Alimujiang Yiming / 82

Abstract: There are several common factors between Chinese contracts unearthed from Dunhuang and Turfan and the old Uygur contracts. One Uygur document is very special because it reflected the Chinese style in Uygur documents as well as habits inherited from nomadic ancestors. From the perspective of the contract form, the danqi contract form of the document is consistent with most Chinese contracts. We can see from this document that there are contract terms such as guarantor and debtor that came from Chinese. There are also some complicated hand marks with Chinese characters of Song Yuan Dynasties. But the share of the same mark by different members of the same family also indicates that the mark of nišan is a family token.

Keywords: Uygur Documents; Chinese Contract; Signature; Hand Mark

Uighur Manichaean Influence on a Mongolian Folktales
—Citing an Ancient Uighur Tales as Example

N. Nairsag Yang Fuxue / 94

Abstract: Ancient Uighur remnant manuscript, numbered as 80T. B. I: 524, is one of the precious literal heritages of Uighur Manichaeanism unearthed in Turfan. The folktale motif of "devils scrambling for magic objects" recorded in this manuscript is a core motif of wide spread folktale type of AT518. This very motif can be found in Mongolian and Tibetan "Vetāla stories" and, furthermore, a "Tree of lights" was appeared in a corresponding Mongolian tale variant. Magic objects, including Hat, stick and shoes appeared in Uighur tales can be explicitly corresponded to its Mongolian counterparts. Analysis of motif structure, meaning of word and communication history of Mongols and ancient Uighurs demonstrates the possible inherent relationship between the Uighur

Manichaean tale and corresponding Mongol folktale variants.

Keywords: Uighur Manichaean Religion; Folk Literature; Mongol Culture; Tibetan Literature

The Ming Dynasty Zhuanglang Bingbei Dao Examination
—Read *Records of Zhuanglang* Notes

Zhu Tingting / 115

Abstract: *Records of Zhuanglang* written during the Wanli period of the Ming Dynasty has a detailed description of Zhuanglang Border, especially the causes and consequences of the central government of the Ming Dynasty in Gansu Province set up Zhuanglang Official of Rectifying Armed Force. The establishment of the Zhuanglang Official has a long historical origin, first seen at the beginning of the Zhengtong emperor's reign, after decades of adjustment and change, in the first year of the Longqing emperor's reign (1567) by the court approved the establishment. Most of the military officials are the vice horsemanship governor of Taipu Temple and vice surveillance commissioner. Compared with the other officials in the northwest, besides the maintenance of military equipment, the construction of castles, the defense against invaders, the maintenance of law and order, the management of horsemanship and cantonment, Zhuanglang Officer was also responsible for the maintenance of tribal stability. It reflects the strategy of the Ming government to implement "soil flow management" in the northwest..

Keywords: Zhuanglang; Official of Rectifying Armed Force; Horsemanship Governor of Taipu Temple; Rectifying Armed Force Affairs

A New Study on the Geographic Location of Tiaozhi in the Han Dynasty from the Perspective of Historical Origins

—Based on Two Different Historical Materials of *The Report from Zhang Qian* Compiled in the Western Han Dynasty and *The Records of the Western Regions* writed in the Eastern Han Dynasty

Yan Shiming / 126

Abstract: The Historical sources of Tiaozhi country writed in *the Dawan Biography of Historical Records* and *Western Regions Biography of Hanshu* and *Later Han Dynasty* are divided into two ways, according to the era and source of historical materials from different methods, the Tiaozhi countries recorded in these materials may actually be the same country or two countries. Therefore, the Tiaozhi countries in the Han Dynasty may be in two places, or they may be in the same place. The geographic location of Tiaozhi in the Western Han Dynasty may be in the Syria area, The geographic location of Tiaozhi in the Eastern Han may be located on the Kartia Peninsula in the southwest of Baghdad.

Keywords: Historical Origins; Tiao Zhi; Gan Ying; Zhang Qian

· Social and Cultural Studies ·

Ethnic Communication and the Formation of Yugur Multi - Culture

—A Case Study from Loanwords of Western Yugur Language

Yang Fuxue   Ye Kaige / 136

Abstract: West Yugur Language directly inherits the characteristics of ancient Uighur language. From the Uighurs in Tang Dynasty to today's Yugur people, it has experienced more than a thousand years of historical development. Its language has constantly absorbed such loanwords as Sogdian, Persian, Arabic and Chinese, Tibetan and Mongolian. In addition, Yugur people's religious beliefs have changed for a long time. Religious terms in different cultural backgrounds are also in Yugur in the West. There are many borrowed words in the language, including those from Chinese Buddhism, Tibetan Buddhism, Zoroastrianism and Manichaeism. Language, as an important carrier of culture, through analyzing the historical origin of the import and use of various loanwords, we can see the pluralistic characteristics of Yugur culture from the sources, types and characteristics of loanwords.

Keywords: The Yugurs; Loanwords; Pluralistic Culture

A Preliminary Study on Bao Juan of Jinhua Xiangu Belief in Longzhong Area in Gansu Province

Da Xiaoqun / 156

Abstract: On the basis of collection and sorting out the scriptures of the Bao Juan of Jinhua Xiangu (golden flower fairy) belief, this paper classifies them into the scriptures of birth of gods, the scriptures of internal alchemy, the scriptures of folk buddhism and taoism, and the scriptures of Secular life, and discriminates and explains the birth age and text thought of some Bao Juan. Bao Juan of Jinhua Xiangu Belief contains the historical memory of the birth of local gods and the multicultural elements of Confucianism, Buddhism and Taoism. It is an important carrier of traditional social ethics. At present, it is still necessary to carry out the Bao Juan's protection work of intangible cultural heritage.

Keywords: Jinhua Xiangu; Bao Juan; Folk Belief; Cultural Heritage

A Textual Research on the Historical Evolution of Hsi Wangmu Temple of Huizhong Mountain in Gansu

—Centered on Inscriptions

Wu Tong / 172

Abstract: Based on archaeological and documentary data, there was a place to sacrifice Hsi Wangmu in Huizhong mountain during the Western Han Dynasty. Since the Wei and Jin Dynasties, the story of Emperor Wu of the Han Dynasty meeting with Hsi Wangmu is connected with the construction of the Hsi Wangmu temple in Huizhong mountain. Under the intertwined shape of deification and history, the Hsi Wangmu temple in Huizhong mountain has gradually become a holy place to sacrifice Hsi Wangmu. Existing inscriptions from the Song, Yuan, and Ming dynasties in Huizhong mountain reflect the repeated rebuilding of the Hsi Wangmu temple with the support of bureaucrats, gentry, taoist and folks in the Tang, Song, Jin, Yuan, and Ming dynasties, and its impact on local society. In the third year of Tongzhi in the Qing Dynasty, the Hsi Wangmu temple was destroyed by war. In 1992, Jingchuan County rebuilt the Hsi Wangmu temple. This 2000 - year-old worship site for the Hsi Wangmu is still playing an important role in the new era.

Keywords: Hsi Wangmu Temple of Huizhong Mountain; Historical Evolution; Ming Dynsty

· North Ethnic History ·

Qoshila's Escape to The West and Descendants of Baidar, Chaghatai's Youngest Son

Akasaka Tsuneaki / 184

Abstract: Qoshila, the eldest son of Qaishan, Yuan Wutsung, led a rebellion against the oppression of his uncle Ayurbarwada, Jêntsung. But having failed, he fled west-ward, reaching the Altai Range and setting abroad in the territory of the Chagha-tai Khanate deeper in Central Asia. I suppose that it was the offspring of Toq-temür, the younger brother of the famed Chübei of the Chaghatai royal family subjected to the Yuan dynasty, who was responsible for opening relation between Qoshila and the Chaghatai Khanate. This Toq-temür was the youngest grandson of Baidar, the youngest son of Chaghatai, I also suppose that as the result of his rights of inheritance as the youngest son, he inherited the grazing lands in southwestern foothills of the AltaiRange, Which had first been awarded to the Chaghatai by Chinggis qan. After Qoshila's return and accession to the throne, Irinchinbal (Rin chen dpal), a grand-son of Toq-temür, was enfeoffed as Liu-Ch'êng-wang on the basis of mer-itorious service. I conjectrue that the person whose name was witten "脱火赤" in the *Yuan Shi* and who rebelled against the Yuan dynasty in support of Qoshila, was not one person, really were two persons: one of them was Toghachi chingsang (Toghuchi ba'atur) who attacked Mongolia, and the other was Toqachi (son of Toqto'a who was a son of Chubei) of the royal family of Ning-su-wang, whose head-quarters was near Kara-Khot (Qara-qota), I hypothesize that *Yuan shi* con-founded two persons with one person. In addition, it is possible that when the Yuan army led by Toghachi chingsang defeated the army of the Chaghatai Khanate prior to Qoshila's escape, the offspring of Toq-temür advanced into Uyghur. I surmise that they supported Qishila, and he had been

220

protected by chagatai khanate, therefore Uyghur again became the territory of the Chaghtai Khante, However, Goncheg, son of Qaban who was elder brother Chubei, ruled Qamul (Hami) and did not cease to be obedient to the Yuan dynasty. For this reason, the boundary between Yuan and the Chaghatai Khanate was drawn between Qamul and Uyghur. In this articem, I supeculate the Qoshila's escape to the west and its influence on the Yuan dynasty and the Chaghatai Khanate were closely related to actions of descendants of Baidar.

Keywords: Yuan Dynasty; Qoshila; Chaghatai Khanate; Uyghur

图书在版编目(CIP)数据

民族史文丛. 第 2 辑 / 才让，周松主编. -- 北京：社会科学文献出版社，2023.8
 ISBN 978 - 7 - 5228 - 2236 - 5

Ⅰ.①民… Ⅱ.①才… ②周… Ⅲ.①中华民族 - 民族历史 - 文集 Ⅳ.①K28 - 53

中国国家版本馆 CIP 数据核字 (2023) 第 141650 号

民族史文丛（第 2 辑）

主　　编 / 才　让　周　松

出 版 人 / 冀祥德
责任编辑 / 郭红婷
责任印制 / 王京美

出　　版 / 社会科学文献出版社·当代世界出版分社（010）59367004
　　　　　　地址：北京市北三环中路甲 29 号院华龙大厦　邮编：100029
　　　　　　网址：www.ssap.com.cn
发　　行 / 社会科学文献出版社（010）59367028
印　　装 / 三河市龙林印务有限公司

规　　格 / 开 本：787mm × 1092mm　1/16
　　　　　　印 张：14　字 数：217 千字
版　　次 / 2023 年 8 月第 1 版　2023 年 8 月第 1 次印刷
书　　号 / ISBN 978 - 7 - 5228 - 2236 - 5
定　　价 / 89.00 元

读者服务电话：4008918866

版权所有 翻印必究